기호학의 열쇠

잔느 마르티네 지음 | 김지은 역

유로
(BOOKEURO)
PUBLISHING

Clefs pour la sémiologie by Jeanne Martinet

기호학의
열쇠

잔느 마르티네 지음 ǀ 김지은 역

머리말

　본서는 프랑스 세게르(Seghers) 출판사의 ≪열쇠 Clefs≫ 총서 중의 한 권인 잔느 마르티네(Jeanne Martinet)의 『기호학의 열쇠 *Clefs pour la sémiologie*』(1973)를 번역한 것이다. 기호학(記號學)에 대한 보다 체계적인 이해를 위해 본 원서를 접하게 된 것은 이제 초등학교 3학년이 된 아들 준묵이와의 만남을 설레이는 마음으로 기다리던 1997년이다. 그 이후 기호학에 관심이 있는 이들을 위하여 기호학 입문서로서 본서를 번역하면 좋겠다는 생각을 가지고 있던 차에, 유로서적의 배정민 사장으로부터 번역 의뢰를 받았던 때가 2001년경이다. 그러나 그 당시 준비하고 있던 다른 역서와 저서의 작업 때문에 본 역서에 대한 본격적인 작업은 2005년에서야 가능했다.

　『기호학의 열쇠』에서 기호학은 크게 의사소통의 기호학(sémiologie de communication)과 의미 작용의 기호학(sémiologie de signification)으로 나뉜다. 전자는 무냉(G. Mounin) 등에 의해 주장된 것으로 도로 표지판, 문장(紋章), 전신 약호, 교정 약호 등과 같은 의사소통의 기능만을 갖는 것을 그 대상으로 삼고 있다. 반면에 후자는 바르트(R. Barthes) 등에 의해 주장된 것으로 어떤 사실이 의사소통의 기능을 갖느냐의 여부가 중요한 것이 아니라, 어떤 사실이 무엇을 어떤 식으로 의미하고 있느냐가 중요한 논의 점이다.

본서는 무냉(G. Mounin), 프리에토(L. Prieto), 마르티네(A. Martinet) 등이 말하는 기능주의 입장에서 의사소통의 기호학을 주도적으로 다루고 있다. 주된 논의 내용은 다음과 같은 것들이 다. 1장에서는 기호학이라는 학문의 범위와 용어를 먼저 정의하고 의사소통의 기호학과 의미 작용의 기호학이 어떻게 다른지를 소개한 후, 의사소통 기호학의 탐구를 안내하고 있다. 2장에서는 의사소통이란 무엇이며, 의사소통의 체계는 어떤 요소들로 구성되고 있는가를 다루고 있다. 3장에서는 여러 유형의 기호들(지표, 신호, 도상, 모형, 도식, 상징, 표상, 표징)이 서로 어떻게 구별되는가를 먼저 기술한 후, 언어 기호의 특성을 소쉬르(F. de Saussure)의 기호학적 개념에 따라 설명하고 있다. 4장에서는 언어와 약호가 어떤 특성과 기준에 의해 체계를 구성하는가가 기술되어 있다. 5장에서는 체계의 역동성이 어떻게 조정되는가를 다루고 있고, 6장에서는 언어학과 기호학에 있어서의 자료체(corpus) 문제를 다루고 있다. 마지막 7장에서는 기호학적 분석의 실제를 여러 유형의 예시를 통해서 보여주고 있다.

본서에는 각주와 미주가 있다. 미주는 본서가 본래 가지고 있던 각주에서 온 것이고, 각주는 역자인 본인이 독자들의 이해를 돕기 위하여 보탠 것이다. 그리고 본서에서 언급된 저서나 전문학술지는 『 』로 표시하고, 학술지 속의 소논문은 「 」로 표시했다.

번역을 하는 과정에 내용 파악이 까다로운 부분은 학과 동료인 Véronique Hélias-Park 교수와 프랑스 툴루즈 2대학(Université de Toulouse 2)의 프랑스 언어학과에 재직하고 계시는 최인주 교수의 도움을 받았다. 두 분께 이 지면을 통해 더 없는 감사의 마음을 전합니다. 그리고 본서의 판권을 확보해서 번역을 제안하시고, 이 작업이 끝날 때까지 긴 시간을 인내심을 가지고 기다려 주신 유로서적의 배정민 사장님과, 편집과 교정을 책임지고 해주신 심재진씨께 깊은 감사의 마음을 표합니다. 마지막으로 본 역서의 초고를 꼼꼼히 읽으면서 자연스러운 우리말이 되도록 자구를 다듬어준 아내 김경희에게도 고마움을 표합니다.

2006년 3월
김 지 은

Contents

3. 기호

1

서론

1. 서론

학문 범위

어떤 특수하고 제한된 연구에서 이 연구가 속하는 학문 분야의 탐구로 옮겨가는 과정에서 이 연구의 범위와 경계를 설정하려고 할 때, 연구자들은 그 연구의 광범위성과 끊임없이 접하게 되는 연구물과 출판물의 유입 앞에 현기증을 느끼게 된다. 물론 이러한 현상이 기호학에서만 일어나는 특별한 것은 아니다. 그러나 기호학은 사이버네틱스(cybernétique)* 학자가 철학을 접하는 것과 마찬가지로, 논리학, 심리학, 인류학, 교육학, 음성 영상 기술 그리고 과학과 예술뿐만 아니라 모든 유형의 인간 활동이나 사고가 서로 만나는 학문의 교차로인 것처럼 보인다.

그렇지만 만약 우리가 기호학의 광범위성을 두려워하지 않고 더욱 더 기호학에 대해서 읽고 조사한다면, 우리는 비록 전문용어상의 차이는 있지만 동일한 개념들이 발견되는 것을 곧 확인하게 된다. 어느 정도는 분명하고 어느 정도는 난해하기도 한 개념

---

* [역주] 생물과 기계 및 그 상호간의 전달과 제어에 관한 학문으로 컴퓨터, 자동제어장치(로봇) 등이 주된 연구대상이다.

들을 정리하면서, 우리는 어떤 이데올로기에 의해서 가려지기도
하고 그렇지 않기도 한 동일한 형태의 문제점과 접근 방식을 도
처에서 만나게 된다. 결국 이러한 경우 우리는 보다 확신에 찬 마
음으로 본 저서의 첫 번째 안내자인 조르주 무냉(Georges Mounin)
과 루이 프리에토(Luis Prieto)에게로 귀착하게 된다.

다른 곳에서와 마찬가지로 여기서도 용어의 은유적 사용뿐만
아니라, 학파에서 학파로의 용어 차용과 전문지식이 없는 독자나
미숙한 번역가가 등가적 요소를 찾아낼 수 없었던 용어들을 한
언어에서 다른 언어로 옮기는 과정에서 생기는 무질서한 용어의
팽창이라는 함정에 빠져서는 안 될 것이다.

이러한 밀림 속에서 우리의 길을 분명히 하기 위해서 우리는
용어의 구분을 명확히 할 것이며, 모든 기호학적 생각과 필연적
으로 연결될 수 있는 주변의 기본 개념들을 끌어내도록 노력할
것이다.

세 가지 정의

언뜻 보기에, 기호학(sémiologie) 혹은 영어의 기호학(semiotics)
에서 차용된 용어로 제법 흔하게 기호론(sémiotique)이라 불리는
것은 매우 다른 관점에서 기호의 문제를 다루었던 연구자들이 받
아들였던 것과 아주 유사한 정의들을 받아들였던 것 같다.

조르주 무냉[1]에 따르면, 『일반 언어학 강의 *Cours de lingui-
stique générale*』에서 미래의 기호학을 《인간들의 상호 의사 전
달을 가능하게 하는 모든 기호(또는 상징) 체계의 일반 과학》으
로 개략적으로 명명하고 정의한 것은 소쉬르(Saussure)이다.

소쉬르를 전혀 알지 못한 채, 퍼스(Peirce)와 행동주의(be-haviorisme)*의 계승자로서 블룸필드(Bloomfield)의 가르침을 물려받아 어느 정도 미국적 전통을 확립한 찰스 모리스(Charles Morris)는 인간 생활에서 기호들이 차지하는 중요성을 주목한 후, 《기호들의 학문을 총체적으로 발전시키기 위한 여러 시도가 이루어져야 한다》는 것을 아주 자연스러운 것으로 생각하면서, 이 학문을 지극히 관례적인 **의미론**(semantics) 대신 **기호학** (semiotics)이라 부를 것을 제안하고 있다.[2]

마지막으로, 스스로 소쉬르의 영향을 받고 있음을 인정하고 있는 롤랑 바르트(Roland Barthes)는 《앞을 내다볼 때, 기호학은 결국 그 실체가 무엇이든 간에, 그 한계가 무엇이든 간에 모든 기호 체계를 대상으로 삼는다. 이미지, 몸짓, 선율음, 사물 그리고 사람들이 의식, 공식의례, 공연에서 발견하는 여러 가지 실체의 복합체는 비록 "언어"는 아닐지라도 어쨌든 의미 작용의 체계를 구성한다》[3]고 말한다.

사실상 이러한 모든 정의에서 발견되는 것은 **기호**(記號, **signe**) 라는 낱말이다. 일단 각 저자들이 이 용어를 어떤 의미로 사용하는가가 명확히 밝혀지면, 우리는 결과적으로 이들에게 공통된 무엇을 이끌어 낼 수 있을까? 기호라는 낱말은 사실 일상용어에 속

---

* [역주] 행동주의는 1920년대 미국에서 주장되기 시작한 심리학의 한 학파로 마음의 이치(심리)도 객관적인 관찰이 가능한 행동을 통해서 구명(究明)하려고 하고, 이 행동을 어떤 자극 S(stimulus)에 대한 반응 R(response)로 파악하려고 한다. 이 원리로 언어습득도 설명할 수 있다고 주장한 대표적인 행동주의 심리학자는 스키너(Skinner) 이고, 의미(意味)를 인간의 외적 행동으로 다루는 행동주의적 의미론을 주장한 대표자는 블룸필드이다. 그리고 예비자극(preparatory stimulus)이라는 개념으로 블룸필드의 행동주의적 의미론을 수정한 이가 찰스 모리스이다.

하기 때문에, 보다 더 엄격히 말하면, 여기서는 특별히 다르게 정
의되는 실체들을 구별 없이 가리킨다.

기호의 과학

《기호》의 주변에서는 우리가 여기서 논의하는 것과 인접한 여
러 과학 혹은 학문들이 발전되어 왔다. 이들 학문을 명명하기 위
해 그 창시자들은 모두 '씨, 종자'를 뜻하는 어근 *sem-*에서 출발
하여 기호, 변별적 표지, 전조(前兆)와 같은 동일한 실재를 가리
킬 수 있는 것처럼 보이는 어간 *semeio-*와, 또 다른 어간으로
*seman-, sema(t)-*와 같은 희랍어의 어근들을 기본적으로 사용하
였다.

기호학(sémiologie)은 이러한 어간들 중 첫 번째 것에 기반을
둔 현대적 조어이다. 또한 사람들이 접하는 **기호학**(séméiologie)
은 sémiologie에 상응하는 독일어 형태로서 -i-에 해당하는 희랍
어 *εἰ*가 라틴어에는 없으므로 희랍어에서 그대로 옮겨 적은 것
이다.

기호론(sémiotique)은 희랍어에서 《진단》혹은 증상의 관찰을
의미했다. 오늘날 이 용어는 기호학(sémiologie)과 경쟁하는 경
향이 있다. 특히 이 *sémiotique*라는 용어는 특별한 체계를 지칭
하기 위하여 사용된 것임을 알 수 있다. 요컨대, 루이 예름슬레우
(Louis Hjelmslev)는 자신의 『서설 *Prolégomènes*』[4]에서 외시(外
示) 기호론, 공시(共示) 기호론, 메타 기호론을 다루고 있다. 우리
는 아래 201쪽에서 현대적 관용에 따라 이 두 용어- 곧 *sémiologie*
와 *sémiotique* -가 갖는 차별적 용법에 관한 제안을 할 것이다.

앞에서 언급한 두 번째 어간에서 **의미론**(sémantique)이 파생된다. 의미론은 의미적 관점에서 언어를 연구하는 것으로서 19세기말에 브레알(Bréal)에 의해 시작되었다. 영어권 국가의 몇몇 관용에서, 특히 모리스(Morris)에게 있어서, 사람들이 기호론(sémiotique)으로 지칭하는 경향이 있는 것은 바로 이 의미론이다. 《일반 의미론》이라는 것은 코르지브스키(Korzybski) 이후 미국에서 《사회생활에 적용된 기호학(sémiologie)》[5]이거나, 혹은 더 나아가 이 용어의 가장 광의적 의미로서 상징과 인간 행동 사이의 여러 관계에 대한 광범위한 조사이다.[6]

마지막으로, 의미론보다 조금 더 최근에 **명칭론**(onomasiologie)에 의해서 완성된 **어의론**(語義論, sémasiologie)은 의미 작용(signification)의 한 학문으로 나타난다. 말하자면 어의론은 낱말의 의미를 연구하기 위해 낱말에서 시작한다(희랍어 *semasía*는 《낱말의 의미 작용》을 뜻한다). 명칭론은 사고의 표현 방식을 연구하기 위해 사고에서 시작한다(희랍어 *onomasía*는 《이름에 의한 표시》를 뜻한다). 사람들은 항상 낱말, 다시 말해서 분절된 언어활동 곧 언어로 되돌아온다. 이에 관해서는 우리는 별로 논하지 않을 것이다. 왜냐하면 이 문제들은 결국 언어학자들의 소관이기 때문이다.

우리는 오직 기호학만을 염두에 두고서 위에서 제시된 세 가지 정의를 근거로 기호학의 영역을 정할 것이다.

의사소통 혹은 의미작용?

모리스의 견해를 따른다면 기호인 모든 것은 우리들의 관심사이다. 따라서 우리는 우리가 관심을 가지게 될 기호들을 정의하는 것으로부터 시작을 해야 한다.

무냉(G. Mounin)과 바르트(R. Barthes)는 먼저 《기호 체계》를 명확히 하면서 연구의 영역을 한정한다. 그러나 이들은 기호 체계를 각각 매우 다른 방식으로 본다. 무냉의 경우, 기호 체계는 그 기능에 의해서 정의된다. 즉 기호 체계들은 인간의 **의사소통**(communication)에 사용된다. 바르트의 경우, 기호 체계는 하나의 **의미작용**(signification) 혹은 여러 가지 의미 작용을 가진다는 사실이 특징이다. 그러나 우리는 이러한 바르트의 견해가 의미적 사실의 총체만이 실제로 인정되는 곳에서는 체계를 구성하지 못할 수도 있지 않을까 자문해 볼 수 있다.

어쨌든 지적 유산이 어떻게 공유되는가를 보는 것은 흥미롭다. 즉 동일한 소쉬르의 『강의 Cours』가 어떻게 프라하의 음운학파와 마르티네(A. Martinet)의 기능주의 언어학의 전통을 이어받은 **의사소통의 기호학**(sémiologie de communication)에서뿐만 아니라, 메를로 퐁티(Merleau Ponty)와 예름슬레우를 통하여 소쉬르를 해석하는 **의미 작용의 기호학**(sémiologie de signification)에서도 옳게 언급될 수 있는가를 보는 것은 흥미롭다.

한 쪽이 다른 한 쪽보다 더 적절한가? 이 둘 중에서 선택을 해야 하는가? 이 선택이 독자적으로 이루어지지 않는다면, 그것은 이 두 기호학이 심한 차이가 있는, 아마도 서로 환원될 수 없는 정신계를 충족시키는 것처럼 보이기 때문일 것이다. 가장 정상적인 방법은 아마 후자의 기호학이 포함하고 있는 것같이 보이는 보다 복잡한 사실들의 총체를 공략하기 전에 확고한 방법론을 확립하기 위하여 기호학의 목적에 있어서 가장 제한적인 것에서 출발하는 것이다.

다른 한편 의사소통의 기능을 가장 기본적인 기준으로 삼는 몇몇 기호 체계들, 즉 언어들이 언어학자들로부터 철저하고, 일관성 있고, 가장 경제적인 것으로 특징 되는 학문적 취급[7]을 받았다는 것은 주목할 만하다. 이러한 사실은 비언어적 체계들에 대한 고려와 유사한 방식을 정당화하는 것 같다. 그렇지만, 언어가 모든 인간 공동체에 존재하는 기호 체계의 한 유형을 나타내므로, 비언어적 체계와 언어를 대조시키고, 인간 집단의 테두리 내에서 가능한 이들의 상호 의존성을 연구하는 것은 항상 유용하고 또한 아마도 필요할 것이다.

우리는 언어들에 견주어 비언어적 체계들이 갖는 자율성의 정도에 대해서도 자문할 것이다. 예를 들어 바르트[8]는 다음과 같이 말하고 있다.《그것들 자체의 기의(記意, signifiés)를 통해서 언어활동 밖에 존재할 수 있는 이미지이나 사물의 체계를 이해하는 것은 점점 더 어려워 보인다. 왜냐하면 하나의 실체가 의미하는 것을 인지한다는 것은 필연적으로 언어의 절단에 의존하는 것이기 때문이다. 즉 명명된 경우에만 의미가 있으며, 기의의 세계는 언어활동의 세계에 지나지 않는다.》그러나 우리는 체계적인 방법으로 그러한 자율성을 먼저 설정하고 비언어적 체계들을 그 자체 속에서 연구하도록 노력해야 한다. 언어활동의 언술(言術, énoncés)과 문학 텍스트들이 고유한 언어학적 분석과 유사한 기호학적 분석의 적용을 분명 받을 수도 있다. 그러나 이것은 기호학이 《언어학의 일부》[9]라는 것을 반드시 함축하는 것은 아니다.

기능 언어학에서는 다른 학문을 위해서 만들어진 《범형들 modèles》이 무분별하게 한 학문 내에 전이되는 것을 경계했다.

우리가 앞으로 전개할 기호학은 기능 언어학에 의해 만들어진 방식들에서 깊은 영감을 받은 것이다. 그러나 분명 이 이유 때문에 우리의 기호학은 모든 대상에서 특징적인 것을 추구할 것이고, 이 대상에다 이미 설정된 구조를 부과하지 않도록 주의를 기울일 것이다.[10]

이러한 사실은, 다음 기회에 의사소통의 기호학에서 의미 작용의 기호학으로의 전이 가능성을 점검하기로 하고, 여기서는 주로 의사소통의 기호학을 다룰 것이라는 것을 의미한다.

2

의사소통

2. 의사소통

직접 의사 전달

물이 가득한 냄비를 뜨거운 전기 열판 위에 놓을 때, 열판은 열을 냄비에 전달하고 냄비는 물에 열을 전달한다. 이러한 전달은 기호학과 전혀 관계가 없다. 즉 이 전달은 열판이 뜨겁다는 것을 물에 전달하는 것이 아니라 물을 비등점 즉 열판의 온도와 더욱 더 가깝게 하는 것이다. 한 아기가 전염성이 있는 홍역이나 백일해를 반 아이들에게 옮길 때, 감염, 어쩌면 전염 혹은 《전달》은 있으나 기호학은 없다.

반면, 마리가 피에르에게 《손이 꽁꽁 얼었어》 혹은 《머리가 아파》라고 말한다면, 그녀는 자신의 추위나 두통을 전달하는 것이 아니라 그녀가 경험한 것에 대한 정보를 주는 것이다. 《손이 꽁꽁 얼었어》라고 발음하는 대신에 그녀는 더 설득력 있게 그녀의 손가락을 얼게 하는 추위를 직접적으로 느끼도록 하기 위해 피에르의 손에 자신의 손을 얹을 수도 있다. 그러나 그녀는 - 우리가 보기에 다행스럽게도 - 두통을 그에게 전달할 수는 없을 것이다.

마리의 예에서 우리가 이해할 수 있는 것과 같은 직접 의사 전달은 분명 동물적 의사 전달의 핵심을 구성함에도 불구하고 기호학에서는 발붙일 곳이 없다.

따라서 우리는 감각적 전달인 것과 엄밀한 의미에서 기호학적 행태로 인정될 수 있는 것을 세심하게 구별하면서 동물적 의사 전달의 문제에 접근할 것이다. 또한 우리는 최근의 출판물들[11]에서 더 이상 언어활동이라고 말하지 않는 동물적 의사 전달 전문가들의 신중함에 주목할 것이다.

소쉬르의 의사소통

직접 의사 전달과 정반대의 위치에 언어적 의사소통이 존재한다. 언어적 의사소통은 소쉬르에게 있어서 하나의 사회적 사건(événement social)으로 소개된다.[12] 우리는 그것을 **발화 행위(acte de parole)**[13]에서 관찰할 수 있다. 소쉬르가 말하는 발화의 순환이라는 것을 설정하기 위해서는 최소한 두 사람이 필요하다. 우리는 발화의 순환을 다음과 같이 요약할 수 있다.

A와 B, 두 사람이 서로 이야기를 하고 있다고 하자. 이 순환은 《우리가 개념이라고 부르는 의식적 사실들이 표현되는 데 쓰이는 언어 기호나 청각영상의 구현과 연계되어 있는》 A의 뇌에서 시작할 수 있다. 따라서 A의 뇌에서 무엇인가가 일어난다. 말하자면 A의 뇌에서 하나의 자극이 발성기관에 주어지고, 이로 인해 적절한 음들이 생성된다. 이 음들은 음파로 A의 입에서 B의 귀로, 그 다음에는 B의 뇌로 전달된다. 만약 B가 대답을 한다면 두 번째 발화 행위가 일어나며 이번에는 B의 뇌에서 입으로, 그 다음에는 A의 귀로, 마침내 A의 뇌로 전달된다. 이 과정은 대

화가 지속되는 한 계속된다.

그래서 소쉬르는 아래 도식에서 개념과 청각영상을 잇는 화살 표 형태로 나타나는 심리적 현상과, 발성과 청취라는 두 생리적 과정 그리고 점선으로 나타낸 음파라는 물리적 과정을 구별한다.

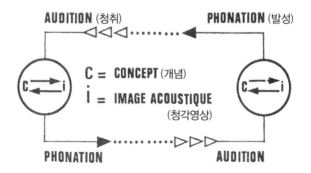

다른 한편으로 소쉬르는 발화-능동적인 것(c ⇆ i)을 청취-수동 적인 것(i ⇆ c)과 대립시키고 있다.[14]

블룸필드의 의사소통

블룸필드[15]의 경우, 우리는 다음과 같은 잭(Jack)과 질(Jill)의 잘 알려진 이야기에서 언어적 의사소통의 또 다른 설명 방법을 접하게 된다. 《잭과 질은 오솔길에서 산보를 한다. 질은 배가 고 프다. 그녀는 나무에 열린 사과를 본다. 그녀는 후두, 혀, 입술을 사용해 소리를 낸다. 잭은 울타리를 뛰어넘어 그 나무에 올라가 사과를 따서 질의 손위에 올려놓는다. 질은 그 사과를 먹는다.》

블룸필드는 행동주의적 표현으로 문제를 제기한다. 즉 그는 외적으로 관찰할 수 있는 것을 기술한다. 그는 실제적인 사건- 다 시 말해 언어사실과 제스처, 그리고 일반적으로 발화 행위 바로 전에 나타나는 상황 -과 발화 행위 그 자체를 구별하고, 이 모든 것을 다음의 세 순간으로 나누어 분석한다.

A. 발화 행위를 선행하는 상황
B. 발화
C. 발화 행위에 후속되는 상황

블룸필드는 A로부터 화자의 **자극(stimulus)**을, C로부터 청자 의 **반응(réaction)** 혹은 《응답》을 이끌어내며, 질을 위한 이러한 《응답》의 이점과 중요성을 아주 특별히 강조한다. 실제로 블룸필 드는 질 자신의 독자적 능력에 맡긴다면 질은 스스로 사과를 따 야만 하거나 배고픈 채로 있어야만 하므로 발화가 없는 동물들과 동일한 위치에 놓이게 될 것이라는 것에 주목하고 있다. 배고픔 과 음식물을 보는 것(혹은 냄새)은 자극(S)이고, 이 음식물에 도 달하기 위한 움직임들은 반응(R)이라고 할 때, 홀로 있는 질과 발 화가 없는 동물에게 동일하게 적용되는 과정은 다음과 같이 표시 된다.

$$S >>> \longrightarrow R$$

발화 행위를 실행함으로써 질은 자기 대신에 잭이 반응하게 할 수 있었다. 결국 **언어활동(langage)**은 한 사람이 반응(R)을 일으키도록 하는데, 이는 다른 한 사람이 자극(S)을 이미 경험했을 때 가능하다. 이 같은 첫 번째 관찰을 해석하면서 블룸필드는 언어활동은 분업에 근원을 두고 있다고 추론한다.

그래서 블룸필드는 다음과 같이 발화 행위를 분석하고 있다. 1. 질의 언술(言術, énoncé)에 상응하는 대용 반응(r). 2. 잭의 청취에 상응하는 대용 자극(s). 따라서 발화 행위의 전체 과정은 다음과 같이 나타난다.

S   : 실제 자극(질의 배고픔과 사과를 봄)

R   : 발화에 의해 교섭된 능동적 반응

　　　 (잭이 울타리를 뛰어넘어 나무에 오른다)

r   : 대용 반응(질이 언술을 발화한다)

…   : 음파들

s   : 대용 자극(잭이 들은 질의 언술)

이 모든 것에서 결국 블룸필드는 r····s 부분, 즉 말해진 언술만을 취하고, 이 부분에서 언어학자의 주의를 끌 유일한 대상을 발견한다. 말해진 언술 B와 연관되는 모든 것과 우리가 상황 A, C로 약술했던 것이 **의미(sens)**를 구성한다. 의미의 중요성은 인간에게는 핵심적이지만 언어학의 영역 밖에 있다.

소쉬르와 마찬가지로 블룸필드는 언어의 사회적 성격과 언어 공동체 즉 **구두 신호의 특수체계**[16]를 사용하는 인간 집단이 존재 한다는 사실을 강조한다.

샤논(Shannon)과 위버(Weaver)

의사소통의 일반체계를 보여주는 샤논과 위버의 도식[17]에서 두드러진 것은 정보의 전이이다.

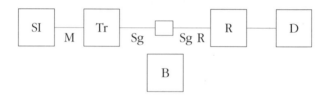

이 도식이 제시하는 바와 같이, 정보의 원천(SI : source d' information)은 수신자(R : récepteur)에게 전달되어야 할 하나의 전언 혹은 일련의 전언(M : message)을 만들어낸다. 전달자(Tr : transmetteur)는 경로를 통해 전달될 수 있는 **신호(signal)**가 생산 될 수 있도록 전언을 처리한다(예 : 일련의 점들, 줄표 그리고 공 간을 제공하는 전보의 **약호화(codage)**). 이때 수신된 신호(Sg R : signal reçu)는 마지막으로 도착점(D : destination)에 도달한 전언을 재구성하도록 하기 위하여 수신자에 의해 해독된다 (décodé). 약호화와 약호 해독의 조작들은 **약호(code)**를 통해 실 행된다. 전달은 **잡음(bruits)**에 의해 방해받을 수 있으며, 그러한 잡음 혹은 잡음들의 제거가 주된 관심사가 될 것이다. 기술자였던 샤논과 위버가 말한 다음과 같은 내용은 상기할 만하다. 《의사소통의 근본적인 문제는 한 지점에서 얻어진 전언을 정확하게 혹은 대략적으로 다른 지점에서 재생산하는 데 있다. 흔히 이 같은 전언들은 하나의 의미를 가진다. 다시 말해서 이 전언들은 물질적이거나 개념적인 어떤 실체를 지시하거나 이런 실체들과 관계를 맺고 있다. 의사소통의 이러한 의미적인 면은 기술적인 문제의 관점에서는 관여성(pertinence)을 갖지 않는다.》의사소통에 관한 거의 모든 소개와 토론들은 어느 정도 샤논과 위버의 도식에서 영감을 받는다. 일반적으로 우리가 이 도식에서 취하는 것은 정보들이나 전언들이 **경로(canal)**를 따라 **발신자(émetteur)**에게서 **수신자(ré-cepteur)**에게로 신호를 통해 전달된다는 것이다. 우리는 정보라는 것이 **약호**의 적용을 통해 전언의 형태를 취하는 하나의 실체라고 볼 수 있다. 전달자, 경로 그리고 수신자에 의해 구성된 장치는 **전달매체(medium)**로 지칭될 수 있다.

대조

독자들은 우리가 이 같은 세 개의 도식을 시대적 순서에 따라 소개하려는 것에 집착하지 않기를 원할 것이다. 사실 우리는 샤논과 위버의 도식에서부터 시작할 수도 있었을 것이다. 오늘날 연구자들은 근본적으로 동일한 하나의 문제에 대해 동시에 사용 가능한 세 가지 방식을 가지고 있는 바, 중요한 것은 문제 해결에 있어서 각각의 기여도를 밝히는 것이다. 우리 생각으로는 한 가지 방식에 반하여 취할 수 있었던 정신주의와 심리주의에 대한 비판도, 또 다른 방식에 가해지는 기계주의에 대한 질책도 고려할 사항이 아니다. 중요한 것은 이 같은 세 가지 소개의 대조를 통해서 의사소통에 작용하는 모든 요인들을 우리가 끌어낼 수 있다는 것이다.

거의 모든 것은 소쉬르가 이미 말한 것이다. 요컨대 정보의 원천과 도착점은 개인 A와 B, 다시 말해서 보다 최근의 용어로 표현하자면 화자-발신자와 청자-수신자의 뇌에 위치하고 있다. 발성은 신호를 발생시키는 전달자의 활동과 동일시될 수 있고, 청취는 그 신호들을 받는 수신자의 활동과 동일시될 수 있다. 경로는 음파의 형태로 나타난다. 우리가 더 앞으로 나아갈 수 있는가? 언어와 약호를 동일시하는 것이 정당한가? 비록 소쉬르가 언어 약호에 대해서 말했다하더라도[18], 우리는 그가 언어와 약호 사이의 진정한 동일성을 밝혔다는 것을 어디에서도 찾아볼 수 없다. 이에 대한 표현은 『강의 *Cours*』에서 거의 우연히 단 한 번 나타날 뿐이다. 우리로서는 이 둘 사이의 구별을 확고하게 유지할 것이며, 그것에 대해서는 뒤에서 설명할 것이다.[19]

발화 행위

우리는 기술자 샤논과 위브가 아주 당연한 것으로 생각한 나머지 언급하지 않은 발화 행위(acte de parole)를 소쉬르에서는 물론이고 블룸필드에서도 접하게 된다. 무수한 다른 매체들 가운데 발화가 가능한 매체들 중의 하나일 뿐인 기호학에서 루이 프리에토[20]는, 내가 보기에, 미국인 저자들이 **의사 소통항목**(communi-cation item)[21]이라 부르는 것과 동일한 유형의 사건(événement)을 설명하는 것처럼 보이는 **의미 행위**(acte sémique)를 다루고 있다. 《발화 행위》라는 표현의 이점은 발화의 순환이 있다는 것을 강조하는 것이다. 발화 순환 내에서 화자와 청자의 역할은 서로 교체되거나 반전될 수 있다. 그 이유는 이 두 가지 《역할》을 당사자들 각각이 번갈아 맡을 수 있기 때문이다. 기계와 물리학의 영역에서 일하는 전기통신 기술자들에 의해서 작성된 의사소통의 일반도식에서 이 같은 인간의 발화 행위가 언급된 것을 볼 수 있으리라는 것을 기대할 수 없을 것이다. 또한 반정신주의자 블룸필드에게 있어서 뇌에서 일어날 수 있는 것들에 대한 언급이 없는 것은 매우 자연스럽다. 그러나 블룸필드 덕택에 언어사실과 제스처는 물론이고, 발화 행위를 앞서거나 뒤따르는 상황에 대한 아주 흥미 있는 기준이 이미 확인된 요소들에 추가된다. 우리가 무엇보다도 블룸필드에게 고맙게 여겨야하는 것은 언어적 행태의 대용적 성격을 아주 분명히 했다는 것이다. 기호학은 적어도 연구 초기에 다음과 같은 입장을 취하는 것이 유익하다. 이를테면 우리의 감각에 충격을 줄 수 있는 모든 것에 이 영역을 무분별하게 확장하고 싶지 않다면, 자극에 대한 **직접 반응**(réaction directe)이란 것을 기호학의 영역에 포함시키지 말아야 한다. 이렇듯, 블룸필드는 자신이 언어학의 영역을 제한적이지만 명확하게 정의할 수 있는 기준을 제시했다. 사실 이 정의는 《언어 자체와 언어를 위한 연구》라는 소쉬르의 진술과 아주 흡사하다. 우리는 이와 동일한 엄격성을 가지고 기호학에 접근하기를 원하는바, 우선 앞의 세 도식의 중심에 있는 의사소통의 부분, 곧 신호에 우리의 주의를 집중시킬 것이다. 말하자면 **신호**(signal)를 통해 우리는 **전언**(message)에 이르게 되고, 마침내 전언을 운반하는 신호를 정확하게 만들어내게 하는 체계에 접근하게 된다.

경로와 매체

신호와 전언 이외의 다른 요소들은 신호와 전언에 영향을 미치는 정도에 따라서만 우리의 관심을 끌 것이다. 이는 특히 경로에 어떤 지위를 부여해야 할 것인가에 대한 문제를 제기한다. 앞에 소개된 세 도식을 통해서 볼 때, 언어적 의사소통과 일반 의사소통의 핵심적인 차이는 발화 및 음파와 같은 언어적 신호의 생성과 전달을 위해 사용된 매체와 경로의 독특한 성격과 관련이 있다. 언어의 정의에 발화의 음성적 특성이 포함되어야 하는가? 이것에 대해서 소쉬르는 다음과 같이 긍정적으로 대답한다. 즉 언어기표(signifiant linguistique)의 청각적 특성은 이 기표의 **선조성((線條性, caractère linéaire)***을 생기게 하는데, 이 선조성은 대단히 중요하다.[22] 블룸필드[23]와 마찬가지로 음성적 측면(곧 신호의 생산)을 강조하는 마르티네[24]에게 있어서도 대답은 동일하다.

다른 저자들, 특히 예름슬레우[25], 그리고 루이 프리에토[26]는 언어의 정의에 음성적 요소의 개입을 거부한다. 예컨대 프랑스어는 문어이든 구어이든, 모스부호나 상상 가능한 모든 다른 수단에 의해서 전달되든지 간에 프랑스어로 남아있기 때문이다. 이러한 사실은 결국 경로와 매체가 기호학적 체계의 주변적 특성일 뿐이라는 것을 보여준다.

반면, 마샬 맥루한(Marshall Mac Luhan)은 《전언은 곧 매체》라고 주장한다. 그래서 우리는 경로와 매체가 신호들의 생산과

---

* [역주] 언어의 선조성이란 언어의 기표, 즉 언어의 음성 표현이 시간이라는 선(線)을 따라 전개되는 특성을 말한다. 따라서 두 음, 두 낱말, 두 문장 등을 동시에 말하고 들을 수 없는 것은 바로 이 선조성 때문이다.

전언들의 전달에 미치는 제약들을 아주 세심하게 검증할 것이다. 이를 통해서 우리는 무엇보다도 형식적 모델들[27]의 구축으로 관심을 끄는 순수한 이론적 연구와, 항상 이론을 사실들의 시험에 적용하고 관찰된 체계들의 기능 연구에 몰두하는 현실주의적인 또 다른 유형의 연구를 아마 비교하게 될 것이다.

우리의 관심을 끄는 문제는 기호학적 체계를 설명하기 위하여 실체(substance)에 대한 모든 고증(考證)으로부터 진정 우리가 자유로워질 수 있는지를 알아보는 데 있다. 사실 아무 것도 체계에 대한 우리의 정의에서 이 고증을 언급하도록 강요하지 않으므로, 우리는 형식적 모델의 소개에서 단위들의 목록, 이 단위들의 배합 규칙 그리고 이 단위들이 유지하고 있는 관계를 설명하는 것으로 만족할 수 있다. 그러나 우리가 잘못 생각해서, 실체와 경로, 그리고 매체의 변화가 경로의 성격에 의해서만 달라질 수 있는 체계들을 관찰하거나 기능하게 하는 것이 사실상 불가능하도록 하기 위하여, 전언의 구조화에 상당히 깊은 수정을 강요하는 것은 아닐까?

또 한편으로 경로의 성격을 어떻게 이해해야 할까? 경로는 물리적 용어나 감각적 용어로 기술된다. 전자는 빛(그리스어 《빛 *phôs*》에서 유래한)의 경로, 열의 경로, 기계적 경로, 음향적 경로, 화학적 경로 등을 말하고[28], 후자는 우리들의 감각기관에 도달 가능한 자극으로서의 모든 것, 즉 시각적, 청각적, 후각적, 촉각적, 미각적 경로이다. 그러므로 하나의 동일한 경로가 빛의 경로이면서 시각적 경로일 수도 있고, 음향적 경로이면서 청각적 경로일 수도 있고, 화학적 경로이면서 후각적 경로이거나, 화학적 경로이면서 미각적 경로일 수도 있고, 열에 의한 경로이면서 촉각에 의한 경로일 수도 있다.

어떤 저자들은 경로를 《전언 전달기관》으로 정의하고 우리가 위에서 매체로 정의한 것을 경로로 지칭한다. 왜냐하면, 이 매체라는 용어는 이들 저자들에 의해서 라디오, 텔레비전, 책과 같은 인공적 수단에 적용되었기 때문이다. 르네 라보르드리(René Laborderie)는 《의사소통의 영역에서 **매체**(médium)는 중개물, 즉 사물 혹은 인간과의 직접적 접촉이 불가능할 때 의사소통을 용이하게 하거나 가능하게 하기 위하여 개입되는 중재자[29]》라고 기술한다. 그런데 우리가 블룸필드의 도식에서 보았듯이 이 같은 중재는 이미 언어적 의사소통 행위이다.[30].

라디오에서 주어지는 정보는 어떻게 보면 두 번 《중재》된다. 첫 번째는 경험에다 특별한 형태를 부여하는 언어적 언술에 의해서이며, 두 번째는 음파에 의한 이 언술의 전달에 의한 것이다. 텔레비전의 방송 기자가 화면상으로 페루에서 철도 참사로 백 명의 희생자가 났다고 알릴 때, 화면에 나타난 방송기자의 모습은 한 번 《중재》되지만 참사 소식은 비록 참사 그 자체가 보이지 않더라도 라디오의 경우에서처럼 두 번 중재된다. 만약 이 참사가 언어적 해설 없이 보인다면 평범한 프랑스 시청자들이 이 사건이 페루에서 일어났다는 사실을 안다는 것은 거의 불가능하다. 《대중 매체》의 기술(技術)을 다루지 않는 우리의 기호학 연구 범위의 틀 내에서는, 우리가 샤논과 위버의 도식을 참고로 하여 《경로》와 《매체》에 대해서 언급한 것으로 만족하는 것이 적절하고도 바람직해 보인다.

경로와 수신

우리가 모든 감각을 동시에 사용할 수 있는 것처럼, 우리는 모든 감각 경로를 통해 정보를 동시에 받아들일 수 있다.

이를테면 나는 전화상으로 나에게 말하는 것을 듣는 동시에, 거울을 통해 머리 손질이 잘 되었는지 눈으로 확인할 수 있으며, 크리스마스 때 받은 송로(松露) 초콜릿을 맛볼 수도 있고, 부엌에서 타는 냄새가 나지 않는지 확인할 수 있고, 소파의 천을 갈아 씌울 생각으로 천의 질감을 느껴볼 수도 있다. 그래서 나는 이들 각각이 어떤 방식으로든 나의 행동에 영향을 미칠 수 있는 다섯 개의 정보를 동시에 받아들인다. 예컨대, 나는 출석하지 못하는 것이 확실하지만 만사를 제쳐놓고 미장원에 꼭 한 번 들려야겠다고 생각하면서 대화 상대자에게 대답을 하기 위해서 약속이 적힌 수첩을 참고할 것이다. 이 송로 초콜릿은 기가 막히게 맛있으므로 내 친구 아무개에게 반드시 같은 상표의 초콜릿을 보내야겠다. 부엌에서 SOS 신호를 보내므로 나는 재빠르게 전화를 끊고 화덕으로 쏜살같이 달려가야 한다. 이 소파용 천은 고양이의 발톱으로 긁고 싶은 생각이 들게 할 정도로 부드러우므로 더 촘촘한 천을 찾을 필요가 있으리라. 그런데, 만약 내가 이 같은 정보들을 언어적 언술을 통해서 설명하기를 원한다면, 나는 하나의 경로를 통해서 이들 정보를 하나씩 하나씩 표명해야 한다. 그럴 경우, 이것은 내가 정보들을 받은 것과 동시에 그것들을 표명할 수 있을 경우 필요한 시간의 5배가 걸린다.

그래서 이론상으로 이 다섯 개의 감각 경로가 동시에 이용되는 방식으로 이 전언들을 분절할 수 있다면 의사소통은 하나의 유일한 경로로 통과해야 할 때보다 5배나 시간이 더 적게 걸릴 것이다. 물론 이론상이다. 왜냐하면 나열된 다섯 개의 정보 중에 나의 전화 상대자에게 온 하나의 정보만이 실제로 기호학적 행위의 결과이기 때문이다. 다른 네 개의 정보들은 이 정보들을 정확하게 전달하려는 유일한 의도에서 한 사람 혹은 여러 사람의 발신자들에 의해 특별히 만들어진 신호들이 아니다. 이 같은 다섯 개의 경로로 분절되고 오감에 호소하는 진실로 일관성 있는 하나의 체계를 수립하려고 모두들 노력했으나 허사였다. 그러나 두 개나 세 개의 경로가 체계적으로 동시에 이용되는 것은 흔하다. 음성 영상기술, 영화, 《대중매체》, 교수 자료가 그 경우들이다.

그러한 관점에서 하나의 소설과 그 소설의 영화 각색을 비교하는 것은 흥미롭다. 예를 들어 졸라(Zola)의 『쟁탈전 *La Curée*』와 바댕(Vadin)에 의한 이 소설의 각색을 보자. 졸라는 이 작품에서 상당한 부분의 이야기가 전개되는 이국적 정원에 괄목할만한 중요성을 부여한다. 긴 단락들이 정원을 가득 채우고 있는 식물들의 나열과 묘사에 할당되어 있다. 물론 식물학과 원예학에 대한 지루한 현학적 나열을 보고는 사건의 진행을 빠르게 알고 싶어서 이 구절들을 뛰어넘는 독자들도 많다. 그러나 자신의 아빠트의 여러 구석에 양치류와 무화과와 천남성과의 식물을 사랑으로 보살피고 가꾸는 사람에게는 경이롭고, 포근하면서도 신선한 습기 속에서 매력적이며, 호의적이면서 무관심하고, 동조적이면서도 목숨을 빼앗는, 친숙하면서도 전혀 알지 못하는, 보호적이면서도 위협적인 세계가 바로 여기에 있다. 우리는 몇몇의 비평가들이 이 정원을 소설의 중심인물로 삼고 싶어했다는 사실에 놀라지 않을 것이다. 바댕은 근사하게 이 정원을 재창조했다. 그러나 정확히 말해서 바댕은 소설가에게 부과된 선조성을 띤 언어에 더 이상 의존하지 않기 때문에 그는 지극히 정상적으로 이 정원 내에서 그의 작중인물들이 정상적으로 말하고 행동하게 했다. 그 결과 이 정원은 단순한 장식의 수준으로 밀려나게 되었다. 그리고 사전 지식이 없는 관객은 차라리 제인 폰다의 몸매와 작중인물의 행동과 대화에 집착하면서 정원에는 거의 주의를 기울이지 않을 위험성이 많다. 그래서 관객이 운명적 대단원을 제공할 독이 든 장과(漿果) 식물에서 제일 중요한 암시를 파악할 수 있을지는 확실하지 않다.

사람들은 몇 날 저녁을 읽어야 하는 것을 영화가 약 2시간의 상연으로 소화해내는 것에 주목할 것이다. 이것은 우리가 화면의 영상을 봄과 동시에 대사의 말을 이해할 뿐만 아니라, 삼차원의 공간에 위치한 것의 투영을 2차원의 화면으로 볼 수 있고 여러 인물들의 행위와 활동이 전개되는 장소를 일별에 파악하기 때문이다. 그러나 우리는 영화의 전개에서 《받아들여진》 부분과 상실되어진 부분을 알아내야 한다. 그 이유는 사실 우리는 매 순간 화면의 일부분만을 보기 때문이다. 자막 처리가 된 외국 영화의 경우 전언의 고유한 언어적 부분은 자막으로 곧 시각적 경로로 나타나며 이는 영상이 요구하는 주의의 일부분을 약화시킨다. 그러나 청각적 경로가 전적으로 배제된 것은 아니다. 요컨대 사용된 언어가 무엇이든 간에 모든 구두상의 의사소통을 허용하는 《준언어적》 요소가 파악되며, 여기서 말하는 준언어적 요소란 아래 203쪽 이하에서 좀 더 길게 취급할 음성의 음역, 음색, 어조, 감정적인 이유로 인한 음성변화를 말한다. 이 경우 문제는 시청자가 자신에게 잘 알려지지 않은 문화적 영역에 속하는 준언어적 요소를 올바르게 해석하는 것이다. 이러한 예를 통해서 좀 더 숙고해 볼 때 오감이라는 경로는 인간의 의사소통의 복잡성을 설명하기에는 여전히 불충분하다는 것을 알게 된다. 예컨대 청각의 경우, 우리는 언술의 발화를 듣고 해석할 수 있을 뿐만 아니라, 만약 이 언술이 노래로 불린다면 선율과, 필요한 경우, 여러 가지 악기들에 의해 생성된 반주 음악을 식별할 수 있다. 이러한 사실은, 여러 가지 수단이 충분히 변별적으로 구성되기만 한다면, 이 수단들이 하나의 유일한 감각적 경로를 토대로 동시에 기능할 수 있다는 것을 보여준다. 반면에 동일한 유형 체계에 따라 만들어진 두 신호의 경우, 이것들은 다른 경로를 통해 전달될 때만 수신이 가능하다. 요컨대, 원어판에 의거하여 구두로 번역된 텍스트를 눈으로 읽는 것은 쉬운 반면에 국제회의에서 한 연설가의 연설과 다른 언어로의 동시통역을 동시에 듣는 것은 불가능하다.

경로와 발신

지금까지 우리는 신호 생성의 근원과 장치- 이것이 인간적이건 아니건 -의 성격이 어떠하든 간에 인간이 전언을 수신하는 관점에서 정보전달의 경로를 고찰했다. 우리는 이제 인간에 의한 신호 생산의 가능성이 무엇인지를 검토할 것이다. 무엇보다도 우리는 먼저 기호학적이건 아니건 간에 인간이 동시에 집중할 수 있는 행위의 수가 제한적이라는 사실에 주목해야 한다. 요컨대 한 신체기관이나 손발은 한 번에 한 가지밖에 할 수 없다. 사람들은 동시에 삼키고, 말하고, 섹스폰을 불 수는 없다. 이들 행위의 각각은 나머지 것들을 배제한다. 사람들은 자신의 오른손으로 바느질을 하고, 쓰고, 망치로 못을 박는 일을 동시에 할 수 없다. 사람들은 《라 마르세이에즈 La Marseillaise》*와 《달빛 아래에서 Au claire de la lune》**를 동시에 부를 수 없다. 그러나 사람들은 글을 쓰면서 먹을 수 있고, 바느질을 하거나 문에 페인트칠을 하면서 노래를 할 수 있다. 《달빛 아래에서》를 노래하면서 《라 마르세이에즈》의 가사를 쓰는 것은 어렵다. 왜냐하면, 비록 다른 경로를 사용하고 있지만 이 같은 음성 행위와 서사 활동은 신호들을 구조화하는 데 동일한 체계, 즉 언어에 호소하기 때문이다. 따라서 이 두 행위는 가공(加工)의 차원에서 경쟁 혹은 갈등하게 된다. 이것은 분명 독창적인 산물일 경우에 더욱더 두드러진다. 따라서 사람들은 엄밀한 의미에서의 경로와 매체 혹은 수단을 구별하는 것은 종종 어렵다는 것을 알게 된다.

통제

이러한 문제들은 매듭짓기 위해서, 우리는 생산과 수신이 동시에 이루어질 가능성을 고려하지 않으면 안 된다. 예컨대 나는 동일한 녹음기 한 대로 대화를 녹음하는 동시에 베토벤(Beethoven)의 소나타를 들을 수는 없다. 그러나 일반적으로 인간은 서로 다른 생산 장치와 수신 장치를 갖추고 있다. 말하자면, 인간이 자신의 음성적 생산을 통제하도록 하는 것이 청각이라는 것을 제외하

---

* [역주] 프랑스 국가이다.
** [역주] 유명한 프랑스 동요 중의 하나이다.

면, 발성기관과 청각기관은 전적으로 서로 독립적인 것으로 보인다. 그리고 수신과 통제의 기능이 모든 개인들에게 있어서나 혹은 몇몇 개인들에게 있어서 서로 배타적인지 혹은 그렇지 않은지가 의심스럽다. 우리는 우리의 경험을 통해서 수신과 통제가 외국어 학습 분야에서 확실히 더 잘 이루어짐은 물론이고, 아마도 유일하고도 지속적으로 이루어진다는 생각을 하게 된다. 시각은 상당수의 활동을 통제하지만 가끔 우리는 힘든 학습(apprentissage)의 대가로 그러한 통제 없이 대부분의 그 같은 활동을 올바르게 행하는 훈련을 할 수 있다. 따라서 자동차 운전시의 행해지는 모든 몸짓들은 시각적 통제에 의존하지 않고 실행되어야 한다. 요컨대 한 페달에서 다른 페달로 옮길 줄 알아야 하는 것은 나의 발뿐이며, 변속기를 사용할 줄 알아야 하는 것은 나의 손뿐이다. 이때 수신의 모든 기능을 위해서는 나의 시각을 전적으로 사용할 수 있도록 해야 한다. 즉 어떤 지표, 어떤 신호, 어떤 도로표지판도 이 시각에서 벗어나서는 안 된다.

의미의 위계

우리의 서양문화에서 먼저 시각이, 그 다음으로 청각이 정보 전달에서는 물론이고 이에 따른 필연적인 결과로서 교육에서 차지하는 중요한 위치는 주목할 만하다. 우리의 교육은 시각과 청각을 발전시키고 다듬으려고 애쓰며, 다소 복잡한 대부분의 기호학적 체계들은 둘 중 하나에 도움을 청한다. 촉각, 후각, 미각은 별로 중요하게 여겨지지 않는다. 물론 우리는 이 세 감각에서 생성되는 지표들을 이해한다. 그러나 아주 한정된 기술적 혹은 과학적 차원의 경우가 아니고서는, 우리들의 교육 과정에서 촉각적, 후각적, 미각적 유형을 체계적으로 교육할 여지는 없다. 《훌륭한 교육》은 이 같은 감각들로 형성될 수 있는 관례를 어느 정도는 금지하는 경향조차 있는 것 같다. 그 이유는 아마도 이들 감각은 인간의 몸과 이들 감각에 영향을 미치는 자극의 발신체 사이에 접촉을 요구하기 때문일 것이다. 인간의 몸을 완전히 무시하려 하고, 관능성으로서 감각을 경계하고 싶어하는 기독교적 유산의 잔유물- 이것은 현대 위생학자들의 규정으로 승계된다 -을 여기에서 검토해야만 하는가? 게다가 이들 경로를 통해서 이처럼 뒤로 미루어지거나 승계된 의사소통을 고려하는 것은 어려운 것처럼 보인다. 그러나 이들 세 감각들은 직접 의사소통[31]의 범주에서는 그 자체의 당위성을 회복하고 있는 바, 동물적 의사소통 전문가들은 이러한 감각들에 큰 관심을 보이고 있다.

항상 문제가 되는 것은 이것들에게 어떤 기호학적 지위를 부여할 것인가에 있다. 향수와 방취제의 사용은 비록 산란적(散亂的)이고 불분명하지만 다른 사람들에게 상당히 영향을 끼치는 경향이 있다. 후자의 경우에서는, 냄새가 전혀 나지 않는 아주 잘 씻은 인간으로서, 말하자면 육체의 우연적 사건들에서 자유로워진 순수한 영혼의 소유자로서 자신을 표현하는 것이 중요하다. 전자의 경우에서는, 일반적으로 자신의 세련됨을 나타내거나 상대의 성욕을 자극하는 것이 중요하다. 게다가 어떠한 것에 의해서도 향수의 고유한 기호학적 사용에 대해서 상상하는 것을 방해받지 않는다. 예컨대, 내가 저녁에 공식적인 칵테일파티에서 남편을 다시 만날 때 기대하던 비밀스런 소식이 낮에 전해진다면 나는 향수 《팜므(여자) Femme》를 뿌릴 것이고, 그 반대의 경우에는 《샬리마르 Shalimar》*를 사용할 것이라고 남편과 의견 일치를 볼 수도 있다. 의복은 어떠한 것을 입더라도 별 상관이 없으며 어떠한 의복에는 어떠한 향수를 사용한다는 냄새에 대한 협약적인 사용, 즉 광산에서 어떤 냄새나는 가스의 확산이 위험의 신호로 받아들이는 것과 같은 협약적인 사용은 거의 없다.

분석과 잉여성

여러 경로와 여러 수단이 동시에 의사소통을 지향할 때, 사람들은 그 총체를 총괄적으로 다루고 싶어할 수도 있다. 그러나 우리가 보기에는 총체적 데이터를 단일 경로뿐만 아니라 단일 매체에 따라 따로따로 분석하는 것이 방법론적으로 더 확실해 보인다. 그래서 언어적 사실과 유사-언어적 사실, 구어로 된 전언과 문어로 된 텍스트, 체계와 비체계적 수단은 따로 취급될 것이며, 의사소통의 범위 내에서 이것들 각각에 해당되는 부분이 정해질 것이다. 그 다음에, 이 같은 체계 혹은 수단 중에서 서로서로 독립적이고 자율적인 방식으로 기능하는 경향이 있는 것들과 서로서로 상보적인 경향이 있는 것들이 명확히 구분될 것이다.

사용된 체계나 수단들 각각을 확인하고 난 후에, 우리가 특히 이들 체계나 수단들 중 단 하나만의 도움으로 생산된 신호들의 연구에 몰두하게 될 때, 우리는 전언들이 불완전하거나 애매하다는 인상을 받을 수도 있다. 사실, 다른 수단들이 동시에 기능하지 않는다면 이 전언들은 불완전하고 애매할 것이다. 따라서 한 체

---

* [역주] 샬리마르는 관능적인 여인, 주목받기 좋아하고 화려하며 외양적이며 매혹적인 여인을 위한 향수이다.

계를 개별적으로 연구하는 것과 이 체계의 모든 복잡함에서 의사
소통을 연구하는 것은 다른 것이다. 의사 표현을 충분하고도 분
명하게 하기 위해서 동일한 정보가 체계들의 각각에서 표현되도
록 하는 결과를 낳을 수 있다. 이때 전체 체계는 무거워지고, **잉
여적(redondant)**이 된다. 이 같은 잉여성은 예를 들면 외국인들
에게 말을 할 때 언술을 배가시키는 몸짓과 흉내의 과잉과 같이
사람들이 쉽게 이해할 수 있게 하는 일종의 보험 역할을 할 수
있다. 잉여성은 또한 서투름이나 소홀함에서 기인할 수 있다. 말
하자면 전적으로 명백한 영상을 부연 설명으로 되풀이한다는 것
은 불필요한 일이다. 그러나 그러한 잉여성은 강조에 의해 혹은
교육적 목적으로 요구되거나 생산될 수도 있다. 이것이 바로 시
청각 교육의 원리이다. 우리는 학생에게 알지 못하는 어떤 것을
가르치기 위해 이미 알고 있다고 추정되는 방법들을 이용한다.
문제는 기지의 사실과 미지의 사실을 정확하게 평가하고 원하는
낱말들을 시기적절하게 말하는 데 있다. 어린이들이 말을 하도록
하기 위해서는 그들에게 그림을 보여주는 것으로는 충분하지 않
으며, 어린이들이 그 같은 그림들이 나타내는 대상과 그것들을
표현하는 데 사용하는 낱말들을 알고 있다는 것을 확인해야만 한
다. 그렇지 않으면 대상과 낱말은 서로 서로에게 이질적인 두 세
계로 남을 위험이 있다. 우리는 그림이, 그 후에는 문자(écriture)
가 우리 문명에서 차지하는 특권적 위치를 언급한 바 있다. 한 대
상이 우리에게 친숙할 때 그 대상을 통해서 우리가 경험할 수 있
는 모든 감각들이 암시되도록 하기 위하여, 어떤 방식으로든지
그것이 우리에게 환기되도록 하는 것만으로도 분명 충분하다. 예
를 들어 만약 내가 신선한 파인애플을 취급한다면, 이 과일의 그

림은 나에게 잎사귀의 가시, 사람을 취하게 하는 향기, 과도에 대한 과육의 저항(과도로 잘 벗겨지지 않는 과육의 성질), 숟가락을 끈적끈적하게 하는 즙, 알맞게 익은 과일의 맛 등을 생각나게 할 것이다. 그러나 프랑스 시장에서 희귀한 번려지(蕃荔枝)를 보더라도, 우리가 그 번려지를 맛보지 않는 한 그것은 아무 것도 암시하지 못할 뿐만 아니라, 시각으로 그것의 냄새가 어떤 것인가에 대한 아이디어를 주기 위해서는 상당히 서투른 무언의 몸짓과 같은 장치에 의존해야만 한다. 예를 들면, 빨래집게에 코가 집힌 한 부인을 보여주는 《퓌로도르 Pyrodor》의 광고를 떠올려 보자. 혹은 연인역을 맡은 미남 배우가 방금 빠졌던 똥통에서 머리를 내밀고 나와 그가 지나가는 길에 우리가 상상할 수 있는 냄새를 풍기는 것과 같은 데카메론(Décaméron)에서 영감을 받은 영화 장면들을 떠올려 보자. 이때 등장인물들은 분명 비명을 지를 뿐만 아니라 인상을 찌그리고 코를 움켜쥘 것이다.

사실, 그림은 우리가 알고 있는 것을 식별하게 할 뿐 아무 것도 가르쳐 주지는 않는다. 기껏해야 그림은 기지의 것에서 유추하여 미지의 것을 그럭저럭 상상하게끔 할뿐이다.

잡음

소쉬르, 블룸필드 그리고 샤농과 위버의 세 도식 덕택에 우리가 추출해낸 개념들 중에서 샤농과 위버에게만 나타나는 개념이 있다. 그것은 바로 **잡음(bruit)**의 개념이다. 우리는 이 개념을 통해서 전언의 전달에 개입할 수 있고, 정보의 원천(source)에서 얻어진 것의 정확한 재생산과 수신을 방해할 수 있는 모든 것을 이해해야만 한다. 예컨대 "옛 기억들이 우세하고 곧 대단원의 막이 내려집니다(*Les vieux souvenirs l'emportent et le dénouement est pro-che*)"라는 전보의 원문을 당사자들이 "**경건한 기억들이 숨죽이고 생트 클로슈라 불리는 사람**(*Les pieux souvenirs l'empochent et le dénommé Sainte Cloche*)"이라고 수신하게 된 것은 《잡음》 때문이다. 물론 이러한 재생산은 여기서 《대략적》이나, 이러한 '대략적임'으로 인해 전언은 황당해지고 그 결과 수신자는 전언이 말하고자 하는 것이 무엇인지를 이해할 수 없는 상황에 놓이게 된다. 잡음이라는 용어는 음파에 의한, 말하자면 청각경로에 의한 전달을 암시한다. 여기서 놀라운 것은 아무 것도 없다. 요컨대 우리는 특히 전화와 라디오 방면에서 일하는 통신 기술자들에 의해 만들어진 개념을 접하고 있다. 따라서 전화로 이야기하는 것이나 프랑스-앵테르(France-Inter)나 유럽 1(Europe n°1)의 뉴스를 듣는 것을 방해하는 《소음》, 전파의 《기생음》, 수신의 《혼선》, 기계 《고장》 등을 우선적으로 생각하게 된다. 그러나 이 개념은 - 가장 넓은 의미에 있어서는 - 다른 경로에서 일어날 수 있는 사건으로도 유용하게 확대될 수 있으며, 다음 각 경우에서와 같이 의미 행위의 실패에 책임이 있는 모든 것이 《잡음》으로 간주될 수도 있다. 이를테면, 텔레비전 화면의 영상이 흔들려 선 모양으로 일그러질 때, 대형 트럭의 너무 높은 적재나 봄에 잎이 무성하게 돋아난 가지들 때문에 빨간불이 가릴 때, 감기로 가스 누출을 감지할 수 없을 때, 그리고 철자상의 오류, 인쇄공의 오식이 원문을 왜곡할 때 《잡음》이 있다고 할 수 있다.

　이 같은 《부수적 사건들》의 결과는 정보전달에서 아주 심각한 문제를 야기할 수 있다. 요컨대, 《우선권의 거부》로 인한 충돌,

질식이나 폭발(가스의 존재를 경고 받지 못함에 따라, 성냥을 긋
거나 스위치를 작동시킨다), 텍스트의 변조로 인한 외교상의 말
썽 같은 것을 예로 들 수 있다. 그래서 어떤 일이 있더라도 잡음
을 제거해야하고, 그러기 위해 잡음들을 식별하고 그 원인들을
알아내어야 한다. 만약 잡음들을 완전하게 제거할 수 없으면 그
잡음들에 대항할 수 있는 수단들을 찾아야 한다. 어쨌든 잡음들
로 인한 해로운 영향을 무력화시켜야 한다. 잡음에는 의미 행위
(acte sémique)의 전개와는 전적으로 무관한 다음과 같은 현상들
이 있을 수 있다. 이를테면 전화를 거는 순간에 지나가는 비행기
소리, 이웃의 공사장에서 작업하고 있는 해머공의 굉음, 요람 속
의 아기 울음소리, 주전자에 물이 끓는 소리, 냉장고의 모터 소
리, 증류버너 소리, 서로 닿는 책장의 마찰 소리 그리고 타자기의
단음뿐만 아니라, 앞 창유리에 새가 부딪치는 소리, 앞이 캄캄해
지게 하는 태양의 섬광, 중요한 의미를 지닌 몸짓을 가리는 화면
의 갑작스럽고도 예기치 않은 등장 등이 있다. 그렇게 되면, 신호
는 전적으로 혹은 부분적으로 마멸(磨滅)되고 전언은 수신자들에
게 도달되지 않거나 삭제되므로 의미 행위는 실패한다. 발신자가
잡음이 있다는 것을 깨달으면(예컨대 발신자가 지나가는 비행기
소리를 듣는다면), 그는 자기가 말한 것을 반복할 수 있다. 달리
말하면 신호를 새로이 생성시킬 수 있다. 그러나 잡음은 발신자
가 완전히 무시할 수도 있고 자신의 신호가 아무 문제없이 도착
지에 도달할 것이라고 확신할 수 있는 수준에서 발생하는 경우가
많다. 발신자가 의심쩍어 한다면, 예컨대 그가 기계들이 작동하
고 있는 제재소에서 약간 떨어져 있는 대화 상대자에게 말을 한
다면 확실히 하기 위해서 동일한 의미의 두 개의 신호를 생산할

수 있다. 즉 그 두 개의 신호란 그가 말하는 낱말과 그가 사고 싶은 목재의 종류와 그 목재가 잘라져야 하는 길이를 나타내는 몸짓이다. 동일한 용어나 유사한 용어에 의한 반복이나, 동일한 사실을 표현하기 위한 다양한 수단에 의존한다는 것은 《잡음》에 대항하는 수단으로서 **잉여성(redon-dance)**의 도움을 구한다는 것을 의미한다.

의미 행위의 성공 또는 실패

외적인 모든 잡음들을 예견하고 제거한다는 것은 끝이 없는 일이다. 의사소통의 순환 자체에 개입하여 의미 행위를 실패하게 할 수 있는 모든 것을 검증하는 것이 더 효과적으로 보일 수 있다. 루이 프리에토는 『전언과 신호 *Messages et Signaux*』의 제 5장에서 의미 행위의 성공과 실패에 관한 문제에 약 10페이지나 할애하고 있다.[32]

프리에토는 잡음의 개념을 사용하지 않는다. 그러나 그는 전언(message), 신호(signal), 발신자(émetteur), 수신자(récepteur) 사이의 관계를 고려할 뿐만 아니라, 나중에 우리가 논의할 상황(situation)의 개념(블룸필드 도식에서의 A와 C)과 매우 흡사한 **상황(circonstances)**이라는 개념을 사용한다. 프리에토에게 있어서, 수신자와 발신자는 - 이들이 동일한 체계를 사용한다는 가정 하에서 - 전언 부류와 신호 부류를 사용한다. 이 같은 부류들은 용어상 일 대 일로 일치해야 하는 것이 이상적일 것이다. 그럴 경우 모든 전언에는 오로지 하나만의 신호가 있고, 모든 신호에는 하나의 전언만이 있을 것이다. 사실 의미 행위에는 이것이 생성되는 상황이 작용하기 때문에, 동일한 전언은 여러 신호로 나타날 수 있다. 그 신호들 중에서 발신자는 자신이 평가할 수 있는 상황에서 자신에게 가장 적합해 보이는 신호를 선택한다. 더구나 동일한 신호는 여러 개의 전언으로 나타나기 쉽다. 이 경우 수신자는 이들 전언 중에서 정확한 상황의 평가에 비추어 가장 개연성이 있어 보이는 전언을 선택한다. 따라서 바로 여기에 중대한 하나의 새로운 변수가 개입한다. 상황에 대한 평가는 이론적으로는 양쪽 모두에게 동일해야 한다.

예를 들어 다음과 같은 상황이 있다고 하자.

뒤부와씨가 검은 연필로 공책에 글을 쓰고 있다. 그의 호주머니에는 붉은 연필도 있다. 뒤랑씨가 "나에게 연필을 주십시오(Donnez-moi le crayon)" 라는 문장을 말하거나 혹은 신호를 보낸다. 이 명령문은 뒤부아씨가 쓰고 있는 검은 연필뿐만 아니라 그의 호주머니 속에 있는 붉은 연필도 가리킬 수 있다. 프리에토에 의하면 이 신호는 두 가지 전언, 곧 두 가지 의미[33] 즉 《검은 연필의 요구》와 《붉은 연필의 요구》를 받아들이지만, 《뒤부아씨가 쓰고 있는 공책의 요구》라는 의미는 배제한다.

그러나 상황은 《검은 연필의 요구》라는 의미에 유리하게 작용한다. 왜냐하면 붉은 연필은 뒤부와씨의 호주머니 속에 있으므로 뒤랑씨가 어떻게 그 연필을 요구할 생각을 했는지는 결코 알 수 없기 때문이다. 그래서 뒤부아씨는 주저하지 않고 그 신호에 《검은 연필의 요구》라는 의미를 부여한다. 뒤랑씨에게 그 연필을 줌으로써 그가 그 전언을 이해했다는 것을 나타낸다.

만약 상황이 다를 경우 - 예를 들어 붉은 연필이 아주 잘 보이는 탁자 위에 놓여 있다면 - 이러한 상황은 그 신호에 의해 허용된 두 가지 의미에 똑같이 유리하게 작용할 것이므로, 뒤부아씨는 두 연필 중에 어느 것을 뒤랑씨가 요구하는지를 알지 못할 것이다. 그렇게 되면 《모호성》이 생길 것이다. 우리는 프리에토가 모호성이 유일한 신호에서 기인된 것이 아니라, 상황에서 기인된 사실일 때만이 그러한 모호성을 받아들인다는 것을 주목하게 된다. 이것은 신호가 모호한 여러 가지 의미, 즉 모호한 여러 가지 전언을 허용하기 때문이 아니라, 신호가 정확하게 단 하나의 의미만을 부여받지 못하는 상황에서 사용되기 때문이다. 만약 우리가 시리우스(Sirius)의 관점*에서 문제의 문장이 말해질 수 있는 환경에 따라, 그리고 《연필》이라 불리는 대상들(목수의 연필, 화장용 연필, 사본용 연필, 흑연 연필, 색연필 등)에 따라 그 문제의 문장이 받아들일 수 있을 의미의 목록을 만들려고 한다면, 우리는 한 권 분량의 내용을 채울 수 있을 것이고, 비록 그 문장이 대수롭지 않다 할지라도 모든 문장에서 사정은 똑같을 것이다.

뒤부아씨가 그 신호를 이해한다면 의미 행위는 성공한 것이다. 따라서 아무 것도 의사 전달을 방해하지 않은 것이다. 그 반대일 경우 의미 행위는 실패한 것이다.

실패의 원인

우리는 이제 《잡음》이라는 아주 광범위한 개념으로 우리가 포괄할 실패의 원인들을 밝히는 데 전념할 것이다. 프리에토는 기본적으로 잘못된 이해에 의한 실패와 모호성에 의한 실패라는 두

---

* [역주] '시리우스' 란 본래 천랑성(天狼星)을 가리킨다. 여기서는 현실을 초월한 높은 관점을 의미한다.

가지 유형의 실패를 고려한다. 잘못된 이해는 발신자의 실수로 생길 수 있다. 예를 들면 뒤랑씨가 연필을 원하면서 "그 공책을 저에게 주십시오"라고 말하는 경우이다. 사실상 뒤랑씨는 이 신호에 《공책의 요구》라는 의미를 부여하는 반면, 《연필의 요구》라는 의미를 배제하고 있다. 이 같은 잘못된 이해는 발신자와 수신자가 동일한 체계를 사용한다고 믿는데서 기인할 수도 있지만, 다른 한편으로 그들은 이 체계의 다른 변이형들을 사용하기도 한다. 예를 들면 어떤 캐나다인이 프랑스인 앞에서 《만취 cuite》라는 은어적 의미로 솔(brosse)이라는 낱말을 사용하는 경우이다.

모호성은 우리가 앞에서 본 것처럼 수신자가 신호에 하나의 의미를 부여할 능력이 없는 상황에서 나타난다. 우리가 잡음(Le bruit) 항의 도입부에서 인용한 전보의 예를 참고로 할 때, 우리는 한편으로는 정보의 원천과 송신기가, 다른 한편으로는 수신기(récepteur)와 수신자(destinataire)가 구별되고 약호화와 약호해독이 분리 가능한 작용(opérations)으로 이루어진 경우– 전신에 의한 의사소통의 경우 -에 직면하게 된다. 요컨대 실패의 원인은 바로 이러한 작용의 단계에 있다. 상황은 다음과 같다. 이를테면 1944년 가을에 막 결혼을 하려는 한 처녀가 수년 동안 소식이 없다가 마르세유(Marseille)에 상륙한 어린 시절의 남자 친구를 다시 만나보기 전에는 절대 결혼식을 올리고 싶어하지 않는다. 그를 다시 만난 후에 그녀는 자신의 부모에게 자기는 이 어린 시절의 친구와 결혼할 것이라는 자신의 마지막 결심을 알리는 전보를 친다. 그녀의 부모는 상황을 완전하게 알고 있다. "옛 기억들이 우세하고 곧 대단원의 막이 내려집니다(Les vieux souvenirs l'emportent et le dénouement est proche)"라는 그녀의 전문은 그들에게 명확했으리라. 그런데 전화국 직원들이 약호화와 약호 해독과정에서 여러 가지 실수를 거듭하면서 이 전문이 왜곡되게 된다. 우리는 손으로 쓴 필체를 잘못 읽는 데서 기인한 실수로서 *vieux* 대신에 *pieux, emportent* 대신에 *empochent*를 예측해 볼 수 있다. 이러한 실수는 음향경로(어떤 점에서 전화?)를 통한 전달을 시사한다. 즉 음소(phonème) /r/을 포함하는 음소군, 곧 *emportent*의 /rt/와 *proche*의 /pr/이 잘못 받아들여진 것이다. 그러나 /rt/와 /ch/의 혼동은 이해하기에 어려운 반면에, /pr/ 대신에 /kl/의 쓰임은 아주 쉽게 이해된다. 말하자면 /k/와 /p/에 공통된 폐쇄음 자질과 /l/과 /r/에 공통된 비마찰적 연속음 자질만이 포착되었던 것이다. 드물게 쓰이는 낱말인 *dénouement*이 *dénommé*가 된 것은 지나치게 놀라운 것은 아니다. *Sainte*는 *est*의 철자 말하기에서 기인될 수 있다. 즉 *e*가 앞 단어에 부여되었기 때문에, 뒤따르는 *s*와 *t*는 여성 명사 *cloche* 때문에 *sainte*로 정정된 *saint*의 약어 St.로 해독된다.

원문에 가해진 변형이 심하다 보니 수신자(곧 부모)는 그것을 재구성할 수 없다. *vieux*(옛) 대신에 *pieux*(경건한)는 갑작스럽고도 신비스런 위기를 암시한다. 첫 성체배령의 기억에 관계되는 것일까? 그리고 생트-클로슈(Sainte-cloche) 수도회가 있는가? **그러나 경건한 추억들(*de pieux souvenirs*)이 무엇을 수취할(*empocher*) 수 있을까?** 수신자는 최후의 수단으로 설명을 듣기 위해 딸의 귀환을 기다리게 된다.

의미 행위로서 《전보》는 실패했다. 왜 실패했을까? 우리는 이에 대해 다음과 같은 사항을 지적할 수 있다.

a) 육필편지의 정확성 결여에 따른 잘못된 읽기.
b) 음소적 자질의 잘못된 재생산. 그러나 이것은 아마 음소의
   조음에다 물리적으로 불완전한 전화기의 울림이 더해짐에
   따라 몇몇 변별적 자질들이 완전히 소멸된 결과 때문일 것
   이다.
c) 해독자 측에서의 잘못된 해석(*Sainte*가 바로 이 경우이다).

프리에토는 자신의 검증을 전언과 신호 사이의 관계로 한정하
기 위해 신원이 잘 확인된 수신자와 발신자를 가정했고, 이들에
의해 사용된 의사소통 체계를 적절히 확인했다. 그러나 여기서
그는 우리가 제안했던 캐나다 프랑스어의 예에서와 같은 이 체계
의 변이형에 대한 고려는 배제했다. 원칙적으로 이 같은 다양한
확인 작업을 통해서 실수로 돌릴 수 있는 실패를 검증해야 할 것
이다. 의사소통이 이루어지지 못한 경우는 사전에 제외될 것이다.
요컨대 통화중이거나 혼선중인 전화의 경우, 호출자는 헛되이 교
신 상대자와 연락을 취하기 위하여 애를 쓰지만, 연락이 닿지 않
는다는 것을 안다. 편지가 분실될 경우 발신자는 편지가 수신자에
게 도착하지 않았다는 것을 결코 알지 못할 가능성이 있다. 이 두
경우, 수신자는 자신과 연락하기 위해 행해진 여러 노력을 모르는
상태에 있으나, 상황은 그가 편지나 전화통화를 받는 것을 예상했
느냐 못 했느냐에 따라서 다르다. 그가 전언을 기다리고 있다고
가정할 경우, 그는 전언의 부재를 의사소통의 거부뿐만 아니라 의
사 전달상의 사고로서 해석할 수 있다.
신호가 이해되기 위해서는, 이것은 우선 있는 그대로 - 우리는
이 문제를 아래 229페이지에서 재검토할 것이다 - 정해진 하나의

체계에 속해 있는 것으로 확인되어야 한다. 파리의 팡테옹 (Panthéon) 광장에 주차된 먼지 덮인 차체에 손가락으로 쓰여 있거나, 런던의 리젠트가(Regents's Street)의 진열창에 쓰여 있는 *sale*이라는 글자의 연속체는 일단 프랑스어인가 영어인가가 확인된 후에야 이해할 수 있는 두 개의 다른 낱말을 나타낸다.* 또한 발신차와 수신자는 정확하게 확인되어야 한다. 따라서 전언이 정해진 수취인 외의 다른 사람에 의해 수신되면 실패의 위험이 있는 것이다. 예컨대 피에르가 자신의 우편물을 봉투에 넣으면서 실수로 동료에게 부칠 편지를 그의 상관에게 부치거나 그 반대로 행할 경우이다. 가벼운 희곡에서는 이 같은 복잡한 구성이 광범위하게 활용된다.

결국, 전언의 수신자가 발신자를 확인할 수 없거나 이 발신자의 신원을 착각한다면 의미 행위는 실패할 위험이 있다. 요컨대 해독할 수 없는 서명으로 된 편지는 답장을 받을 수 없을 것이다.

우리는 실패의 가능한 원인들 중에서 특히 체계 자체에 내재해 있는 원인들을 규명할 것이다. 이 경우 체계는 우리가 전달하고자 하는 전언들에 적합한 신호를 만들 수 있는 가능성을 제공하지 않을 뿐더러, 이 체계의 사용자들에게도 지나치게 복잡하다. 또한 이 경우 체계는 새로운 필요에 부응하지 못할 정도로 고정되어 있다. 예컨대 몇몇 신호 체계와 종종 철자법 체계가 그 경우이다. 그러나 교통순환의 경우 필요에 따라 도로표지판 체계의 개선을 위한 항구적인 노력이 이루어진 반면, 프랑스어의 철자법은 불변으로 남아있다. 그래서 프랑스어의 철자법이 침범할 수

---

* [역쥐] 'sale'이라는 낱말이 영어로는 '염가판매'를 의미한다면, 프랑스어로는 '더러운'을 의미한다.

없는 문화유산의 한 요소로 간주되는 것은 의심할 여지가 없지만 도로 표지판의 경우는 그렇지 않다.

그렇지만, 우리가 이들 체계의 관습적, 제도적 성격을 명확히 의식한다면, 그리고 이 체계들이 이것들을 만든 인간에게 종속되어 있다는 것을 인정한다면, 우리는 일반적인 인간 제도에서처럼 이러한 체계들을 주기적으로 재검토하고 수정하거나 다른 체계들로 대체하는 데에 주저하지 않을 것이다.

정보

우리는 샤논과 위버가 말한 《대개의 경우 이러한 전언들은 하나의 의미를 갖는다》와 같은 선언에 놀랄 수도 있다. 의미를 갖지 않는 전언이란 무엇인가?

여기서도 여전히 우리는 이들 두 기술자에 의해 다루어진 문제들의 틀 내에서 생각할 필요가 있다. 이는 곧 전달된 전언에 대해서 말해질 수 있는 해석과는 상관없이 가능한 한 가장 충실한 정보의 전달을 의미한다.

샤논과 위버가 일련의 전언들에 대해 이야기할 때, 이 전언들이 글자일 수 있다는 깃에 유의해야 할 것이다. 이 경우 송신자는 이 글자들 각각이, 한 개인이 글자로 지칭될 때(A가 B에게 말한다)와 같이 특별한 현실을 가리킬 수 있는지 혹은 텍스트들에서처럼 낱말 요소를 대신하는지를 알 필요는 없다. 예를 들어 「라루스 현대불어사전」에서 선택된 단어를 전달하는 문제가 있다하자. 글자 <mi…>로 시작하는 신호를 예로 들어보자. 이 「라루스사전」에서는 115개의 항목이 이들 글자로 시작한다. <mi…>에 의해 주어지는 정보에 따라 우리는 115개의 가능성을 지닌 불확실한 상태에 놓이게 된다. 이때 *mi* 홀로는 이러한 115개의 가능성 중에 2개를 나타낼 수 있을 뿐이다. 그 다음에 놓인 글자가 *c*라면 불확실성은 115개의 가능성에서 9개로 줄어든다. 이때 9개의 항목이 *mic*-로 시작하지만 이 연속체가 한 낱말을 구성하지는 못한다. 여기서 또 *r*을 추가한다면, 불확실성은 9에서 5로 줄어들지만 사전에 나오는 낱말은 없다. *micr*- 다음에 유일하게 가능한 *o*를 추가할 때 우리는 5개의 똑같은 가능성을 가질 뿐이다. 그래서 *o*는 낱말 *micro*가 있다는 것 외에는 어떤 추가적인 정보도 주지 못한다. *micro*에 *s*가 추가되면, 선택은 두 낱말 즉 *micros-cope*와 *micros-illon*으로 제한된다. 이 두 낱말은 글자 *c*나 *i*가 나타나자마자 식별 가능한 바, 전달할 필요가 없을 *-ope*와 *-llon*과 같은 비정보적인 잉여물이 남는다. *micro*에 *b*를 추가하면 *microbe*가 유일하게 가능하다. 이때 *microbe* 역시 비정보적인 *e*를 가지고 있다. (우리는 항목들의 핵심어들만을 고려했다. 예를 들어 *microbien*은 *microbe* 항목에서 정의된다).

그런데 철자 *c*, *r*, *o*, *b*는 그 자체로는 아무 의미도 갖지 못한다는 것과, 예를 들어 *mic-mac*의 *mic*-은 *micro*나 *microbe*의 *mic*-과는 어떠한 공통 의미요소도 갖지 않는다는 것을 주목해야 한다. 그러나 위의 각 철자는 정보를 담고 있다. 그 이유는 이들 각 철자의 존재 혹은 부재가 각 낱말을 식별할 수 있게 하기 때문이다. 요컨대, 의미가 없는 철자들은 의미를 가진 단위들 즉 낱말들을 구성하는 표기 단위들이다.

의미?

그렇다면 의미는 무엇인가? **의미**(sens, 영어의 *meaning*)는 언어학 분야에서 블룸필드에 의해 배제될 뿐만 아니라, 또한 기술(技術)적 문제의 관점에서 볼 때 관여성을 지니고 있지 않다는 이유로 샤논과 위버에 의해서도 제외된다. 그럼에도 불구하고 의미가 인간에게 최고의 중요성을 지닌다는 것은 이론의 여지가 없다. 그러나 챨스 모리스(Charles Morris)는 자신이 말하는 기호론[34]의 용어 체제에 **의미**(meaning)가 개입되는 것을 거부한다. 왜냐하면 그가 보기에 이 용어가 일상생활에서 아주 유용하지만 과학적 분석이 요구하는 정밀성이 부족하기 때문이다. 그런데 《기술(技術)적 기호론은 분명 우리에게 신랄하게 비꼬는 말들을 던지고 있다.》 그리고 실제로 번역가들은 때로는 **의미**(sens)이고, 때로는 **의미 작용**(signification)으로 옮겨지는 '*meaning*'의 번역문제에 부닥친다. 프랑스어의 일상 용법에서는 의미와 의미 작용은 구분되지 않는다. 기호학은 먼저 기호학의 개념을 정한 후 신어들을 만들거나 존재하는 용어들을 좀 더 엄격하게 사용해야 한다. 이러한 과정을 통해서 **의미**(sens)와 **의미 작용**(signification)은 전문 용어로서 자신의 자리를 찾을 것이고 상호교환이 불가능해질 것이다. 우리는 이 점에 대해서 기호(signe)에 대한 설명에서 재론할 것이다.

의미에 관한 한, 우리는 다음과 같은 루이 프리에토[35]의 정의를 받아들일 것이다. 즉 《의미란 신호에 의한 의미 행위 과정에서 수신자와 발신자 사이에 설정되는 사회적 관계이다. 예를 들면 /kɛlœretil/ (*Quelle heure est-il?*)이라는 음들로 신호가 구성

2. 의사소통 _ 59

되는 의미 행위에서, 수신자와 발신자 사이에 "몇 시인가와 관련
된 뒤부아씨의 질문"으로 기술될 수 있는 사회적 관계가 성립된
다.》마찬가지로 장님이 들고 있는 흰 지팡이 덕분에, 장님과 그
의 주위에 있는 사람들 사이에 "나의 주변에 있는 사람들에게 내
가 장님이라는 정보"가 기술될 수 있을 사회적 관계가 성립된다.
프리에토는 신호와 의미의 구체적 특징을 강조하며 다음과 같은
사실을 지적하고 있다. 즉 뒤부아씨가 뒤랑씨에게 "몇 시입니
까?"라고 질문을 한다면, 생산된 신호는 음성 전사(傳寫)에는 나
타나지 않는 뒤부아씨 목소리의 고유한 특징을 내포한다는 것이
다. 그러나 이번에는 뒤랑시가 마르탱씨에게 한 동일한 질문은
또 다른 신호를 구성하게 된다. 왜냐하면 뒤랑씨의 목소리에 고
유한 특징들이 다른 신호들이기 때문이다. 이 역시 또 다른 의미
의 문제이다. 왜냐하면 첫 번째 경우는 사회적 관계가 뒤부아씨
와 뒤랑씨 사이에 설정되었으나 두 번째 경우에는 뒤랑씨와 마르
탱씨 사이에 설정되었기 때문이다.

 의미에 대한 이러한 정의는 의미를 발화된 언술 B를 발화 행
위의 전후 상황 A, C라 불릴 수 있는 것과 결부시키는 것으로 보
는 블룸필드의 정의와 상반되지 않는다.

상황과 맥락

 블룸필드는 발화 행위에서 오로지 언어학자의 관심을 끌 수
있을 부분을 떼어낸 후, 나머지 모든 것들, 예컨대 소위 행위라는
것이 생기는 순간에 존재하는 것, 이를테면 질(Jill)이 경험하는
배고픔, 사과의 존재뿐만 아니라, 이 같은 행위를 선행할 수 있었

던 모든 것, 즉 과거에 있었던 그녀의 언어학적, 비언어학적 모든 경험, 일반적인 그녀의 인생사, 특히 잭(Jack)과의 관계사, 질이 잭에 관해서 알고 있다고 생각하는 것 등을 통틀어《상황 situation》에 포함시킨다. 잭의 반응을 통해서 그가 언술에 부여한 의미가 우리에게 전달된다. 프레데릭 프랑수와(Frédéric François)는 밀러(Miller)에게서도《맥락 contexte》이라는 단어로 표현되는 동일한 개념이 나타난다는 것을 지적하고서[36], 다음과 같은 내용을 인용하고 있다. 즉《심리학자들이 말하는 맥락이라는 것은 한 개인이 주어진 순간에 따르게 되는 조건의 총체를 가리킨다. 어떤 화자의 모든 과거는 그가 소유하는 언어 단위들의 기본을 구성할 뿐만 아니라, 그 언어 단위들을 사용하는 방식을 구성한다.》

이같이 한계가 없는 것으로 고려되는 상황과 맥락은 그 광범위성으로 인해 학문적으로 통찰되기란 불가능하다. 파악될 수 있는 사실들을 포함하는 보다 제한된 개념들의 범위를 정하는 것이 더 나아 보일 뿐 아니라, 다르게 특징지어질 수 있는 사실들의 총체를 구별하는 것이 더 바람직해 보인다. 어쨌든 상황과 맥락에 대한 명확한 개념을 모색해야 한다.

루이 프리에토[37]에게 있어서 상황은《기호 행위의 순간에 수신자가 알고 있는 사실들의 총체》로 구성된다. 프레데릭 프랑수아는 상황을 다음과 같이 상술한다. 즉《상황이란 의사소통의 순간에 언어 주체의 정신에서뿐만 아니라 물리적 현실에서도 공히 존재하는 바, 언어적 요소들의 형태나 기능을 조건짓는데 나름대로의 역할을 할 수 있는 언어외적 요소들의 총체이다.》

상황과 체계의 선택

여기서는 무엇보다도 언어학자와 기호학자 사이의 위상(位相)의 차이에 주목할 필요가 있다. 비언어적 기호와 함께 언어를 연구하는 언어학자에게는 언어학적 행태와 비언어학적 행태를 구분하는 것이 비교적 쉽다. 그래서 언어학자는 《어떤 역할을 부여받는 요소》만이 선택된다는 조건하에서 비언어적인 모든 요소들을 상황에 넘겨버릴 수 있다. 기호학자에게 있어서 사정은 좀 다르다. 왜냐하면 언어학적 행태가 기호학적이라는 것이 사실이라 할지라도, 언어학적이 아닌 많은 유형의 기호학적 행태가 존재하기 때문이다. 달리 말해서 언어학과 비언어학의 경계는 기호학과 비기호학을 나누는 경계와 동일 선상에 있지 않다. 왜냐하면 이 후자의 경계는 대부분 매우 가변적이기 때문이다. 이를테면 군사 행동을 지휘하기 위해서 《우향우, 좌향좌》와 같은 언어적 지시가 사용되거나 혹은 여러 가지 몸짓이 사용될 수도 있다. 언어학자에게 있어서 몸짓은 상황적인 요소일 것이다. 기호학자에게 있어서 몸짓은 하나의 연구 중심으로서 자율체계를 구성할 수 있을 것이다. 이 경우 발화된 문장들은 상황에 따라 의미가 전환될 것이다. 결국 언어적 의사소통과 몸짓 약호의 기능에 대한 비교 연구를 통해서 볼 때, 약호에 포함된 몸짓뿐만 아니라 언어적 언술도 상황에서 유도될 것이다. 이러한 사실을 통해서 우리는 동일한 상황 내에서 의사소통은 상이한 체계들에 의해서도 설정될 수 있다는 것을 주장할 수 있다. 이때 제기되는 문제는 왜 한 체계가 다른 체계보다 오히려 더 절실히 요구되는지, 혹은 발신자가 여러 체계들 중에서 어느 한 체계를 선택하는지 아는 것이다.

이 문제는 특히 프리에토의 관심을 끌었다. 요컨대 그는 특별히 고려할 만한 가치가 있는 상황 요소 중의 하나로서 한정된 체계의 사용을 고려한다.

대부분의 경우 상황 자체가 체계를 결정한다고 생각할 수 있다. 예컨대 두 프랑스인이 파리에 있는 프랑스 가게에서 프랑스어로 말한다. 두 영국인은 런던의 영국 가게에서 영어로 말한다. 그러나 파리의 프랑스 가게에서나 런던의 영국 가게에서 고객과 판매인의 역할을 각각 한 프랑스인과 한 영국인이 맡고 있는 경우는 어떠할까? 또는 더 나아가 런던의 영국인 판매원 앞에서의 두 프랑스인 고객의 경우는 어떠할까? 이때 어떤 언어가, 어느 순간에, 무엇에 대해 말하기 위해서 사용될 수 있을까? 그리고 그 언어는 어떤 제한을 가질까? 이들 프랑스어 화자들이 영어를 잘할 경우, 이들 각각은 두 언어 중 어느 한 언어의 사용이 강요되는 상황에서, 필요에 의해서, 기호(嗜好)에 의해서 또는 숙고된 선택에 의해서 한 언어에서 다른 언어로 옮겨가도록 되어있는 다른 상황으로 점차적으로 옮겨갈 수 있다. 상황에 의해 발신자가 다른 체계보다 오히려 한 체계를 선택하게 되는 순간부터, 이 체계의 사용은 대단한 의미를 지닐 수 있는 하나의 사실이 된다. 따라서 기호학자들은 특별히 이 부분에 흥미를 갖게 된다.

이러한 선택이 사람들이 이해하고 기술하고 정의할 수 있는 문화적, 사회적, 정치적 수준에서 방대한 기호학적 체계의 단위로서 고려될 수 있을 지는 아직 모를 일이다.

의미, 상황 그리고 맥락

확실한 것은 일단 체계가 선택되어지면(예를 들어 프랑스어), 이 체계를 통해 생성된 모든 신호는 이 선택에 의해 동일한 방식으로 영향을 받는다. 그래서 신호들(프랑스어 문장들)이 서로 비교될 때, 이 신호들에 대해 우리가 할 수 있을 분석과 기술은 선택된 것이 프랑스어라는 사실에 있지 않고, 한편으로는 상황의 다른 요소들- 이 요소들이란 프리에토가 《상황 circonstances》이라고 부르는 것이다 -에 있고, 다른 한편으로는 체계의 이러이러한 단위들- 이것은 《맥락 contexte》이라고 불리는 것이다 -이 신호 내에서 존재하는가 혹은 부재하는 가에 달려있다.

우리는 잡음(bruit)에 대해서 토론하면서 어떤 신호가 허용할 수 있는 의미들 중에서 상황(circonstances)에 의해 유리하게 작용하는 의미를 수신자가 어떻게 선택하는가를 이미 본 바 있다. 그리고 상황에 대하여 정의하면서 프리에토가 《수신자가 알고 있는 사실》이라고 여전히 말하고 있다는 것에 주목된 바 있다. 그의 형식화는 확실히 생략적이므로 《발화 주체》에 대해 말하고 있는 프랑수아(François)의 형식화로 보충될 필요가 있다. 사실 상황은 발신자뿐만 아니라 수신자에게도 관계된다. 발신자는 신호를 구성하는 순간에 그 자신이 알고 있는 몇 가지 사실들이 수신자도 알고 있다고 가정한다. 발신자는 상황이 수신자로부터 동일한 평가를 받을 것이라고 가정하면서, 발신자 자신이 평가하는 그대로의 상황에 의존한다. 앞에서 언급된 상황에서, 런던 가게의 프랑스인 고객은, 본인이 영어를 잘하기 때문에 영어 사용자라고 판단되는 판매인으로부터 자신의 말이 더 잘 이해될 거라고 생각한다면 우선 영어로 말하는 것을 선택할 것이고, 반대로 영어로 표현할 능력이 부족하다고 생각되고 대화 상대자가 프랑스어에 대한 충분한 지식이 있다고 예상할 경우에는 프랑스어로 말하는 것을 선택할 것이다. 일단 이것이 정해지면, 구매 대상이 그와 판매인에게 보이느냐 보이지 않느냐에 따라, 즉 상황에 따라, 그는 《Je voudrais ce livre(나는 이 책을 원합니다)》 혹은 《Je voudrais un dictionnaire bilingue anglofrançais (나는 영불 사전을 원합니다)》라는 말을 선택한다. 만약 그가 영어를 선택했었다면 그는 《I want this book(나는 이 책을 원합니다)》 혹은 《I want an English-French bilingual dictionary(나는 영불 사전을 원합니다)》라고 말할 것이다.

우리가 이 두 프랑스어 언술을 비교할 때, 분절체 *voudrais*가 한번은 맥락 *je … ce livre*에서, 한번은 맥락 *je … un dictionnaire*에 나타난다고 말하면서, 이 분절체 *voudrais*를 유리시킬 수 있다. 한 언어 단위의 맥락은 동일한 언어에 속하는 다른 언어 단위들에 의해 이루어진다. 한 단위가 나타날 수 있는 총체적 맥락은 이 단위의 배열 혹은 분포이다. 주어진 맥락에 나타날 수 있는 단위들을 찾는 것은 소위 《치환(置換, commutation)》이라는 조작을 실행하는 것이다. 동일한 맥락에 치환 가능한 단위들의 총체는 치환 부류 혹은 계열체를 구성한다. 한 단위의 가치(valeur)는 이것이 동일한 계열체의 다른 단위들과 대립됨에 의해서, 그리고 이 단위가 나타나는 맥락과의 연관하에서 결정된다.

비언어적 체계로 된 기호학에서도 사정은 마찬가지이다. 도로 표지판의 경우 《~에게 금지된》, 《~전용의》 그리고 《위험, ~의 출구》와 같은 맥락에서 《자전거 타는 사람》이라는 단위를 확인하는 것은 가능하며, 이 《자전거 타는 사람》이라는 단위를 《야생동물》, 《가축》, 《보행자》등과 같은 단위들과 치환시킬 수 있다. 다른 한편 《야생동물》이란 단위는 《~에게 금지된》, 《~전용의》 같은 맥락에서는 나타나지 않는다는 것이 주목된다. 이러한 다양한 대조를 통해서 한편으로는 체계가 포함하는 단위들의 목록을 설정할 수 있고, 다른 한편으로는 이 단위들이 부류별로 배열되고, 이 부류들 내에서 단위 부류들과 단위들 자체가 갖는 관계를 결정할 수 있다.

이렇듯 한 체계를 정의하고 기술하는데 있어서 상황과 맥락을 잘 구별하는 것이 얼마나 중요한지를 이해할 수 있다.

의사소통을 하려는 의도

뷔이상스(Buyssens), 프리에토(Prieto), 무냉(Mounin)은 한결같이 《의사소통을 하려는 의도》내에서 기호학적 행태의 기본적인 기준을 식별하는데 동의한다. 무냉[38]에게 있어서 《올바른 모든 기호학은 **지표**(indice)와 **신호**(signal)라는 기본적인 개념 사이의 명확한 대립에 근거하고 있다.》그런데 신호와 지표를 정확히 구별하는 것은 지표에는 존재하지 않는 신호의 특징인 의사소통을 하려는 의도이다. 과학적 용어로 의도를 다루는 것이 가능한가? 의도를 정의할 수 있을까? 무엇으로 의도가 있고 없음을 확언하기 위한 근거로 삼을 수 있는가?

우선 우리는 의사소통을 하기 위해 **인간들**(hommes)에 의해 사용된 수단들을 다루기를 제안했다는 사실을 환기시키고자 한다. 의사소통을 하는 것은 소쉬르나 샤논과 위버의 도식에 따르면 정보들이 원천 A에서 수신자 B로 이동하게 하는 것이다. 혹은 더 나아가 잭과 질의 이야기 속에서와 같이 A를 위해서 이 신호를 통해서 B에게 영향을 미치는 것이다. 요컨대 발신자에 의해 생산된 신호는 수신자의 행태를 바꾸는 결과를 가져온다. 블룸필드는 의도에 대해서는 언급하지 않지만, 질은 자신이 느끼는 욕구의 충족, 곧 배고픔이라는 목적을 가지고 있다. 그리고 찰스 모리스도 행동주의의 틀 내에서 여전히 만족시켜야 할 욕구와 겨냥된 **목표(goal)**를 통해서 자신이 기호(signe)라고 부르는 것에 대한 첫 번째 정의를 내리고 있다.[39]

지표 혹은 신호?

우리는 수신자의 입장도 되어보고, 발신자의 입장도 되어봄으로써, 지표(indice)와 신호(signal)를 구별할 수 있음은 물론이고, 《의도》의 개념을 객관적으로 명확히 구분할 수 있는 방법을 밝히려고 한다.

지각할 수 있는 사실, 즉 수신자 그리고 또한 관찰자 -가 이해할 수 있는 사실에 한정할 경우, 아마도 지표와 신호는 차이가 없을 것이다. 요컨대 수신자의 시각, 청각, 후각은 감각을 자극하는 모든 것을 기억한다. 천둥소리나 《소나기가 쏟아질 것 같다》라는 언술을 받아들이는 것은 동일한 청각경로를 통해서이다. 《미끄러운 도로》라는 도로 표지판이나 차도의 번쩍이는 도로 노면을 포착하는 것은 동일한 시각경로를 통해서이다. 이를테면 지표와 신호는 동일한 정보를 전달하고 개인의 행동을 똑같이 변화시키는 경향이 있다. 그러나 받은 정보를 고려하느냐 혹은 그렇지 않느냐의 여부는 개인에게 달려있다. 말하자면 개인에 따라 안전지대에 머무르거나 혹은 뇌우의 위험에도 불구하고 외출할 수도 있으며, 속도를 늦추거나 혹은 자기 차바퀴의 점착성을 신뢰할 수도 있다. 개인의 행동에 있어서 변화가 있을 때는 정보를 받아들여 이해했다는 것을 추정할 수 있다. 만약 변화가 없다면 아무런 결론도 내릴 수 없다. 즉 이 경우 정보는 1. 받아들여지지 않았거나, 2. 받아들여졌지만 이해되지 않았거나, 3. 이해되었으나 거절되었을 수 있다. 이 경우 정보를 - 이것이 지표에 관계되든 신호에 관계되든 - 그 주체가 이미 자신의 이전 경험에 비추어 천둥과 비바람, 얼어서 반들거리는 길과 옆으로 미끄러짐을 연계시킬 수 있었느냐에 의거해서만 판단할 수 있다. 달리 말해서, 지표 혹은 신호와 같은 현상을 《판단하기》 위해서는 경험, 입문(入門) 혹은 학습(apprentissage)에 의해 이미 알고 있는 사실에 근거를 두게 된다. 따라서 자극에 대한 즉각적인 반응 이외에 다른 무엇이 있다.

발신자의 관점에서 볼 때 문제는 다르게 나타난다. 예컨대, 갑자기 발신자를 뒤흔드는 억제할 수 없는 기침은 성문(聲門)에 부딪치는 공기의 압력에 의해 유발될 수 있다. 이것은 마치 발신자가 호흡기관이 심하게 감염되었다는 것을 믿게 하여 어떤 일을 면(免)하려 할 때라든지, 혹은 예를 들어 제 삼자가 도착했을 때 동료에게 언행을 중지하도록 암시하고자 할 때 자의로 하는 기침과 같은 것이다. 이 두 경우의 차이는 다음과 같다. 먼저 기침증상(혹은 지표)은 억제할 수 없으며, 개인이 그 증상을 생기게 하거나 혹은 그렇지 않게 할 수는 없다. 두 번째의 기침-신호의 경우, 개인은 아무 것도 하지 않을 수도 있고, 혹은 바로 그 기침-신호를 하거나 혹은 그가 보기에 상황에 더 적합해 보이는 아주 다른 신호를 할 수도 있다.

우리가 여기서 수신자를 다시 생각해 볼 때, 기침에 가치를 부여하기 이전에 수신자는 자신의 일반적인 경험, 그리고 발신자는 물론이고 상황이 그에게 부여하는 다른 지표들에 대해서 알고 있는 것에 근거하여 기침이 가질 수 있는 지표로서 혹은 신호로서의 지위를 결정해야 한다는 것을 우리는 이해하게 된다. 그러나 기침이 인위적인 가장(假裝)이거나, 발신자와 수신자가 사전에 이 간결한 《약호》에 동의하지 않았을 경우, 잘못을 범할 위험이 크다. 이는 결국 기침-증상이 뜻밖에 생길 수도 있고, 합의된 신호로서 잘못 해석될 수도 있기 때문이다.

그래서 우리는 여기서 단순한 체험 외의 다른 것을 도입했다. 즉 발신자와 수신자가 알고 있는 약정에 의거할 때, 수신자는 신호를 식별할 수 있을 뿐만 아니라 그 신호로서 자신에게 전언을 전달하고자하는 발신자의 의도를 알게 된다.

그러한 약정과는 무관한 외부의 관찰자가 기침-증상과 기침-신호를 분간하게 할 행위의 차이들을 간파하는 것이 가능한가? 물론 가능하다. 기침-증상은 수신자나 발신자의 존재나 부재에 상관없이 생긴다. 이에 반해, 기침-신호는 어떤 특별한 상황에서 생기고, 이 신호의 가치는 수신자의 반응에 의해 드러난다.

가장(假裝, simulation)에 대해서 말하자면, 우리는 어느 순간부터 기호학적 행위와 직면하는지를, 그리고 타인과 의사소통을 하게하고 타인에게 영향을 미치게 하는 수단과 방식이 어떻게 개인에게서 발전되는지를 자문해 볼 수 있다. 우리는 재잘거리는 나이 이전에 부르는 신호 방식을 알아차렸던 몇 달 배기 아기를 주목한 바 있다. 요컨대 감기를 계기로 이 아기는 자신의 울음소리와 불분명한 부르는 소리를 분간하지 못하던 어머니가 자기가 기침을 하자마자 자기를 돌보러온다는 것을 깨달았다. 감기가 나은 후 이 아기는 누군가 옆에 있어주기를 원할 때 기침을 했다. 그런데 그 기침은 누군가 요람에 접근하자마자 미소로 바뀌었다. 이 전언은 《난 혼자 심심해요. 누군가 나의 친구가 되어주세요》와 같은 것이다. 이것은 불분명한 전언이나 의사 전달을 하려는 의도를 아주 분명히 나타내고 있으므로, 어머니에게는 아주 분명한 것이다. 따라서 이 경우는 신호에 해당한다고 주장할 수 있을 것이다.

우리는 지표가 제거된 상태에서 가장에 대응하는 것을 알아보고 싶어할 수도 있다. 리샤르(G. Richard)는 《많은 동물들은 수동적 가장(짐승의 빛깔) 혹은 적극적 가장(거꾸로 나타나는 빛깔의 미세한 변화)을 이용해서 "나 여기 없어!"라는 거짓 정보를 포식동물들에게 전달하는 의사 전달의 부정적 형식을 취한다》고 쓰고 있다. 나는 그렇게까지 의사소통의 개념을 확장하는 것이 적합하다고 생각하지 않는다. 왜냐하면 허위 지표를 허용함으로써 우리가 분명히 제외시켰던 사실들을 기호학의 영역에 들어오게 할 것이기 때문이다. 말이 났으니, 거짓말이 분절된 언어의 전유물이 아니라는 것과, 위험한 지표의 제거나 거짓 정보(주입된 증거)의 생산과 같은 사실들을 근거로 거짓말을 할 수 있다는 것을 단지 주목할 것이다. 이에 대해서는 탐정 소설이 굉장히 폭넓은 본보기들을 우리에게 제공한다. 나에게 있어서 기호학적 행위와 비기호학적 행위의 한계는 위에서 제시한 아기의 행위에 의해 분명히 나타난 것처럼 보인다.

따라서 의사소통의 의도는 신호를 발할 것인가 혹은 하지 않

을 것인가를 선택하는 발신자의 행위에서뿐만 아니라, 수신자의
행위에서도 관찰 가능한 기준으로서 나타난다. 이 경우 수신자는
응답을 할 것인가 혹은 하지 않을 것인가 뿐만 아니라, 다른 응답
보다는 이 응답을 제시할 것인가를 또한 선택하지만, 그 자신이
현상 내에서 의사소통의 발신자가 갖는 의도를 식별했느냐 혹은
그렇지 않았느냐에 따라 다른 방식으로 응답한다.

3

기호

3. 기호

《기호》의 통상적 사용

　피에르(Pierre)가 폴(Paul)을 쳐다보면서 검지가 세워진 손을 든 다음 검지를 구부리면서 자신 쪽으로 손을 끌어당길 때, 피에르가 폴에게 오라는 표시를 한다고 흔히들 말한다. 이 기호는 피에르가 폴이 자기 있는 곳까지 이동하기를 바라는 **기의**(signifié)를 기술하고 있다. 만약 피에르가 《폴, 이리와!》라는 문장으로 말을 한다면, 그는 동일한 바람을 나타낼 것이지만 문장에 대하여 기호를 말한다는 것은 흔히 있는 관례가 아니다. 폴이 아무 말 없이 호주머니 속에 자신의 손을 넣은 채로 있다면, 그의 행위에서 아무 것도 그가 무엇을 원하는 지를 나타내지 못할 것이다. 하나의 기호란 다른 방법으로는 명백하지 않을 수도 있는 다른 것을 명백하게 하는 지각 가능한 어떤 것이다.

　인류의 선사(先史)와 역사를 아무리 멀리 거슬러 올라간다 할지라도 인간은 옛적부터 한편으로는 분명한 것에서 출발하여 지각할 수 없는 곳에 도달하려고 하였으며, 다른 한편으로는 분명하지 않은 것들을 분명하게 하려는 수단을 발견하려고 애썼다는 것이 확인된다. 동일한 현상들이 반복된다는 것을 확인하였을 때, 위험을 피하거나 위험으로부터 자신을 지키거나 위험과 맞서 싸우기 위해 위험을 알리는 현상들을 식별하는 것이 필요하다. 또한 구성원 중의 단 한 사람에 의해 관찰된 것을 공동체의 모든 구성원들에게 혜택을 입게 하는 것이 중요하다. 인간의 행동은 이러한 것들에 의존하리라. 모두가 아는 것을 인식하고 전달하기 위한 이러한 이중적 노력- 이 노력은 처음에는 아마도 생존 본능 이외에 다른 동기가 없었다 -은 한편으로는 과학의 발전을 이루었고, 다른 한편으로는 기호와 기호 체계가 점점 더 복잡해지고 점점 더 풍부해지도록 했다.

발견되는 기호가 있고, 만들어지는 기호가 있다. 이들 두 유형의 기호는 모두 인간의 행동에 영향을 미칠 수 있다. 예컨대 항해를 시작하기 전에 어부는 좋은 날씨 혹은 폭풍의 기미를 발견하기 위해 하늘을 관찰하거나, 현대 사회에서는 다른 사람들에 의해 만들어진 기호인 기상청의 예보를 듣는다.

기호라는 낱말의 통상적 사용에 만족할 때, 결국 여러 유형의 《기호들》이 존재한다. 우리는 여기서 이들 기호 중 주된 것들을 검토할 것이다.

지표

거의 모든 저자들은 지표(indice)의 전형적인 예로서 지각할 수 없는 불이 존재하는가 혹은 부재하는가를 나타내는 연기- 지각할 수 있는 연기 -를 제시하는 것에 동의한다. 이것은 모든 사람이 불 없이 연기는 존재하지 않는다는 것을 잘 알기 때문이리라! 어떤 사람들은 불과 연기가 종종 동시에 식별된다고 반박할 수도 있을 것이다. 단지 이 경우에는 지표라고 말하지 않는다는 것에 유의해야 할 것이다. 연기는 불이 더 이상 보이지 않는 그 순간부터 지표가 될 뿐이다.

여기서 《두 번째 단계》의 지표들이 존재한다는 것을 환기시키는 것이 적절할 것 같다. 나무 위로 올라간 엄지동자(Le petit Poucet)는 분명 자신에게 가정 즉 집의 존재를 알려줄 연기를 찾아내려 애쓴다. 북미 서부지방의 초원에서 야영을 하고 있는 도망자들은 연기로 자신들의 존재를 드러나게 하는 불을 가급적 피우지 않는다.

이 두 경우에서 불의 직접적 지표인 연기는 다른 것의 간접적 지표이다. 즉 연기의 발신자는 불 자체이고, 불은 연기를 낼 것인가 내지 않을 것인가를 선택하지 못하므로 불이 기호학적 행태를 가진다고 할 수는 없을 것이다.

우리는 뒤에서 어떤 유형의 지표가 인위적으로 만들어져 기호학적 목적으로 사용될 수 있는 경우를 보게 될 것이다. 예를 들어 교황선거 회의 시 투표의 결과를 알리기 위해 검은 연기 혹은 흰 연기를 의도적으로 내보낸다는 것은 잘 알려진 사실이다.

눈에 띄건 띄지 않건 불은 인간이 직접적으로 경험할 수 있는 어떤 것이며 연기가 불의 지표로서 인정되는 것은 바로 이 경험에 의해서이다. 왜냐하면 인간은 불과 연기가 항상 연계되어 있다는 것을 알기 때문이다. 그러나 우리에게 항상 숨겨져 있는 것 같은 현실들이 있다. 이 현실들은 기술적, 과학적 발전으로 우리가 이것들 중의 몇몇을 밝히게 되는 그날까지 그것들의 존재를 나타내는 지표를 통해서만 알아볼 뿐이다. 이를테면 에너지, 전기, 자연력이 그렇고, 감정이 그렇고, 몇몇 질병이 그렇고, 무엇을 나타내는 지를 정확히 알 수 없는 여러 현상들에 대해서는 말할 나위도 없다.

연기, 냄새와 같은 지표는 이것을 통해 그 존재나 부재가 나타나는 대상과는 달리 퍼져나갈 수 있기 때문에, 이들 지표는, 대상의 영역을 넘어서, 우리가 그 대상과 대면하기도 전에 우리에게 이를 수 있거나, 대상이 더 이상 거기에 있지 않을 때는 지체될 수도 있다. 예컨대, 여름밤의 바람은 인동덩굴의 향기를 나에게 실어오는 데, 나중에서야 나는 늙은 나무 기둥에 감겨 올라가 있는 인동덩굴을 발견한다. 아이의 머리카락에 배어있는 담배 냄새는 아이가 흡연자들 사이에 있었다는 것을 나타낸다. 그래서 지표의 《발신》과 사람이 그것을 《수신》하는 것 사이에는 가끔 상당한 간격이 있다.

여러 유형의 지표

따라서 지표들 중에서 다음과 같은 것들을 정리할 수 있는 것은 당연한 것처럼 보인다.

a) 전조(présage)와 징조(augure).
   이것들은 인간의 눈에 띄지는 않지만 인간에 의해 인정된 (우리는 그것이 옳은지 혹은 옳지 않은지에 대해서는 여기서 묻지 않을 것이다) 관계를 통해서, 다가올 사건들이나 현상들을 인간에게 알리는 지표들이다. 예컨대, 석양의 붉은 빛, 화창한 날씨나 비를 알리는 구름, 혁명을 예고하는 징후를 들 수 있다.

b) 병을 나타내는 발열, 특별한 통증, 창백한 얼굴빛과 같은 증상들.

이 지표들에 대해서 우리가 유의할 사항은 의사들이 병의 치료와 증상의 치료를 구별한다는 것이다. 예를 들어, 병은 사라지지 않았는데, 열을 내리는 어떤 약을 복용함으로써 증상이 없어질 수는 있다. 이를테면 증상의 제거는 확실한 치유를 믿게 한다. 갑작스러운 말더듬, 얼굴의 홍조, 창백함은 숨기기를 원하는 감정들을 나타낸다. 도시의 인구밀도가 증가하는 곳에 소관목들이 시드는 것은 도시의 오염을 나타낸다. 이상한 소음은 기술자의 수리가 요구되는 모터의 고장을 알려준다.

c) 존재 혹은 과거의 행위를 나타내는 지문, 흔적, 표시와 증거 그리고 증거물들.

예컨대 흙길에는 말발굽 자국이 새겨지고, 갑작스럽게 잡은 브레이크로 인해 도로에는 길게 검은 자국이 남고, 담배의 필터 부분에 묻은 립스틱의 흔적은 전날 밤의 초대 손님들 중에 여자가 있었음을 나타내고, 벽에 노랗게 바랜 네모는 붙었던 그림을 떼어낸 것을 나타낸다. 도기들이나 무기들 혹은 도구들의 유적은 인류학자로 하여금 인간 집단들이 어떤 장소에서 어떻게 계속 생활했는가를 밝히게 한다.

우리가 고려한 여러 가지 유형들은 주로 시간적 차원에서 구별된다. 요컨대 지표는 실제 현상이 나타나는 것보다 선행될 수도 있고 동시에 생성될 수도 있고 상당히 지체될 수도 있다. 의심할 여지없이 이 두 개는, 비록 짧긴 하지만, 아이의 발과 그 부모들이 간직하려고 석고 뜬 발자국처럼 어느 순간에는 《공존함》이 틀림이 없다. 그러나 이것이 기하학적으로 동일한 두 개의 이미지를 일치시킬 수 있는 것처럼 사물과 지표를 일치시킬 수 있다는 것을 내포하지는 않는다. 지표가 숨겨진 《어떤 것》의 지표로서 기능할 수 있고, 숨겨진 어떤 것의 발현 혹은 인지 가능한 생성물인 것은 바로 지표가 시간이나 공간을 《넘어》서 그 이상으로 확장되기 때문이다.

지표를 특징짓는 것은 이것이 인간의 의지에 따라 인지될 수 있고, 분명한 것으로 존재한다는 데 있다. 이때 지표란 무엇인지를 확인하고, 지표가 언제, 어디에서 나타나든 필요한 해석을 부여하는 것은 인간이 할 일이다. 일반적으로 지표는 숨기고 싶었던 것을 드러내기 때문에 어떻게 보면 진실의 목소리이며, 마치 그 아래에 있는 것을 찾아내기 위하여 돌들을 들어올리는 것처럼 지표들을 《들어올릴》줄 아는 사람은 진리를 파악하게 하는 열쇠나 비결을 지니고 있다고 생각하게 된다. 그러나 지표들이 그 자체의 함정을 지니고 있음은 물론이고, 전적으로 다른 사실들이 아주 유사한 지표들에 의해 드러날 수도 있다. 게다가 많은 지표들이 아주 성공적으로 위장하거나 가장하는 것도 불가능하지는 않다.

신호와 기호

생산된 기호들은 관찰자의 관점에서는 《인위적인 지표들》로서 고려될 수 있다. 이런 식으로 루이 프리에토는 신호를 정의한다.[40] 신호는 《의미 행위가 일어나게 한다.》 물론 이 후자는 신호의 수신자가 있다는 전제하에서만 이루어질 수 있다. 우리가 본 장의 초두에서 기술한 의미 행위에서, 피에르에 의해 생산된 신호는 폴에 의해 인지되는 그 순간부터라야 실제적인 의미를 갖는다. 그러나 이 신호를 생산하기 위하여 사용된 기호가 그 자체로서 연구될 수도 있고, 기술된 몸짓이 어떤 관계를 통해서 폴이 이것에다 부여할 수 있는 의미를 나타내는지를 구명할 수도 있다. 따라서 기호의 유형들은 물론이고, 기호의 지각 가능한 면과 의미되는 《어떤 것》사이의 관계가 설정되는 방식에 대하여 우리는 《의미 행위 밖에서》의 연구를 검토할 수 있다.

도상

한 대상을 타인에게 인지하게 하는 가장 직접적인 방법은 대상 그 자체를 보여줌으로써 타인이 시각, 청각, 후각, 미각, 촉각으로 그 대상의 성격이 지닌 모든 것을 인지할 수 있게 하는 것이다. 그것이 안되면 타인에게 어떤 《이미지》, 다시 말해 되도록이면 원래의 것과 닮았고, 동일한 방식으로 감각을 자극하는 다른 대상을 보여줄 수 있다. 이 두 번째 대상을 우리는 **도상**(圖像, icone)- 남성이며 악상 시르콩플렉스가 없음 -이라 부를 것이다. 도상은 지표처럼 첫 번째 대상의 발현과 같은 것이 아니다. 이것은 첫 번째 것의 《이미지에 따라》《인간의 손에서》 만들어진다.

도상(icone-남성 명사)이 성화상(聖畫像, icône-여성명사)을 암시하는 것은 분명하다. 이 두 가지가 최근의 분석에서 동일한 어원(그리이스어 *eikón*)을 가진 것으로 밝혀졌지만, 이것들이 동일한 경로를 통해서 우리에게 전해진 것은 아니다. 어원사전들에 따르면 icône은 19세기초, 즉 영어에서는 1833년에, 프랑스어에서는 1838년에 공인된 단어이다. 이것은 러시아어 *ikona*와 중세 그리스어 여성형 *eíkona*에서 서양화된 형태로서 기독교, 특히 동양 기독교의 성화상을 나타낸다. 이것이 바로 비전문적인 대중들이 **도상(icone)**에 대해 알고 있는 유일한 의미이다.

여기서 우리가 다루는 **도상(icone)**은 분명 영어인 상(像, *icon*)의 차용어이다. 이러한 사실은 어떠한 자연적 여성성이 문제시되지 않을 때 이 언어의 차용어들이 남성형인 것은 정상적이라는 것을 설명한다. 비록 이 낱말 자체가 프랑스어 텍스트에서 공인되지 않은 것처럼 보일지라도, 이 낱말은 모두 **이미지(image)**와 관련이 있는 파생된 형태들인 *iconique*(성모상의), *iconoclaste*(성화상 파괴주의자), *iconographie*(성상학), *iconologie*(도상 해석학)에서 현존하고 있다. 그러나 이들 파생어들은 신성한 부류의 이미지를 암시하거나, 철학과 세계 개념의 표현으로서 식별되고, 기술된 후에 해석된 주체(sujets), 주제(thèmes), 상징(symboles) 그리고 표징(attributs)의 관점에서 연구된 예술 작품을 암시하고 있다. 우리는 여기서 이들 분야와 기호학 사이의 관계에 관심을 가지지 않을 것이다. 우리는 도상이라는 용어를 한 대상이 당장에 확인 가능한 **유사관계(relation de ressemblance)**를 다른 대상과 유지하고 있음을 나타내기 위하여 채택하고 있다. 요컨대 도상 속에서 모델이 식별된다. 대상이 앞에 놓여 있을 때, 이것은 도상에서는 모델로 사용된 것으로서 인식된다.

흔적이라는 것은 이것을 남긴 사물의 도상이라는 것을 유의해야 한다. 잔잔한 물이나 거울에 비친 사물의 그림자는 이 사물의 도상이다. 초상화는 이러한 그림자의 투사로 존재할 것이고, 사진은 감도 높은 판에 그러한 그림자의 고착으로 존재할 것이다.

따라서 어떤 관점에서 유사관계가 사물과 도상 사이의 《자연스런 관계》로서 나타날 수 있는지가 드러난다. 또한 어떻게 도상적 유형의 전언이 경험을 전달하는 데에 있어서 가장 직접적인 동시에 가장 진실한 방법일 수 있는지가 드러난다. 도상적 유형의 전언은 어떻게 보면 이 같은 경험에 속한다. 그러나 예를 들면 사진은 물론 시각적으로 인지할 수 있는 것만을 대상으로 한다. 그런데 한 사물에 대해 우리가 눈으로 본 것이 반드시 우리가 그 사물에 대해 가지고 있는 지각을 철저하게 규정한 것은 아니다. 왜냐하면 유사성이 소음 혹은 소리, 냄새, 미각 사이에 존재할 수 있기 때문이다.[41] 도상이 꼭 시각적 유형만을 갖는 것은 아니다. 예를 들어 《선량한 사람들 les braves gens》을 노래하는 브라상스 (G. Brassens)*의 음반에 있는 브리지트 바르도(Brigitte Bardot)**

---

* [역주] 프랑스의 샹송 가수 · 작사가 · 작곡가로서 1921년 남프랑스의 세트(Sète)에서 석공의 아들로 태어났다. 1940년 파리로 가서 1952년 《나쁜 평판 La mauvaise réputation》으로 데뷔했다. 1954년 최초의 앨범으로 디스크대상을 받았고, 1967년 아카데미프랑세즈로부터 상을 받았다. 기타 연주와 함께 부른 그의 자작곡들은 지적 세련을 초월하여 시정(詩情)과 정열(情熱)로 가득하고, 항상 따뜻한 인간미를 느끼게 한다. 그는 1981년에 생을 마감했다.

** [역주] 1934년 파리 출생의 프랑스 영화배우이다. 1956년 바댕(R. Vadim)의 작품 《그리고 신은 여자를 창조했다 Et Dieu créa la femme》에서 주연하여, 요염한 용모와 대담한 섹스어필로 일약 세계적인 스타가 되어 한 시대를 주름잡은 배우이다.

의 사진이 브리지트 바르도의 도상인 만큼이나 브라상스의 도상
이다. 조금만 주의를 기울이기만 하면 사람들은 그의 외모만큼이
나 확실하게 그의 목소리로도 그를 식별할 수 있다. 이것은 음성
재생산의 사용 가치이다. 그러나 도상의 개념이 어디까지 확장되
어져야 할까? 유사성이라는 기준의 이름으로 바닐린이 바닐라의
도상이라고 말할 수 있을까? 마가린을 버터의 도상으로 말할 수
있을까? 대용품(ersatz)은 하나의 도상일까? 아니다. 왜냐하면 그
것은 기호학적 목적에 부합되게 만들어지지 않았기 때문이다. 대
용품은 사물을 대체하는 것을 목적으로 삼지 그 사물을 의미하는
것을 목적으로 삼지 않는다. 또한 유사성이 특별한 유형의 관계
로서 확인되기 위해서는 지각할 수 있는 차이가 있어야 한다. 장
(Jean)의 가장 완벽한 도상은 장 자신이라고 믿는 것은 잘못일
것이다.

　　담배 한 대를 부탁하려고 마치 담배를 쥔 모양으로 두 손가락
을 자기의 입술 가까이 가져가는 몸짓은 도상적이다. 이는 담배
의 부재가 기호학적 행위와 상관이 있음을 보여준다.

　　우리가 위에서 지적했듯이, 도상은 유사성에 의해 사물을 식
별하는 도구이다. 그러나 사물의 외양에만 관계하는 유사성, 곧
도상은 인식의 도구로서 아주 불완전하다. 알려진 어떤 과일의
외양이 그 과일의 맛을 떠올리게 함에 따라 우리가 침을 삼키게
된다면, 생소한 과일의 외양은 - 아보카도(avocat)가 배를 닮은
것과 같이 이 과일이 외관상 우리가 알고 있는 다른 과일을 닮지
않은 한 - 우리에게 아무런 영향을 주지 않을 수도 있다. 그러나
우리는 외관상 닮았다고 해서 꼭 맛도 비슷한 것은 아니라는 것
과, 근거가 불확실한 공감각적 일치를 신임하는 것은 매우 헛된

것일 수 있다는 것을 금방 알게 된다. 수신자가 알고 있는 것에 대한 발신자의 정확한 평가가 의미 행위를 성공시키기 위한 중요한 요소라는 점을 고려할 때, 신호로서 도상의 사용은 대상에 대한 도상의 이 같은 불완전한 성격을 간과하면 실패의 원천이 될 수 있다.

유사성의 개념은 서로 비교될 수 있는 최소한 두 개의 사물을 지각할 수 있는 존재를 포함하는 것 같다. 예컨대 한 어머니가 자기의 아들과 닮은 어떤 사진을 들고 《바로 내 아들이야》 혹은 반대로 《이 아인 내 아들이 아니야》라고 말할 것이다. 도상이 대상과 유사하다면 이 대상은 일종의 실체를 가져야만 한다. 그러나 그러한 대상이 하나의 꿈이라고 해도 상관이 없다. 예컨대 막스 에른스트(Max Ernst)*의 그림들은 분명 꿈과 유사하나, 그의 그림들이 나에게 보여주는 것은 내 자신의 고유한 경험과 나 자신의 고유한 꿈이 나에게 내 비친 것과는 아무런 유사성이 없다. 그렇다고 해서 내가 이 그림들의 도상적 지위를 인정하지 않아야 하는가? 의사소통의 기호학에서 도상의 개념은 실제적이지는 않더라도 적어도 있음직한 유사성으로 제한되어야만 할 것인가? 그렇다. 되도록이면 일상적 교환 체계를 정리할 필요가 있을 때 그렇다. 그러나 이러한 체계들의 틀은 평범한 경험을 광범위하게 능가하는 것이 무엇인지가 언급되기를 바랄 때 반드시 나타난다. 그러므로 도상은 더 이상 유사성으로 기능하는 것이 아니라 기지(旣知)의 사실에서 유추하여 기능한다. 이것은 또 다른 유형의 관

---

* [역주] 에른스트(1891~1976)는 브륄(Brühl) 출생으로 1909~11년에 본(Bonn)대학에서 철학을 전공한 독일의 초현실주의 화가이다. 그는 1919년 쾰른(Köln)에서 한스 아르프(Hans Arf) 등과 잡지 《통풍기(通風機)》에 의해 다다이즘을 일으켰고, 1920년에는 콜라주에 의한 회화를 창안했다.

계이다. 회화, 연극 또는 영화와 같은 유형의 제작에서처럼 상상력에 기반을 둔 작품은 기지의 사실에서 유추하여 작용한다. 수신자(관객)는 자신에게 제시되는 것에 의해 감동을 받게 된다. 왜냐하면 자신이 알고 있는 것과의 부분적인 유사성으로 인해, 수신자는 지금까지 자신에게 알려져 있지 않았으나 이제 자신에게 드러나는 어떤 것과의 유사성을 가능한 것으로 받아들이기 때문이다.

우리는 유사성의 관계에 기반을 둔 도상(icone), 도상적(iconique)이라는 용어의 엄격한 용법과 실상 더 빈번하게 유추적 관계를 가리키는 용법을 구분하는 데 유의할 것이다.

기도 혹은 예배 행위에 의해 우리가 도달하려고 하는, 실재하지 않지만 사랑받고 숭배받는 또는 증오의 대상이 되는 존재의 대체물로서 도상(성화상, 우상, 부적(符籍) 등)이 종교적이고, 정의적(情意的)인 생활에서 그리고 주술(呪術)의 세계에서 할 수 있는 역할에 대해서는 여기서 다루지 않을 것이다. 그럴 경우 우리는 우리가 다루고자 하는 영역 밖으로 멀리 일탈하게 된다. 그러나 우리는 여러 방향으로 유사성에 대한 검증을 추진하려고 노력할 것이다. 특히 우리가 도상의 기본적인 특징은 유사관계가 직접적으로 인지 가능하다는 사실에 있다고 가정할 때, 우리는 어떠한 방법으로 이러한 직접적인 특징을 평가함이 바람직한지를 연구할 것이다.

도상, 모형, 도식

도상(icone)과 대상(objet) 사이의 관계가 반전되는 과정에 의해서, 그리고 그러한 대상이 손으로 만질 수 있는 구체적인 실체를 반드시 가지고 있는 것은 아니라는 점에서, 도상은 모델 즉 구현할 대상의 설계도로서 대상에 앞서 만들어질 수 있다. 이것은 바로 모형(maquette), 즉 축소된 모델이다.

우리가 도상을 거울의 표면에 비친 반사체와 동일한 것이거나 혹은 벽에 광원(光源)에 의해 투사된 그림자놀이의 실루엣과 같은 윤곽과 같다고 생각한다면, 도상의 《기하학적》개념에 끌려들어 갈 수 있다. 이는 말하자면 이동이나 전이를 통해서 외형을 재생산하는 방법이다. 아마 이러한 기하학적 개념에 이끌린 어떤 이들은 도상이 **도식**(schéma)과 **도해**(diagramme)를 포함하도록 도상의 개념을 확대할 수도 있을 것이다. 그러나 그렇게 되기 위해서는 한계를 뛰어넘어야 한다는 것을 그들은 잊고 있는 것 같다. 여기서 한계란 관여성(pertinence) 혹은 정해진 관점에 따라 대상을 특징적으로 혹은 부분적으로 분석하는 것을 말한다. 옛날에는 프랑스의 모든 수예(手藝) 재료 판매가게에서 옷본(patrons-modéles)을 팔았다. 사람들은 저렴한 가격으로 매우 얇은 종이 조각들이 들어있고 집에서 옷을 만들 수 있도록 설명서가 포함된 작은 봉지를 살 수 있었다. 봉지의 앞면에는 어떤 인물이 입고 있는 《옷본》을 보여주는 데생이 있고, - 달리 말해서 만들어질 옷의 도상이 있고 - 그 뒷면에는 봉지에 들어있는 조각들의 그림과 함께 오른쪽 앞판, 소매, 등판 등과 같은 조각들을 식별할 수 있도록 설명이 붙어 있었다. 이것이 《본》을 구성했다. 본의 사용은 천 위에 옷본을 뜨는 것뿐만 아니라 치수를 재고 조각들의 조합과 관계가 있는 몇 가지의 기법- 톱니모양 만들기, 다양한 눈금 표시 -을 알아본다는 것을 전제로 했다. 이때 제시된 것은 부분들뿐만 아니라 이 부분들 사이를 맺어주는 관계였다. 옷본과 옷과의 동일화가 거의 자동적으로 이루어졌을 때, - 그러나 대부분의 남자들과 많은 여자들은 이러한 형의 옷본을 어떤 여자가 입었을 때 어떤 결과가 나타날지를 《모른다》는 제약이 있다 - 옷본 조각의 식별에는 반드시 문제가 따랐다. 이를테면 칼라 혹은 더블커프스는 있는가? 목둘레선의 안감인가 혹은 소매 없는 드레스의 소맷부리의 안감인가? 그리고 초심자의 경우 종종 오른쪽 소매가 두 개이고 왼쪽 소매는 찾아내지 못했다. 이것은 도식- 도해 -이 이미 전문가를 겨냥하고 있기 때문이다. 그리고 도식이 도상적이라면, 그것이 이미 상당히 다듬어진 어떤 것이기에 그렇다. 도식에 대한 올바른 식별은 말할 것도 없고, 그것에 대한 정확한 해석은 단순한 경험의 문제가 아니라 견습과 기초지식이 요구되는 문제이다. 우리는 개인적으로 전쟁이나 혹은 다른 환경 때문에 별로 교육의 혜택을 받지 못한 상당한 수의 미장이들이 지도나 도식적인 기호를 사용하는 것이 불가능하다는 것을 목격했다. 《훌륭한 약화(略畵)》가 모든 사람들에게 똑같이 좋은 것은 아니다. 그리고 우리는 적절한 시기에 건축가의 설계를 이해하지 못해서 완전한 새 집에 가구를 배치할 줄 모르거나 벽장에 재산이 되는 물건들을 배치할 줄 모르는 아주 《교육을 많이 받은》 사람들을 알고 있다. 또한 유치원의 원장들이 나에게 알려준 바로는 문맹의 몇몇 가정부들은 거실에 탁자들을 배치하도록 흑판에 씌어진 도식의 의미를 파악하지 못한다. 아마도 이러한 곤란함은 도식이 실재적으로 돌아다니게 되는 공간에서는 수평적인 것을 수직적으로 나타내고 있다는 사실 때문이었을 것이다. 수직적 반경에 대해서는 폰 프리슈(von Frisch)*의 꿀벌들을 생각하지 않을 수 없다. 그러나 꿀벌들이 수평면에서 일어난 경험을 수직선상에 옮기는 것 같다고 가정한다면, 꿀벌들은 움직임으로 기하학적 형태를 나타내기보다는 움직임으로 움직임을 나타낸다. 이러한 의미에서 꿀벌들의 활동은 도상적이다.

도해와 도식이 도상적이라고 간주할 수 있는 것은, 대상에서 직접적으로 지각되지는 않지만 도해와 도식이 나타낼 가능성이 있는 그 어떤 것을 인정함으로써 가능하다. 따라서 나는 도해와 도식을 엄밀한 의미에서 도상으로 취급하지 않을 것이다. 그러나 연구의 어느 순간에 이러이러한 표시(表示, représentation)는 분석에 의해 구별된 관계망 때문에 도상적이지만, 다른 표시는 그렇지 않다는 것을 아마 고려할 수 있을 것이다. 퍼스(Peirce)가 도해를 도상적 기호로 취급하는 것은 이러한 의미에서이다.[42] 요컨대 도해는 대상에 고유한 특징들을 가리킨다. 우리는 도식과 도해가 자료들을 시각적 유형의 표시로 귀결시키려고 한다는 것에 주목하지 않을 수 없다. 그리고 이 점에 관해서 우선 어떤 점에서 지각할 수 있는 것이 눈으로 볼 수 있는 것이라는 것을 확인하고는 놀라게 된다. 왜냐하면 우리가 시각이 아닌 다른 것으로 더 잘 인식하는 것을 우리는 대개의 경우 시각으로만 인식하기 때문이다. 그래서 《이미지》라고 말할 때, 우선 실제로 보는 것이나 《꿈속에서》 보는 것을 자연스럽게 생각한다. 다섯 살 먹은 여자아이가 《저는 잠잘 때 꿈을 봐요》라고 말했다. 현대사회에서 이미지의 지배적인 역할에 대해서 이야기할 때, 이는 우선 삽화, 광고지, 텔레비전, 영화와 같이 눈과 관계가 있는 이미지이다. 반

---

* [역주] 카알 폰 프리슈(Karl von Frisch 1886-1982)는 1973년에 노벨상을 수상한 바 있는 꿀벌의 통신방법을 연구한 학자이다.

면, 예컨대 소리나 냄새 또한 이미지가 될 수 있다는 생각을 대부분의 사람들은 쉽게 떠올리지 못한다.

도상적 의사소통의 성공 혹은 실패

움직임, 색깔, 형태, 부피, 입체감, 거리, 비율, 크기와 관련하여 우리가 시각을 통해 가질 수 있는 모든 정보들 중에서, 사물과 그 도상과의 유사성을 우리로 하여금 가장 잘 인식하도록 하는 정보를 연구하는 것은 흥미로울 것이다. 물론 이러한 정보들은 사물에 대한 어떠한 시각적 양상을 청각적, 후각적, 미각적, 촉각적 또는 운동적인 어떠한 감각과 연계하도록 하는 지식을 이미 가지고 있는 사람들에게만 비시각적 정보의 보충을 허용한다. 단지 시각적 유사성만이 문제가 되고, 시각적 유사성이 색깔, 크기, 입체감, 운동성에서의 차이로 인해 제한을 받을 경우, 모든 종류의 이유를 들어 시각적 유사성이 필요불가결하지 않도록 할 수도 있다. 장난감, 납으로 만든 병정인형, 인형, 소형 자동차, 플러시 천이나 나무나 플라스틱 재질로 만든 장난감 동물은 아이에게 이러한 것들이 나타내는 세계를 미리 짐작할 수 있는 사전 지식을 주기 위한 도상으로 간주될 수 있다. 그리고 사실 도시의 어린이는 자기가 알고 있는 아버지의 자동차와 자기가 가지고 노는 작은 모형 자동차 사이에 어떤 유형의 등가성을 설정한다. 그러나 이 도시 어린이가 일 년 내내 《농장 동물들》을 가지고 논다하더라도, 처음으로 시골로 나가 초원에서 암소들의 광경을 접할 때 자기 선생님에게 《저 큰 짐승들》이 무엇이냐고 물을 가능성이 높다. 이것은 파리 지역의 유치원 교사가 나에게 해준 이야기이다. 이 경우 암소와 장난감 사이의 엄청난 크기의 차이가 식별을 방해했던 것 같다. 이것은 엄청나게 큰 크기로 모기를 재현해서 도처에 부치면서 아프리카인들에게 모기에 의해서 전파되는 전염병의 예방접종을 홍보했던 경우와 거의 같다고 할 수 있다.

백과사전들이나 교육용 카드놀이의 삽화와 마찬가지로 아이들 책의 삽화는 마음대로 확대되거나 축소된 동물이나 식물의 그림을 일정한 배경으로 채우고 있다. 이 경우 코끼리와 개미는 동일한 크기이다. 이 삽화들이 총괄적으로 취급된다면, 이것들은 실제 사물들 사이의 비율 때문에 전혀 도상적이 아니다. 그런데 아이에게는 《큰 것》과 《작은 것》이 있고, 큰 것에서 작은 것으로의 관계를 설명하지 못하는 표시들은 전혀 받아들여지지 않을 가능성이 높다. 결국 사람과 사물에 대해 갖는 총체적 경험에 의거해서 개인은 - 어린아이까지도 - 그 자신만의 기준에 따라 특징들을 끌어내는 것 같다. 개인이 도상에서 유사성을 인식하도록 하기 위하여 도상이 개인에게 제공해야 하는 것은 바로 그러한 특징들이다. 그런데 도상의 생산은 물질적인 제약을 받고 있다. 사람들은 소유하고 있는 것, 즉 조각할 나무, 형상을 만들 찰흙, 목탄, 염료, 몸짓, 외침 등을 사용한다. 그러나 사용된 재료들이 이러한 특징들을 정확하게 표현하지 못할 수도 있다. 따라서 생산 조건이 어떤 특징을 나타낼 것인가를 선별하지만, 이 선별이 특징들의 관여적인 선택과 일치하지는 않는다. 발신자는 《객관적인》 정보를 제공한다고 믿지만, 수신자가 자신의 마음에 들게 사실을 해석할 여지를 남겨두고 있다. 이때 어떤 특징들은 이점을 누리는 반면에, 엄밀히 말해서 수신자가 사실을 재발견하도록 하는 특징은 소멸된다.

도상적 기호는 가리키는 것이 아니라 소개하는 것이고, 상세히 기술하는 것이 아니라 공유하는 것이고, 이름을 부르는 것이 아니라 나타나게 하는 것이다.

상징

종교적으로 사용되는 경우(사도(使徒, apôtre)의 상징)와는 별도로 상징(symbole)이라는 단어의 다양한 용법을 두 가지로 나누어 볼 수 있다. 모든 것은 두 가지 사물 사이에 설정되는 일치에 근거를 두고 있다. 이것은 이 단어의 어원을 가리킨다. 고대 그리스에서 상징은 《원래 둘로 나누어진 하나의 사물이었으며, 이 사물의 두 주인은 각각 반씩을 소유했다가 그들의 자식들에게 물려주었다. 서로 닮은 이 두 부분은 소지자를 식별하게 하고, 이전에 맺어진 극진한 관계를 증명하는 데 사용되었다.》[43] 게다가 이 동일한 단어는 상처자국, 출생반점뿐만 아니라, 모든 종류의 상황에서 개인들의 참석을 확인하기 위하여 사용되거나, 혹은 돈이나 음식물의 교환에 사용되는 토큰(또는 표)을 포함한 가지각색의 식별 수단을 가리켰다.

결국 어떤 것을 정당한 것으로 인정할 수 있거나 어떤 약정(convention)이나 약정 그 자체를 표시할 수 있는 모든 대상은 상징이다. 우리가 옥스퍼드 사전에서 차용한 다음의 정의는 상징을 제법 잘 요약하고 있다. 요컨대 상징이란 《(유사성에 의해서가 아니라 막연한 암시나 혹은 어떤 우연적이거나 약정적 관계에 의해서) 어떤 다른 것을 대신하고, 표시하고 또는 나타내는 어떤 것》이다. 그리고 이 사전에는 《쓰인 문자, 글자, 형상(figure)이나 약정적 기호…》가 추가되어 있다. 이 마지막 용례는 영어권 나라들에서는 일반적이다. 블룸필드는 다음과 같이 쓰고 있다. 즉《문자들은 상징, 다시 말하면 약정에 의해 어떤 언어적 형태를 표시하는 기호 혹은 기호군(記號群)이 된다. 언어적 형태가 발신되는 상황에서 상징이 쓰인다는 점에서, 그리고 언어적 형태의 청취에 응답하는 것처럼 상징에 응답한다는 점에서 상징은 언어적 형태를 "나타낸다(représenter)".》[44] 따라서 이것은 모리스가 기호의 기호라고 부르는 것, 말하자면《동일한 의미를 지닌 다른 어떤 기호를 대체하기 위하여 만들어진 기호이다.》이러한 정의들은 프랑스어에 있어서 현재에도 적용되어 사용되는 용어이고, 참고로 수학적, 논리적, 화학적 상징에도 적용된다. 이 후자의 경우는 다른 관점에서 정의되는 어떤 것을 기호로 나타내는 수단들이다. 이 경우 고대 그리스의 토큰이 충족시켰던 것과 같은 유형의 기능이 문제가 된다. 이러한 상징은 약정에 근거하고 있다.

상징, 표상 그리고 표징

일반적으로 특히 소쉬르에게 있어서 상징적 관계에서 부정되는 것은 바로 협약적 특성(caractère conventionnel)이다. 소쉬르에 따르면《상징은 결코 완전히 자의적인 것이 아니다. … 기표(signifiant)와 기의(signifié) 사이에는 자연적인 유대(紐帶)가 있다.》다른 저자들에게 있어서 상징은《유추적인 일치》,《자연적인 관념의 연합》,《연상적, 주술적 혹은 신비적 가치를 갖는 대상 혹은 이미지》[45]의 문제이다. 그러나 가장 흥미 있는 지적은 아마도 이러한 일치가《하나는 일반적으로 물질계에 속하고, 다른 하나

는 정신계에 속하는 두 대상 사이에서 이루어진다는 것이다.》그
리고 실제로 공포, 기쁨, 전쟁, 정의, 왕권, 민주주의, 충성심, 스
포츠연합, 정치운동과 같이 도상적 표시를 부여할 수 없을 수도
있는 어떤 것을 나타낼 때 바로 상징을 사용하는 것처럼 보인다.
그 방법은 두 가지일 수 있다. 하나는 바로 사람들이 표시하기를
원하는 것을 주요 특징으로 제시하는 듯이 보이는 구체적이고 지
각 가능한 대상을 - 일반적으로 시각을 통해서 - 찾는 것이다. 다
른 하나는 전자가 불가능할 경우 대상을 상징화하는 데 있어서
근본적이고, 관례적인 동반물로서의 대상을 찾는 것이다. 대상
차체의 도상이 없을 경우, 그 대상의 지표가 갖는 도상을 제시하
려고 모두가 애썼던 것 같다.

우리는 이러한 상징들 중에서 **표상(emblème), 표징(表徵,
attribut), 기장(記章, insigne)**에 대해서 살펴볼 것이다. 표상은
《상징적인 형체》로 정의된다. 다음과 같은 예를 통해서 판단하건
대 상징과 표상의 차이가 항상 분명한 것은 아니다. 《거북이는
느림의 상징》이지만, 《황소는 힘의 표상이요, 비둘기는 결백의 표
상이요, 수탉은 경계의 표상이다.》

표징은 인물을 알아보게 하는 사물이다. 예컨대 벼락은 주피
터(Jupiter)의 표징이었으며, 낫은 수확의 여신인 케레스(Cérès)
의 표징이었다. 노동자가 늘 사용하는 연장은 하나의 표징이다.
표징은 그 자체만으로도 인물의 상징으로 사용할 수도 있다. 어
떤 직업의 구성원들에게 공통되는 표징은 그 직업의 표징으로 사
용할 수 있으며, 그 직업을 상징할 수도 있다.

기장(記章, insigne)은 한 사람을 문제의 표징을 표상으로 선택
한 어떤 집단의 구성원으로 인정하도록 해주는 일종의 표징이다.

이 모든 경우에 분명히 《자연적인 유대》가 있을 뿐 아니라, 또한 일치되는 대상들에 대한 분석도 있다. 그리고 이 일치의 근거가 되는 것은 두드러진 특성이라는 기준이다. 여기서 도상 이상으로, 유사성이 없는 이러한 관계가 다소 함축적인 통과의식의 결과로 일정한 문화의 틀 내에서만 《자연적》인 것으로 강요될 위험이 있다. 이러한 관계가 아마도 상징에 상응되는 것을 발견하도록 하지는 못하겠지만, 상징의 학습과 기억작용은 아마도 용이해질 것이다. 몇몇 휘장(徽章, enseignes)과 가문(家紋, armoiries)에서 나타나는 것이 바로 이것이다. 이 경우 상징과 상징화된 것 사이의 관계는 말맞추기 놀이와 흡사하다. 바로 라투르가(La Tour)의 문장(紋章)이 탑(tour)이고 봉탕가(Bontemps)의 문장이 태양인 것이 이 경우이다.

그리스도의 상징으로서 물고기는 상징이 근본적으로 갖는 약정적 특징뿐만 아니라 언어적 전이를 이용하여 약정을 신비주의로 감추려는 욕구도 역시 보여주고 있다. 요컨대 *Iesoûs Khristós Theoû Uiós Soter* 《예수 그리스도, 하느님의 아들, 구세주》라는 단어들의 첫 대문자들을 이용한 약어 *IKhThUS*는 그리스어의 《물고기 poisson》에 해당하는 동형이의어이다. 따라서 간략하게 쓰인 물고기가 기독교인들 사이에서 식별의 기호가 된 것은 말놀이를 이용한 것이다.

소쉬르의 기호

소쉬르의 가르침에서 밝혀진 바와 같은 《기호 signe》의 개념은 그의 제자 바이(Bally)와 세슈에(Séchehaye)에 의해 『일반 언어학 강의 Cours de linguistque générale』[46]에서 소개된 이 래, 언어학과 유럽 기호학의 발전을 주도하고 있다. 기호의 개념 은 일반적으로 앵글로 색손 사람들에게는 그 진가가 인정되지 않은 채로 남아있었고, 몇몇 미국인들에게서는 고의로 배척을 받았다.

비록 『강의 Cours』의 한 장(章)이 기호에 대해 특별히 할애되 고 있지만, 언어 기호의 개념이 어떻게 계속적으로 다듬어져 완성 되었는지를 알 수 있는 것은 고델(Godel)*, 앙글러(Engler)**, 드 마우로(de Mauro)***와 같은 소쉬르 전문가들의 덕택으로 참고 자료가 풍부하게 갖추어진 이 저서 전체에 대한 고찰이 있은 후 에서야 가능했다. 요컨대 언어 기호가 갖는 모든 함축은 후일에 서야, 곧 『강의 Cours』의 첫 출간 이후 반세기 동안에 그것의 학 문 영역이 형성된 후에야 나타나게 되었다. 우리는 여기서 텍스 트의 주해는 다루지 않을 것이다. 아주 잘 선별된 인용문에 의거 해서, 모두들 소쉬르의 가르침에서 아주 다른 결과들을 도출해 낼 수 있었다. 그 결과 각자는 여기서 자신의 기질과 자신의 선험 적인 판단에 따라 자구(字句)적 의미에 만족하거나 혹은 자구(字 句)적 의미를 넘어서 소쉬르의 진정한 생각일 것이라고 생각한 것에 만족하면서 자신에게 이로운 면을 추구했다. 우리는 정통성 의 연구에는 집중하지 않는다. 우리에게 중요한 것은 소쉬르의

---

* [역주] 고델(R.Godel), 『일반 언어학 강의 초고 Les sources manuscrites du Cours de linguistque générale』, Droz, 1957.
** [역주] 앙글러(R.Engler), 『페르낭드 소쉬르의 일반 언어학 강의 초고 Edition critique du Cours de linguistque générale de Ferdinand de Saussure』, Otto Harrassowitz, 1967.
*** [역주] 드 마우로(Tullio de Mauro)의 주석이 달린 1972년 파요(Payot) 출판사의 다 음 『강의 Cours』를 말한다. 소쉬르(F. de Saussure), 『일반 언어학 강의 Cours de linguistique générale』, Tullio de Mauro의 주석본, Payot, 1972.

생각을 주도하는 것처럼 보일 뿐만 아니라, 받아들여지고, 거부되고, 재형식화되면서 끊임없이 연구자들의 성찰을 풍부하게 한 기호에 관한 개념들을 여기서 소개하는 것이다.

소쉬르가 달성하고자 하는 대상은 《언어 langue》, 즉 《생각을 표현하는 어떤 기호 체계》[47]이다. 그러나 사실상 사람들은 일반적으로 공인된 파롤(parole)에서 시작한다. 즉 《생각 pensée》의 연속체는 《발음 phonie》(소리 sons)의 연속체와 일치한다. 의미를 전달하는 여러 개의 발성을 대조함으로써 《의미》의 부분(tranche)에 상응하는 발성의 부분을 확인하게 된다. 그래서 《배고프니? Tu as faim? 냉장고에 있는 햄 먹으럼 Prends du jambon dans le frigidaire》, 《그는 배가 안 고파요, 후식도 남겼어요 Il n'a pas faim, il a laissé même son dessert》와 같은 《발성들》에서 우리가 음성전사로 표기한 발음 /fɛ̃/과 의미 《배고픔 faim》에 의해 특징 지어지는 한 부분이 발췌된다. 발음과 의미(소쉬르는 《소리 sons》와 《생각》이라고 말한다)는 함께 《잘려진다.》 의미인 《배고 픔》을 생산하는 것은 발음 /fɛ̃/이다. 발음 /fɛ̃/이 존재하게 하는 것은 의미인 《배고픔》이다. 소쉬르는 다음과 같이 쓰고 있다. 즉 《언어는 또한 한 장의 종이와 비교될 수 있다. 생각은 앞면이고 소리는 뒷면이다. 뒷면을 자르지 않으면서 앞면을 자를 수는 없 다. 게다가 언어에서는 생각에서 소리를 분리할 수도, 소리에서 생각을 분리할 수도 없다.》[48] 우리가 발화에서 실행한 이러한 절 단(découpage)은 한 언어, 곧 프랑스어의 현상이다. 어떤 유형의 경험 앞에서, 이 언어는 언어 사용자들이 느끼는 것에 대하여 서로 서로 정보를 교환하도록, 다시 말해서 자신들의 경험을 전달

---

* [역주] 'grand faim, faim de loup'는 '몹시 배고픈'이라는 뜻이다.

하도록 해주는 분석과 절단의 몇몇 방법을 이들에게 제공한다. 이러한 절단은 경험 자체의 산물은 아니며, 지각 가능한 세계의 산물은 더 더욱 아니다. 그것은 언어에 의하여 요구된 것이다. /fɛ̃/ 이라는 발음 부분은 배고픔의 강도에 의해서 변하지 않는다. *grand (faim)/grã/, (faim) de loup** 등과 같은 변이들을 설명하기 위해서는 다른 부분들의 도움이 필요하다. 다른 언어, 예컨대 영어는 다른 분석을 제안할 것이다. 이러한 조건들에서 이 같은 절단은 자의적이라고 말할 수 있을 것이다.

양면을 지닌 실체

언어적 절단을 통해서 우리에게 주어지는 이러한 부분들 (tranches)은 기호들, 곧 분절체들(*articuli*)이다. 소쉬르에 따르면, 《언어는 분절의 영역이라고 부를 수 있을 것이다. 이를테면 각 언어적 사항(辭項, terme)은 생각이 소리로 고정되고, 소리가 생각의 기호가 되는 작은 구성 요소이다.》

우리가 이러한 분절체 중의 하나, 예를 들면 후에 음운론의 발전으로 내가 /arbr/와 같이 전사하는 발음(phonie)으로 표시되는 것을 고려한다는 것은, 이 분절체가 이 발음을 《나무》라는 개념과 결합시키는 것을 말하고, 이 두 요소의 결합- 단지 이러한 결합 -은 기호를 구성한다.

소쉬르는 뚜렷이 구분되는 세 가지 실체를 지칭하기 위해 필요불가결한 학술어(terminologie)를 제안한다. 요컨대 《나무 arbre》는 다음과 같이 재현되는 **기호(signe)**의 **기의(signifié)**이며, /arbr/는 그 **기표(signifiant)**이다.

개념	《arbre》	《arbre》	그래서 결과적으로	SÉ[49]
청각영상	*arbre*	/*arbr*/		SA

《언어 기호는 양면을 지닌 실체이다.》[50] 따라서 이 두 면 사이에는 완벽한 일치가 있다. 그 이유는 바로 이 두 면이 함께 그리고 연대적으로 동일한 《절단》의 결과로 생긴 것이기 때문이다.

기호의 자의성

기호의 절단은 자의적이기 때문에, 기의 《나무 arbre》와 발음 /arbr/ 사이의 관계 또한 **자의적(恣意的, arbitraire)**이다. 말하자면 이 관계는 어떠한 자연적 혹은 논리적 이유에 의해서도 **유연적(有緣的, motivé)**이지 않다. 바로 이것이 소쉬르가 **상징(symbole)**이라는 용어를 거부하는 이유이다. 《사람들은 언어기호를, 더 정확하게는 우리가 기표라고 부르는 것을 지칭하기 위하여 **상징**이라는 말을 사용했었다. 그러나 이는 적절하지 못한 면이 있다. 그것은 바로 우리의 첫 번째 원리(자의성의 원리) 때문이다. 상징은 그 성격상 결코 완전히 자의적일 수 없다. 상징은 무의미하지 않으며, 기표와 기의 사이에는 자연적인 유대(紐帶)가 있다. 정의의 상징인 저울은 아무 것으로나, 이를테면 달구지와 같은 것으로 대체될 수는 없을 것이다.》[51]

기의에 대한 기표의 자의적 특성을 보여주기 위한 소쉬르의 주장, 이를테면 설명의 편의상 그가 국경의 이쪽에서는 /bœf/라고 불리고, 저쪽에서는 *Ochs* /oks/라고 불리는 황소의 예를 든 것은 절단 자체가 갖는 자의성보다 더 중요한 사실을 모호하게 했다. 사실 자의성이 기표와 기의 사이의 관계성에만 근거를 두고 있다면, 언어를 어휘목록으로, 약정적인 목록으로 보는 것을 가로막는 것은 아무 것도 없을 것이다. 그럴 경우 한 언어에서 다른 언어로 전환하기 위해서는 미리 주어진 대상들에 붙여진 명칭들을 단순히 바꾸기만 하면 될 것이다. 《이러한 언어에서는 이것은 어떻게 불릴까?》라는 질문에는 항상 쉽고 즉각적인 대답이 가능할 것이다. 물론 약정(convention)이 있을 수 있겠지만, 이 약정은 단지 어느 목록에서 찾아낼 것인가를 안다는 데 있을 것이다. 그런데 예를 들어 《브르타뉴어로 '녹색 vert'을 무엇이라고 합니까?》라는 질문에 대답하는 것은 불가능하다. 왜냐하면 프랑스어에는 청색(bleu)과 녹색(vert)의 구별이 있지만 브르타뉴어에는 청녹색(*glas*)만이 있기 때문이다. 《'미안하지만 S'il vous plaît'라는 표현을 덴마크어로는 어떻게 말합니까?》라는 질문에 대한 첫 번째 대답은 《그런 표현은 없습니다》이다. 아마도 비슷한 어떤 것을 표현하는 수단을 찾을 수는 있을 것이다. 그러나 개인간의 사회적 관계가 이 덴마크어에서는 프랑스어의 《S'il vous plaît》에 상응하는 문구의 필요성을 느끼지 못할 정도로 이루어져 있다. 소쉬르의 단언 중 몇몇을 검토해 볼 때 그가 첫눈에 나타나는 범위보다 더 방대한 범위를 자의성에 부여한다는 것은 분명하다. 요컨대 그가 《언어를 목록으로 이해하는 것은 많은 관점에서 비판의 여지가 있다》고 생각한다는 점에서 그렇다. 그는 《언어는 낱말들 이전에 이미 존재하는 판에 박힌 관념을 전제로 한다》고 명확히 밝히고 있다. 이러한 지적들은 그의 저서 여러 곳에서 발견된다. 그리고 《어떤 기의에다 어떤 기표의 '자의적' 부여는 언어적 자율성의 한 양상일 뿐이라는 것 - 이 언어적 자율성의 다른 면은 기의의 선택과 경계를 내포한다 -을 알아차리는 것은 독자의 몫이다. 사실 언어외적 현실에 대한 언어의 독립성은 기표의 선택에 의한 것 이외에 언어가 그 자체의 고유한 용어로 이러한 현실을 해석하는 방식에서 나타난다. 이 과정에서 언어는 물론 현실을 참조하기는 하겠지만 독립적으로 언어의 개념이라고 불렸던 것, 하지만 그 대신 우리가 언어의 대립이라고 명명하고자 하는 것을 확립한다.》[52]

유연성과 자의성

어떤 사람들은 소쉬르가 말한 자의성과 《무연성 immotivé》의 용법에 대해 이의를 제기했다. 따라서 무연성(無緣性)에 대해서 말할 때 어떤 점에서 그런지를 분명히 밝히고, 특히 발화 행위에서의 인간 행태나 이 경우에 사용된 도구(道具, outil)의 구조를 다룰 것인지를 알아야 할 것이다.

발화 행위를 생각해 보자. 기호 황소(bœuf)가 있다고 하자. 이 예를 가지고 논의하는 이유는 이 낱말은 소쉬르에 의해 선택된 예이고, 그의 말에 대해 유보와 비판이 공식화되었기 때문이다. 무엇이 이 말의 사용에 유연성(有緣性, motivation)을 부여할 수 있을까? 우선 발화주체(sujet parlant)가 그가 시골에서 보는 소, 혹은 그가 식육점에서 사고 싶은 소고기, 혹은 한 사육사의 가축을 구성하는 소들과 같은 어떤 현실에 대하여 말하고 싶은 욕구를 느낀다는 사실이다. 그 다음에 황소(bœuf)라는 말은 발화주체에게 꼭 필요하다. 왜냐하면, 의사소통은 이러한 현실들을 지시하기 위해 언어 사용자들에게 기표 /bœf/를 제공하는 프랑스어의 도움으로 이루어져야 하기 때문이다. 이 틀 내에서 화자는 자신이 이해되기를 원한다면 다른 것을 말할 선택의 여지가 없다. 그리고 이것은 이 말의 습득 환경과 이 말에 결부될 수 있는 공시적 의미(connotations)[53]가 무엇이든지 간에 사실이다. 요컨대 개념과 청각 영상이 《자신의 정신 속에 함께 각인되어》 있었건 아니건, 《개념 '황소 bœuf'가 청각영상 /bœf/의 영혼으로 존재할 정도로 밀접한 결합[54]》이 있건 아니건, 혹은 시골 아이가 소들을 가리키며 사투리로 그것들에 대해서 먼저 말을 했건, 혹은 도시 아이가 《소만큼 커지기를 원하는 개구리》를 먼저 배우고 《풀 위에 누워있는 이 큰 짐승들》을 소로 식별할 기회를 가지기 훨씬 전에 《내 외양간에는 두 마리의 큰 소가 있다네》를 노래하는 것을 들었건, 혹은 마지막으로 자연이 인간의 개입 없이는 인식하지 못할 이 거대한 황소를 《아빠-소, 엄마-암소, 누이-암송아지, 아우-송아지》로 이루어진 어족(語族) 내에서 화자가 대체할 줄 알건 혹은 모르건 간에, 이 황소(bœuf)라는 말은 사실이다. 기의는 기표와 분리될 수 없을 정도로 완벽하게 결합되기 전에 개인의 의식 속에서 어떻게 구성되고 형태를 갖추게 될까? 이 점은 여기서 우리가 알 바가 아니다. 의사소통에서 핵심적인 작용을 하는 것은 공동체의 구성원들에게 공통적인 무엇이 전제될 수 있다는 사실이다. 그러한 전제를 통해서 그들은 말을 할 때 무엇에 대하여 말을 하는지를 알게 된다.

프랑스어 주체들의 관점에서 볼 때, 기의와 기표를 일괄한 기호 황소(bœuf)는 도로의 오른쪽으로 차가 통행하는 것처럼 어떻게 보면 제도적으로 그들에게 부과되어 있다. 그런데 이 제도를 부과하는 것은 사물들의 성격이 아니라 어떤 약정들이라는 점에서 그것은 - 곧 이 제도는 - **자의적(arbitraire)**이다. 바로 이 점이 도로의 왼쪽에서도 차가 통행할 수 있는 충분한 이유이다. 그리고 이것은 실제로 많은 나라에서 제도적으로 행해지는 것이다. 그러나 반드시 사고를 유발하는 것은 한 공동체에 고유한 법규를 위반하는 것이며, 오른 쪽으로 통행하는 나라에서 왼쪽으로 통행하는 것이다. 그러므로 의사소통에서 주체는 좋든 싫든 간에 이러한 자의성에 복종해야 한다. 실제로 사람들은 자의적인 것으로 느끼는 지시들을 위반하지 않는다. 시적인 노력이 흔히 자의성을 깨뜨리려는 의지를 나타내지 않는가?

인간들이 의사소통을 하기 위해서는 분명 의사소통을 할 무엇인가를 가져야만 한다. 그러나 또한 의사소통을 하기 위해서는 도구를 자유자재로 활용해야만 한다. 아이들이 서로 간에 의사소통을 하도록 하기 위해서 한 유치원 여교사는 동물들을 머리, 귀, 발, 배 등과 같이 잘 알려진 부분들을 중심으로 그림을 그려서 잘라 내었다. 한 그룹의 아이들은 그림 조각들을 손에 쥐었고, 다른 그룹의 아이들은 다양한 동물들을 다시 짜 맞추기 위하여 이들 그림 조각을 하나씩 다음과 같이 요구해야 했다. 《고양이 꼬리 줘》, 《난 소의 배를 원해》 등등. 여기에서부터 제법 알찬 교환이 시작되었다. 며칠 후에 그들의 재치를 자극하기 위하여 그 놀이를 복잡하게 만들면서 불확실하게 잘려진 조각을 제시한 결과, 교사는 놀이가 아주 다르게 이루어진다는 것을 확인했다. 낱말들을 사용해서 더 이상 조각들을 식별할 수 없는 아이들은 이런 저런 조각을 요구할 수 없는 상태에 놓임에 따라, 그 조각들을 모으기 위해 조각들을 그들 스스로 선별하는 시도를 하는 것 이외에는 다른 방법이 없었다. 그 결과 놀이는 언어적 의사소통 없이 순식간에 난장판이 되었다!

따라서 우리가 현실의 절단과 언어에 의한 절단을 일치시킬 수 있을 때만이 우리는 그러한 현실에 대하여 무엇인가를 의사소통 할 수 있다. 먼저, 이 절단이 유연적이었는지, 그렇다면 무엇을 통해서 그렇게 되었는지를 자문할 것이다. 어떤 경우에는 절단에 유연성이 부여된 것처럼 보일 수 있으나 다른 경우에는 전혀 그렇지 않다(언어들에 따른 태양 스펙트럼의 절단). 또 다른 질문은 주어진 한 기의에 주어진 한 기표의 부여가 어떤 것에 의해 동기가 부여되었는지를 - 곧 유연적이었는지를 - 알아보는 것이다. 도상적 기표는 아마도 유사관계에 의해서 유연적이 될 것이다. 언어적 차원에서 의성어는 도상적이다. 언어에 고유한 창고- 곧 언어를 관장하는 뇌 -의 도움으로, 청각적으로 지각되는 어떤 현실- 예컨대 잡음, 동물의 울음소리 -과 가능한 한 많이 닮은 발음(phonie)이 생산된다. 그러나 의성어는 언어의 틀 내에서 제도화되어 《자의성을 띠고》 있다. 왜냐하면 의성어는 /kuku/ coucou(쿠쿠), /wawa/ ouah(와와) 등과 같은 어떤 일련의 음소로 굳어져 있을 뿐만 아니라, 언어의 기표가 되는 것은 다른 것이 아닌 바로 이들 음소의 연속이기 때문이다. 동물의 동일한 울음소리를 재생산하기 위하여, 다른 언어는 선혀 다르게 지각된 일련의 음소를 사용할 수 있다. 예컨대 프랑스어에서는 오리의 울음소리가 coin coin /kwɛ̃ kwɛ̃(쾡쾡)/이지만, 덴마크어로는 [Rap Rap(랖랖)]이다. 결국 기호가 된 의성어는 언어의 음성적(音聲的) 변화 내에 있게 된다. 고대 그리스어 시들을 현대 그리스어의 발음으로 읽으면 염소는 더 이상 /bɛ : bɛ : (베베)/라고 울지 않고 /vi vi(비비)/라고 운다.

　　비언어적 유연성이 처음에는 기표가 형태를 갖도록 하는 역할을 할지라도, 기표는 체계의 틀 내에 빨리 통합된다. 또 다른 한편으로 몇몇 기표의 형성에서 언어적 유연성이 확인된다. 이에 대한 다양한 예들이 합성어와 파생어를 통해서 나타난다. 소쉬르에게 있어서 숫자 *vingt*(20)은 공시적으로 무연적(無緣的)이지만 숫자 *dix-neuf*(19)는 앞의 *vingt*과 동일한 정도로 무연적이지는 않다. 그 이유는 이 합성어에서 *dix*와 *neuf*는 독자적인 각각의 값을 가지고 있기 때문이다. 마찬가지로 *pommier*(사과나무), *cerisier*(버찌나무) 등과 견주어볼 때 *poire*(배)와 -*ier*로 분리될 수 있는 *poirier*(배나무)는 **유연적(motivé)**이라면, *frêne*(서양 물푸레나무)나 *chêne* (밤나무)는 그렇지 않다.[55] 그러나 이들 기호는 자의적으로 남아있다. 이러한 종류의 유연성은 - 비록 이것이 새로운 것을 향한 길을 열고 있지만 - 실제로 발화주체에게 주어진 자유는 아니다. 요컨대 발화주체는 알아낸 모델(modèle)에서 출발하여 자신이 범위를 정하고 표현할 필요성을 느끼는 기의에 맞도록 자신의 고유한 기표를 유추를 통해서 만들어내고 싶어한다. 예컨대《유럽 1번 Europe n°1》의 한 기자는 소쉬르가 유추를 신어 창출의 원리로서 예시하기 위하여 만들어낸 모델, 바로 *indécorable*(꾸밀 수 없는)의 모델에 따라, 1972년 빌랑쿠르(Billancourt)에 있는 르노(Renault) 공장 앞에서 죽은 투사 오베르니에(Overney)를《묻힐 수 없는 inenterrable》이라는 말로 형언(形言)했다. 실제로 이러한 신어 창출에 모인 요소들 각각은 프랑스어의 다른《연사(連辭)들 syntagmes》[56]에서 이끌어낸 것이다. 말하자면, *in*-은 *inconnu, insensé* 등에서, *décor*는 *décorer, décoration*에서, *able*은 *maniable, pardonnable*에서 발견된다.

결국 소쉬르의 설명에 이러한 조어원리를 첨가하는 것을 허용할 수 있다면, *in … able* 모델은 *inattaquable, impensable* 등등에 의해 주어지며, 이러한 모델은 아마 프랑스어에서 가장 생산적인 것에 속할 것이다. 파생이나 합성에 의한 자유로운 신어 창출은 특히 우리가 만들기를 원하는 형태가 언어에서 이미 완전히 다른 의미로 고정되어 있을 경우 함정에 빠진다. 예컨대, *jardin-jardinier*(정원-정원사)의 유추 관계에 따라 어린 여자아이는 쓰레기를 줍는 사람을 가리키기 위해서 *ordurier**를 만든다. 이러한 신어 창출은 일반적으로 주체의 자발성에 맡겨져 있지 않다. 발화 행위상에 나타나는 이들 신조어들은 일시적일 수 있는 위험성이 높다. 그러나 많은 신조어들은 그것들이 언어 공동체가 느끼는 필요에 부응할 때 빠르게 통용된다. 이들 신조어는 《무연적으로》 만들어지거나 혹은 관련 유연성을 대중 전체가 알 수 없는 그리스어의 어근에 기반을 두는 것보다 즉각적으로 이해되고 쉽게 기억되는 유리한 점이 있다.

비언어적 체계에서 기표의 구성상 나타나는 이 두 유형의 유연성을 밝힘과 더불어 체계 내의 유연성을 체계적으로 활용하는 데 특별한 주의를 기울이는 것은 흥미로운 일일 것이다.[57] 우리는 이 문제를 예컨대 도로표지판의 분석에서 다시 다룰 것이다.

가치와 대립

기호에서 소쉬르가 정의하려고 시도한 것은 언어 단위이다.

---

* [역쥐 프랑스어에서 쓰레기를 의미하는 단어는 ordure이다. 그리고 ordurier는 '외설적인, 상스러운, 추잡한'이라는 뜻을 가진 형용사이다.

나중에 언어학자들이 채택한 표현에 따르면 **분절체(articuli)**의 각각은 **최소 기호(signe minimum)**이다.[58] 이러한 단위들이 낱말과 반드시 일치하는 것은 아니다.[59] 실제에 있어서 이들 단위의 경계를 정하기란 종종 매우 어렵다. 이들 단위는 체계의 틀 내에서 서로 서로의 관계에 의해서 정의된다. 우리가 앞에서 든 예를 다시 보면, 기호 *faim*(배고픔)은 발음상 [fɛ̃], [fæ̃], [fẽ]라는 변이체를 가지고 있음에도 불구하고 이것이 나타나는 다양한 언술에서 동일한 것으로 인식되는 반면, 기호 *soif* 및 *froid*와는 다른 것으로 인식된다. 사실 이 후자의 두 기호는 *Tu as **soif**, prends une bière*(목마르지? 맥주 한 잔 마시렴)와 *Tu as **froid**, prends un cardigan* (춥지? 가디건 입으렴) 등과 같은 동일한 문맥에서 나타날 수도 있다. *Faim, soif, froid* 등등은 서로 대립된다. 《언어는 전적으로 구체적 단위들의 대립에 바탕을 둔 체계라는 특징을 가지고 있다.》[60]

소쉬르에게 있어서 언어 단위는 그 단위들 서로 간에 유지되는 관계와 언어 단위가 아닌 것들과의 관계 때문에 경제 용어로 정의 가능한 **가치(valeurs)**로 나타난다. 예컨대 지폐는 필경 종이 조각에 불과하지만 사회적 약정에 의하여 나로 하여금 교환을 통하여 다른 것을 얻을 수 있도록 하는 종이 조각이다. 나는 코르네이유(Corneille) 초상화* 한 장과 좋은 품질의 카디건, 혹은 수 킬로의 햄 덩어리, 혹은 병맥주 한 상자, 혹은 차에 기름을 두 번 가득 넣기, 혹은 미술책 한 권, 혹은 파출부 몇 시간 부르기 등등을 교환할 수 있다. 달리 말하면 화폐의 가치를 통해서 나는 서로 완

---

* [역주] 2002년부터 유로(Euro)화가 도입되기 이전에 프랑스의 100프랑짜리 지폐는 코르네이유(Corneille) 초상화로 도안되었다.

전히 다른 현실의 사물 사이에서 어떤 유형의 등가성을 확립할 수 있다. 나는 모든 것을 유일한 하나의 변별성(pertinence), 즉 지불해야 할 가격이라는 변별성에 귀결시킬 수 있다. 100프랑짜리 지폐인 바로 이 코르네이유의 초상화를 나는 프랑스의 다른 화폐 단위와 비교할 수 있다. 다섯 장의 코르네이유는 한 장의 파스칼(Pascal)과 동일한 가치를 지닌다. 한 장의 코르네이유는 두 장의 라신느(Racine) 혹은 10장의 볼테르(Voltaire)와 동일한 가치를 지닌다. 물론 다른 가치를 지니는 것은 라신느, 파스칼 혹은 코르네이유가 아니다. 이들의 초상화는 지폐들이 서로 더 잘 구별되도록 도와줄 뿐이다. 이탈리아 국경을 넘어서면 나는 나의 프랑화를 리라화로 교환할 수는 있으나 더 이상 햄이나 맥주로 교환할 수는 없다. 그러한 것들을 교환하기 위해서는 나는 리라를 사용해야만 한다. 달리 말해서 프랑이나 리라에 가치를 부여하는 것은 동일한 종류의 약정, 곧 화폐단위들이다. 그러므로 코르네이유는 유사한 다른 화폐 가치와 비교될 수 있다. 코르네이유 화폐의 가치가 정의되는 것은 유사성이 있는 화폐 가치들과의 관계에 의해서이지 유사성이 없는 햄 혹은 맥주와의 관계에 의해서가 아니다.[61] 지폐의 교환은 햄, 맥주, 휘발유 등등의 계측된 양과 이루어질 뿐이다.

발음된 낱말은 결국 약간의 공기를 진동시키지만, 나는 또한 사회적 약정에 의하여 그 낱말을 다른 것과 《교환할》 수 있다. 이를테면 *bière*라는 낱말을 발음하면서 나는 맥주를 얻을 수는 있지만 우유나 포도주를 얻을 수 있는 것은 아니다. 동일한 가치의 여러 지폐를 상이한 거래에서 사용할 수 있는 것과 마찬가지로, 상이한 발화 행위의 과정에서 《동일한 낱말》, 즉 동일한 가치를 사용할 수 있다. 낱말이 발음될 때마다 서로 서로 구별되는 분절음들이 생산된다. 그러나 이들 분절음은 동일한 명칭의 지폐가 유사한 것처럼 서로 서로 유사하다. 따라서 낱말의 가치는 비언어적인 어떤 것과 교환할 수 있는 관계로 정의되어서는 안될 것이고, - 내가 *bière*(맥주)라는 낱말을 《제시하면》, 나는 한 잔이나 한 병의 맥주를 받는다 - 이 언어 단위가 다른 언어 단위들과 맺는 관계를 통해서 정의되어야 한다. 그러므로 프랑스어 낱말 *bière*는 다른 프랑스어 낱말들 *vin*(포도주), *lait*(우유), *boisson*(음료수)과 비교되거나, 예를 들어 프랑스어 *bière*가 *boisson*과 맺는 관계와 마찬가지로 영어 *beer*(맥주)도 *drink*(음료수) 혹은 *beverage*(음료수)와 동일한 관계를 맺는지를 자문하기 위하여 영어 낱말 *beer*와 비교될 수 있다. 내가 영어와 프랑스어를 두 가지의 가치 체계로 다루고자할 때, 나는 - 이 두 체계의 단위들이 맺는 관계에 따라 - 이들 두 체계는 본질적으로 다르다는 것과 내가 한쪽 언어의 한 단위를 다른 쪽 언어의 한 단위로 교체할 수 있는 것은 오로지 예외적인 경우일 뿐이라는 것을 확인하게 된다. 이쪽이나 저쪽 언어에 항상 잉여분이 있게 마련이다.

언어 기호는 가치를 부여받은 단위와 일치한다는 측면에서 무엇보다도 대립적이다. 언어 기호는 그것이 속한 체계의 틀 내에서 정의된다.

의미와 기의

화폐 제도와의 비교와 이 비교가 전제로 하는 은유적 용법들을 통해서 볼 때, 만약 언어 기호가 언어 체계의 틀 내에서 하나의 가치로서 기능한다면 이 언어 기호는 비언어적인 것과는 화폐 가치가 갖는 관계와 전혀 유사하지 않은 관계를 유지한다는 것이 드러난다. 은유들은 상징적인 성질 때문에(상징이라는 낱말의 소 쉬르적 의미) 위험한 도구이며, 그것들이 나타낸다고 여겨지는 것과 전혀 일치하지 않는다. 그러므로 적절한 시점에서 은유를 단념해야 하고, 확인할 수 없었던 것을 확인하는 데 있어서 은유 에 의해 지배되고 끌려가지는 말아야 한다. 그래서 우리는 앞으 로 이 문제를 더 깊이 파고들지 않을 것이다.

그러므로 기호의 또 다른 양상(樣相)은 비언어적인 것과의 관 계를 설정하는 것이다. 만약 발음의 어떤 부분이 분명하지 않은 어떤 것을 나타낸다면, 이 어떤 것은 무엇으로 구성되어 있을까? 내가 《나는 사인펜으로 쓴다 *J'écris avec un stylo-feutre*》[62]라고 말한다는 것은, 나는 정해진 상황에 위치하고 있다는 것이다. 나 는 *écris*(쓴다)를 이용해서 어떤 행위를 지시하고, *stylo-feutre*(사 인펜)를 이용해서 내 손안에서 글씨라고 불리는 것을 종이 위에 쓰기 위해서 내가 조작하는 어떤 대상을 지시한다. *stylo-feutre*(사 인펜)라고 말할 때 나는 어떤 특별한 사물을 가리킨다. 그러나 동 시에 나는 이 용어로 내가 사용하는 물건이 어떤 부류에 속한다 는 것을, 엄밀히 말해서 내가 사인펜이라고 부를 수 있는 사물들 의 부류를 나타낸다. 나의 탁자 위에 여러 개의 그러한 물건이 있 다. 나는 이것들을 연필류, 볼펜류와 같은 다른 부류와 구별할 수 있다. 나는 또한 그것들을 서로 서로 차별화할 수 있다. 예컨대 나는 빨간색 사인펜, 파란색 사인펜, 초록색 사인펜, 다 쓴 검은 색 사인펜, 새 검은색 사인펜을 가지고 있다. 나는 동일한 방법으 로 내 연필들과 볼펜들을 차별화할 수 있다. 그래서 *rouge*(빨간색)는 나에게 있어서 사물들을 분류하는 또 다른 기준이다. 만약 누군가가 내게 《빨간 것 좀 빌려 줘 Prête-moi le rouge》라고 부탁한다면, 개략적인 상황으로 인해 나는 세 개의 빨간 물건 중에서 하나를 주는 식의 《응답》은 하지 못할 것이다. 왜냐하면 개략적인 상황 하에서 빨간 것은 모호하기 때문이다. 나는 언어 행위를 통해서 《사인펜 혹은 볼펜?》이라고 물으면서 그러한 모호성을 제거할 것을 요구할 수 있다. 이에 대해 나는 《연필》이라는 대답을 받는다. 그러므로 비언어적, 비기호학적 대답이 돌아온 것이다. 그러나 이 대답은 요행히도 내가 이해했다는 것을 보여주기 때문에 기호학적 가치를 띠는 것처럼 보일 수 있다. 즉 나는 나의 대화 상대자에게 빨간색 연필을 준다.

말이 났으니 다음 사항에 주목해보자. 만약 내가 연필, 사인펜, 볼펜과 같은 물건들을 각각 재편성할 수 있다고 하더라도, 프랑스어에는 《쓰거나 그리는 데 사용되는 물건》이라는 개념을 표현하기 위하여 그것들을 모두 함께 다시 통합하게 해주고, 특히 흑연이 들어있는 연필은 물론이고 잉크를 사용하는 《펜》에도 적용될 수 있는 명칭이 없다. 이러한 사실은 《부류들》은 아마도 우리가 사물들에서 인식할 수 있는 특징들을 통해서 뿐만 아니라 - 무엇보다도 - 사용된 언어가 이러한 특징들을 나타내거나 혹은 나타내지 않도록 우리에게 제공하는 가능성을 통해서도 우리에게 제시된다는 것을 보여준다. 우리가 방금 제시한 예들이 구체적인 사물들만 이렇게 분류된다고 믿게 해서는 안 된다. *dessine*(그린다) 대신에 *écris*(쓴다)라고 말하면서, *tu*(너) 대신에 *je*(나)라고 말하면서, 나는 매번 정해진 활동의 유형이나 발화주체와 청자(잠재적이건 현존적이건) 사이의 정해진 관계의 유형에 호소한다.

우리가 여기에서 분명히 하려고 하는 것은 의미(sens)와 기의
(signifié) 사이에는 본질적인 차이가 있다는 것이다.

의미는 신호가 의미 행위 내에서 설정하는 사회적 관계(프리
에토의 말로는 《구체적인》 관계)이다. 이 사회적 관계는 한편으
로는 발신자, 수신자 그리고 환경(모든 비언어적 요소)이 작용하
게 하고, 다른 한편으로는 언술에 나타난 언어단위들이 상호간에
유지하는 관계가 작용하게 한다. 왜냐하면 이 언어단위들은 현존
적일 뿐만 아니라 그 각각의 단위는 특히 언술에서는 부재하는
체계의 다른 단위들과 대립하기 때문이다.

최소 기호의 추상적 개념인 **기의(signifié)**는 이러한 기호의 잠
재적인 의미 작용의 부류이다. 그러한 잠재적인 의미 작용의 하
나는 기호가 나타나는 문맥이나 기호가 전개되는 상황의 도움으
로 바로 발화 행위 내에서 현동화된다.

의미체와 의미 작용

기의는 결국 언어의 다른 기의들과의 대립을 통해서 하나의
가치로서, 그리고 잠재적인 의미 작용들의 한 부류로서 정의할
수 있는 것처럼 보인다. 우리가 사전에서 찾아볼 수 있는 것은 이
러한 잠재적 의미 작용들이다.

프리에토에게 있어서, 기본적인 기호학적 실체는 **의미체(意味
體, sème)***이다. 이것은 기호로 분절될 수도 있고 그렇지 않을
수도 있다. 의미체의 기의와 기표의 정의는 의미 행위(acte
sémique)에서 관찰되는 전언들[63]과 신호들에서 출발한다. 한 신
호(signal)의 《기의》는 《이 신호에 의해 허용된 전언들이 구성하

는 부류》로 구성된다. 《다른 한편으로 기표는 **모두가 동일한 기의를 가지고 있는 신호들의 부류**로서 정의될 수 있다.》[64] 다시 말해서 의미 행위의 차원에서의 전언과 신호 사이의 관계는 체계의 차원에서의 기의(전언들의 부류)와 기표(신호들의 부류) 사이의 관계와 동일하게 설정될 수 있다.

의미체의 의미 작용은 상황과의 관계 하에서 의미 행위에 그 의미를 부여하게끔 하는 것이다. 그래서 소쉬르와 그의 『강의 Cours』에 대한 주석자들에게 있어서와 마찬가지로 프리에토에게 있어서도 의미 작용은 의미 행위의 차원, 곧 구체적인 특별한 지시관계의 차원에 자리하고 있는 것처럼 보인다. 《의미 작용은 파롤, 즉 실행의 차원에서 한 기호의 기의가 실현되는 것이다.》[65] 이러한 사실은 기호가 그 자체로서는 의미 작용도 의미도 갖지 않는다는 것을 말한다.

기의를 전언들의 부류로서 정의한다는 것은 몇 가지 주의를 요할 수 있다. 이 부류라는 것은 비슷한 것을 모은 집합체가 아니다. 우리가 전언들을 동일한 부류의 구성요소들로 고려하는 것은 그것들의 유사성에 바탕을 둔 것이 아니라, 그것들이 공통된 특징들이나 혹은 그것들만의 자질들을 갖기 때문이다. 그리고 이것은 기표들에도 똑같이 해당된다. 《의미체들의 구성요소인 전언들 혹은 신호들을 고려하면서 그것들의 기의와 기표를 다루는 대신

---

* [역주] sème는 보통 최소의 유의미 단위인 의미소(sémème)를 구성하는 의미 자질들(traits sémantiques)을 가리키는 용어로서 어의소(語意素) 혹은 의소(意素)라 불린다. 예컨대, '노총각'과 '노처녀'라는 의미소는 <±adult>, <±married>, <±male>등과 같은 의소의 유무에 의하여 정의될 수 있다. 그러나 본서(本書)에서 말하는 의미체(sème)는 뷔이상스와 프리에토가 사용한 용어로서 모든 의미 체계에 있어서의 기본적인 기호학적 실체를 가리킨다.

에, 의미체들을 구성하는 자질들을 고려하면서 그것들의 기의와 기표를 다룰 가능성은 부류 전체에 대해 나타날 가능성이 있는 특별한 경우뿐이다. 이를테면 부류(classe)의 구성요소인 사물이나, 이러한 모든 사물이 나타내는 특징들을 고려하면서, 그리고 또한 이들 사물이 담화의 세계에서 모든 특징들을 나타내는 유일한 것들이라는 것을 고려하면서 우리는 어떠한 부류도 다룰 수 있다. 첫 번째의 경우에서는 "외연(extension)"을 고려하면서 문제의 부류를 다룰 수 있다. 두 번째의 경우에서는 "내포(compréhension)"를 고려하면서 문제의 부류를 다룰 수 있다. 기의 혹은 기표를 구성하는 자질은 문제의 기의나 기표가 만드는 전언류(classe des messages) 혹은 신호류(classe des signaux)의 내포를 이루는 특징들이다.》[66]

지시대상

우리가 방금 다룬 문제들은 『의미의 의미 *The Meaning of Meaning*』[67]에서 오그든(Ogden)과 리차즈(Richards)에 의해 완전히 다른 관점에서 검토되었다. 저자들은 소쉬르의 견해들을 《비과학적》이라고 규정하며 멸시하듯 멀리했다. 이들 해석의 전문가들은 소쉬르의 용어들을 그것들이 나타나는 《맥락 contexte》[68]의 틀 내에서 《해석》하지 않고 있다. 즉 언어(langue)는 그들에게 《환상적인》 구조로 나타난다. 그들은 정신적 실체에 의존하여 언어를 설명하는 것에 화가 났다. 그들은 기호를 두 면으로 이루어진 실체로서 정의함에 따라 기호 그 자체 내에 해석 과정을 포함시킨 것을 비난한다. 그들은 《상징》이라는 용어의 거부는 《순진성의 전형》이라고 보고 있다.

그들의 주의를 끄는 것은 세 가지, 즉 **사고(Pensées)**, **낱말(Mots)**, **사물(Choses)**이다. 더 엄밀히 말해서 상징주의(Symbolisme) 혹은 《언어와 모든 종류의 상징들이 인간사에서 행하는 역할의 연구, 특히 사고에 대한 이것들의 영향에 대한 연구》[60]이다. 그들은 무엇인가를 말하고 이해할 때 이들 세 가지 요인들 사이에 설정되는 관계를 삼각도식을 이용해서 나타내고 있다.

사고 혹은 지시관계(THOUGHT OR REFERENCE)

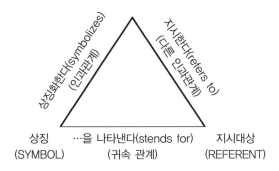

상징(단어, 단어의 배열, 이미지, 몸짓 그리고 모방적인 그림이나 소리와 같은 모든 표현들)은 사고(Pensée) 혹은 지시관계(Référence)를 《지배하고, 조직하고, 기록하고, 전달한다.》 그러나 《우리는 사실상 풀을 자르는 것은 잔디 깎는 기계라는 것을 알면서도 정원사가 잔디를 깎는다고 말하는 것과 마찬가지로, 비록 상징들이 사고와 직접적인 관계가 있다는 것을 알지만, 우리는 또한 상징들이 사건들을 기록하고 사실들을 전달한다고 말한다.》 이들 사실과 사건은 지시대상(Référent)을 구성한다.

삼각도식의 밑변은 양 측면과는 다르다. 왜냐하면 《우리가 사

용하는 상징은 우리가 만드는 "지시관계"와 사회적, 심리적 요인
들에 의해서 동기가 부여되기 때문이다.》

상징은 그 성격상 지시대상을 대신한다. 우리가 말해진 것을
들을 때, 상징들은 우리가 지시관계의 행위를 수행하게 하며, 동
시에 어떤 태도를 받아들이게 한다. 그러한 지시관계의 행위와
태도는 상황에 따라 어느 정도 화자의 행위 및 태도와 비슷할 수
있다. 사고와 지시대상 사이에도 또한 어느 정도 직접적인 관계
가 있다. 왜냐하면 **기호-상황**(signes-situations)의 긴 연쇄는 행위
와 그 지시대상 사이에 개입할 수 있기 때문이다.

상징과 지시대상 사이에는 간접적인 관계만이 있다. 《개》라는
낱말은 사람들이 동물을 지시할 때 사용한다는 사실 이외에 《거
리에 흔한 어떤 대상들》과는 별다른 관계가 없다.

무엇보다도 낱말의 힘- 대개의 경우 속이는 -을 의식하는 오그
덴과 리차즈는 기호(이 용어의 가장 광범위한 일상적 의미에서)
혹은 상징의 해석에 몰두한다. 이를 위해서 그들은 성찰(기호의
해석에 가담한 사람은 일어나는 일을 관찰하기에는 적절한 위치
에 있지 않다)과 이미지에 의존하는 것을 단호히 거절한다. 왜냐
하면 그러한 감각적인 경험의 복제 혹은 복사는 환상과 오류의
근원일 뿐만 아니라, 무엇보다도 이것들이 언젠가 어떤 사람들에
게 나타날 지에 대해서는 모두가 의심스러워할 수 있기 때문이다.

해석(interprétation)이라는 것은 한 대상에 대해 주체가 자신
이 느끼는 것에 반응하는 것이 아니라, 주체가 그 대상을 다른 대
상을 가리키는 것으로서 이해한다는 것을 알아야 한다. 해석에서
중요한 역할은, 주체의 과거에서 기호의 노릇을 하는 대상에 결
부될 수 있었던 이전 경험의 총체로서 정의되는 《맥락》이 맡는

다. 《해석에 있어서 특별한 것은 어떤 맥락이 과거에 우리에게 영향을 미쳤을 때, 이 맥락의 단순한 일부분의 반복만으로도 우리는 과거에 우리가 했던 것과 같이 반응하게 된다는 것이다. 기호는 항상 최초 자극의 어떤 부분과 유사한 자극이기 때문에, 이러한 자극에 의해 형성된 엔그램(engramme)*을 환기시키기에 충분하다.》 지시대상은 이행된 연속적인 정신적 과정의 끝에 있는 것이다.

지시대상, 즉 의사소통 과정의 밖에 있는 것처럼 보이는 어떤 대상에 대한 정의는 추상적인 개념의 경우에서처럼 그 지시대상이 더 이상 지각 가능한 세계의 소여(所與, donnée)가 아닐 때는 반드시 문제가 제기된다. 사실 추상적인 개념의 《실체》는 거짓말이나 오류의 경우에서처럼 증명되지 않는다. 이렇게 볼 때, 지시대상의 문제는 결국 참 혹은 거짓의 문제가 된다.

따라서 이들 저자들이 말하는 상징(Symbole)이 별로 근사(近似)하지 않은 소쉬르의 기표와 동일시될 수 있다하더라도, 지시관계를 의미 작용과 동일시하기는 어려울 뿐만 아니라, 지시대상을 기의와 동일시하는 것은 불가능하다. 지시관계의 삼각도식으로 인해, 우리는 의미 행위(acte sémique)와 우리를 기호 체계의 연구로 이끌어야 할 것이나 심리학과 논리학에 집중함에 따라 의사소통의 기호학에는 별로 공헌하지 않는 연구 사이에서 난처한 입장에 빠져있다.

오그덴과 리차즈의 도식과 용어는 단순화되어 낱말의 기표를 《이름 nom》라 부르고, 그것의 기의를 《의미 sens》라고 부를 것

---

* [역주] '엔그램(engram)' 이란 과거의 개인적 경험이 머릿속에 남겨 놓은 기억의 흔적을 말한다.

을 제안한 스테판 울만(Stephen Ullmann)에 의해 『의미론의 원리 *The Principles of Semantics*』[70]에서 수정되었다. 이러한 용어들을 채택한 울만의 삼각도식[71]은 다음과 같다.

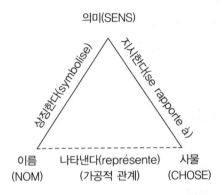

《이러한 이해를 통해서 낱말의 의미 작용과 의미는 구별된다. 의미 작용은 이름과 의미를 결합하는 상호적 연상관계이다.》 지시 대상이란 따라서 단순히 사물일 뿐이다. 이 과정에서 우리가 만나는 유일한 이점(利點)은, 우리는 여기서 《나는 사인펜으로 쓴다 J'écris avec un *stylo-feutre*》라고 말할 때 내가 손에 쥐고 있는 특별한 사물- 따라서 사인펜(*stylo-feutre*)이라는 지시대상 -을 가리키기 위한 석합한 용어를 얻는다는 것이다.

이러한 삼각도식이 보여주기를 원하는 것은 이름과 사물이 《마술적인 관계》[72]에 의해 결합되어있지 않다는 것과, 삼각도식의 밑변을 통해서 한쪽에서 다른 쪽으로 직접 갈 수 없고(이러한 이유 때문에 점선으로 표시됨), 우리로 하여금 도식의 양 측면의 완전한 경로를 이용하게 하는 정신적 과정이 있은 후 간접적으로 갈 수 있다는 것이다.

반면, 이 도식의 부적절한 점은 발화 행위(acte de parole)와는 별개로 존재하는 언어적 현실 및 비언어적 현실과 동일한 차원에서 발화 행위 시에 일어나는 심리적 유형의 과정들을 설정한다는 데 있다. 사인펜(*stylo-feutre*)이라는 낱말- 이것의 기의는 한 부류의 사물이다 -을 하나의 유일한 지시대상에만 적용할 수 없다. 따라서 기호가 사용되는 모든 발화 행위에서 기표와 기의의 일치는 물론이고, 특별한 행위에서 기표의 지시적인 가치를 나타내는 시각화를 생각해내야 할 것이다.

의미 행위에 나타나는 지시대상- 이 지시대상이 문제나 사용된 기호학적 체계 밖에 있기 때문에 -은, 그것들 자체에서 고려된 체계의 분석에, 즉 그것들의 내적 실재에 개입할 이유가 없다. 주어진 상황 내에서 취해야 할 행동 변화에 따라 기호의 해석에 신경을 쓰면서, 《이것이 무슨 뜻인가?》라는 질문에 대한 응답을 찾을 때 지시대상은 자신의 권리를 되찾는다.

기표

먼저 기의와 상응하는 기표를 확인하지 않고는 기의에 대해서 말할 수 없을 것이다. 기표와 기의는 상호 의존적으로 존재할 뿐이다. 왜냐하면 이 둘은 함께 기호를 구성하기 때문이다. 소쉬르(Saussure)는 그러한 사실을 끊임없이 반복해서 말하고 있다. 즉 《의미적 요소로 절단된 음성적 질료와 무관한 언어 사실은 존재하지 않는다.》 그리고 우리는 이미 소쉬르에게 있어서 언어에 의한 절단에는 항상 소리의 존재가 내포되어 있다는 것을 보았다. 소쉬르가 놓치지 않고, **기표의 선조성(caractère linéaire du signifiant)**

이라는 그의 두 번째 원리를 이끌어낸 것은 바로 소리의 청각적, 음성학적 양상- 따라서 이것은 수신자 혹은 관찰자가 지각하는 것이다 -에서이다. 《청각적 성격의 기표는 단지 시간 속에서만 전 개되며 또한 시간의 속성에서 비롯되는 특성을 지니게 된다. 따 라서 기표는 a) 시간의 길이를 나타내고, b) 이 길이는 단일 차원에서 측정 가능한 선을 말한다.》

자의성의 원리와 마찬가지로 이 원리도 다소 솔직하게 사실에 대한 이해를 바탕으로 폭넓게 토론되었고 비판도 받았다.[73] 우리 는 경로(canal)에 대해 말할 때 이미 이 문제를 어느 정도 다루었 다. 비언어적 기호의 체계는 여러 차원에 걸쳐 동시에 순서가 부 여되는 기표들을 사용할 수 있다. 사건의 회화적, 도상적 표현에 서 우리는 상당한 양의 다양한 정보를 동시에 제공받는다. 손에 붓을 쥔 화가가 화폭에 정보들을 나타나게 한 순서를 고려할 필 요 없이 혹은 그 순서가 대단한 의미를 지니는 것 없이 우리는 그 정보들을 전체로서 받아들인다. 발화 행위에서 언어 기호들은 현실 혹은 경험 속에서의 지시대상들의 관계를 조금도 재생산하 지 않는 똑같은 연속성에 따라 차례로 제공되고 인식된다. 그러 나 《인식된 것》이 반드시 이해된 것은 아니므로, 언어 기표의 선 조성에 대한 반론이 제기될 수는 없을 것이다. 그 이유는 한 문장 을 이해하기 위해서는 그 문장 전체를 다 들어야하고, 이를 위해 서 서로 서로 직접적인 접촉 상태에 있지 않는 발화 연쇄의 분절 체들이 상당히 자주 관계를 맺도록 해야 할 것이다. 기호의 구조 는 기호를 이해하는 방식과는 다르다. 그런데 우리가 언술 (énoncés)이라고 불리는 더 확장된 이들 기호들 중의 하나를 구 성하는 최소 기호를 고려할 경우[74], 여기서 어떤 의미를 끌어내기 위해서는 이들 기호를 모두 함께 제시하거나 혹은 더 나아가 무작위의 순서로 제시하는 것만으로는 충분하지 않다는 것을 우리는 곧장 알아차리게 된다. *Bat, Paul, Pierre*(때려, 폴, 피에르)라는 언술이 주어질 때, 폴을 때리는 것이 피에르인지, 아니면 피에르를 때리는 것이 폴인지를 알아보는 것이 중요하지 않다는 것이 아니다. 기표들의 선조성은 기호들이 유지하는 관계를 표시하도록 하는 방법을 찾을 필요성을 제기한다. 그 결과 청자는 지시대상들 사이의 관계를 재정립할 수 있고, 화자가 청자에게 알리고자하는 사건이나 경험을 재구성할 수 있다.[75] 그러나 기호들 사이의 관계가 지시대상들 사이의 관계를 완벽하게 모방하지는 못한다. 여기에서도 언어의 자의성이 결정적으로 작용한다. 그 방법은 언어에 따라 다르다. 사용되는 방법들 중에서 기호들의 상대적인 어순이 중요한 역할을 한다. 즉 *Pierre bat Paul*은 그 순서 때문에 *Paul bat Pierre*와 다른 기호이다. 따라서 어순은, 최소기호가 갖는 의미의 잠재성들 가운데 언술의 맥락이나 구조가 선호하지 않는 것들을 제거하면서, 《상황이 가장 선호하는》[76] 의미를 신호에 부여하는 것을 선택하는데 기여하는 가장 중요한 요인들 중의 하나이다. 언어들에서 통사적인 문제를 제기하는 것은 바로 기표의 선조성이다. 비언어적 체계에서 기표를 구성하는 요소들의 관계 설정이 비기호학적 현실의 도상(圖像)이 아니라, 체계에 고유한 규칙들에 의해 규정될 때 통사론에 대해 말하는 것이 당연시될 수 있을 것이다. 선조성은 의심할 여지없이 하나의 제약이다. 그러나 선조성이 계층적 구조를 세워야한다 할지라도, 선조성은 또한 그 계층적 구조들이 분명해지도록 하는 가장 단순하고도 명확한 수단들을 제공하고 있다.

최소 기호

소쉬르는 언어들의 구조가 기표의 청각적 성격을 가지고 있다는 것을 인정했다할지라도, 그는 항상 언어에서의 음성적 실체를 받아들이지 않았다. 소쉬르의 언어학은 무엇보다도 기호의 언어학으로 나타난다. 게다가 기호는 전혀 그 한계성을 느끼지 않지 않았던가! 문장이 오직 파롤(parole)에서만 지위를 갖는 것과 같이(그러나 《규칙적인 모형들은 ⋯ 언어(곧 랑그 langue)에서 자신들의 지지기반을 가지고 있다 ⋯》)[77], 마찬가지로 실제로 발음되고 들려지는 소리는 언어(곧 랑그)에서 제외된다. 왜냐하면 그것은 파롤이기 때문이다. 소쉬르가 자신이 사용하는 은유의 포로가 아닌지, 그가 기호의 두 면이 종이의 양면과 같다는 사실에 눈이 멀어 이 두 면이 얼마나 다른지를 모르고 있은 것은 아닌지를 모두들 자문할 수 있다. 기호에 집착해서, 그는 기의 없는 발음에 해당할 단면의 단위들을 그에게 제시해줄 수 있을 분석을 거절한다. 따라서 감히 이러한 분석- 이 분석은 『강의 *Cours*』에 의해 직접적으로 영향 받는 것은 없으나 매우 비슷한 원리에서 출발하고 있다 -을 하기 위해서는, 그리고 음소(phonème)의 정의와 음소적, 음운론적 체계- 따라서 이 체계는 당연히 언어학의 영역에 속한다 -에 대한 설명이 주어지기 위해서는, 프라그 학파 음운론의 발전을 기다려야 했다. 실체로서 다시 만들어진 것이 음성적 실체라는 말인가?

여기서 우리는 용어상의 문제를 언급해야 한다. 언어 기표의 음성적 성격에 관한 문제를 다루는 분야들은 소쉬르 시대의 것과는 상당히 다르다. 오늘날 물리학, 심리학, 신경학 등의 관점에서 실체로서 음성의 실체를 연구하는 것은 조음 음성학, 청각 음성학, 음향 음성학이다. 음운론은 언어들이 이러한 실체를 어떻게 활용하는가를 연구한다. 통시 음운론은 역사 음성학을 이어받았다. 그러나 관점과 사용된 방법들의 근본적인 차이 때문에 전자는 후자와 동일시될 수는 없다. 따라서 이 문제들을 다룬 소쉬르의 텍스트들은 가능한 한 현대적 용어로 재해석되어야 한다.

언어 분석의 관점에서, 그리고 아마 더욱 더 기호학의 관점에서 우리가 관심을 가질 쪽은 음운론이다. 왜냐하면 완전한 언어 단위인 현대적 음소가 나타나게 된 것은 바로 이 음운론 덕택이기 때문이다.

우리가 음성의 실체를 관찰할 경우- 각각 모두가 자신의 고유한 발성기관을 사용하고, 또 자신의 목소리를 경청하면서, 혹은 보다 객관적인 관찰을 위해서 자신이 말한 것이나 타인이 말한 것의 녹음을 들으면서 할 수 있는 것-, 이 음성의 실체는 어마어마한 풍부함과 무한한 다양성을 띠고서 하나의 연속체로 나타난다. 《무정형의 질료》인 이 연속체 내에서 소쉬르가 말하는 **분절체들(articuli)**의 《기표》면이 절단된다. 그런데 언어의 기표 연구를 통해서, 이러한 질료 속에 있는 단위들의 고유한 절단과 특별한 체계에서 이러한 단위들의 고유한 구성이 각 언어에 부합한다는 것이 드러난다. 그 결과 각 **분절체(articulus)**는 여러 개의 이러한 단위들로 순서대로 분절된 것처럼 보인다. 그래서 각 언어에서 숫자가 한정되어 있는 이들 단위, 곧 **음소들(phonèmes)**은 단위들이지 기호들이 아니다. 따라서 이들 단면 단위들은 기표적 단위들이 아니고 변별적 단위들이다. 차별적 그리고 관계적 용어로 서로 관련되어 정의되는 것은 **가치들(valeurs)**이다. 체계 내에서 서로 대립되고, 발화연쇄에서 서로 대조되는 것은 **이산(離散)적 단위들(unités discrètes)***이다. 개념들과 마찬가지로 음소들은 언어 이전에 존재하지 않는다. 단위로서 음소는 물리적 세계의 소여(所與)가 아니다. 음운론적 체계는 언어적 자의성의 또 다른 면을 구성한다. 따라서 각 언어의 음성적 실체에서 취해진 것은 자의적이다. 비록 이 경우 음소의 발음적, 그리고 청각적 성질로 인한 제한과 제약이 있지만, 기표들 내에서 음소들의 배열 또한 자의적이다. 프라그 학파의 음운론에서 출발하여 기능주의 언어학의 연구 원리와 방법이 구상된 것은 이러한 문제들에 대한 심화된 연구를 통해서이다. 기능주의 언어학의 기본은 앙드레 마르티네(André Martinet)에 의해 주장된 **이중분절이론(théorie de la double articulation)**[78]이다.** 이 이론은 기능주의 언어학의 중심을 이룬다. 기능주의 언어학의 가르침은 의사 전달의 기호학에서 가장 풍성하다. 특히 그것은 조르주 무냉(Georges Mounin)과 루

---

* [역주] '이산적 단위'란 음운론적 단위인 음소가 불연속적 단위라는 것을 말한다. 예컨대 낱말 *pierre*/pier/(돌)와 *bière*/bier/(맥주)의 의미가 구별되는 것은 '무성음' 음소 /p/와 '유성음' 음소 /b/의 다름에 의해서이다. 그런데 음소 /p/에서 음소 /b/로의 이행은 성대의 진동을 점진적으로 늘림으로써 가능하다. 따라서 이 경우에 목소리의 상승에서와 같은 성대 진동의 지속성이 있다. 그러나 성대 진동의 정도가 0-49%인 경우에는 /p/음으로 인식된다면, 그 정도가 51-100%인 경우는 /b/음으로 인식된다고 할 것이다. 성대 진동의 정도가 중간인 50%의 경우에는 /p/음과 /b/음이 중화되어 음소로서의 역할을 하지 못한다고 할 것이다. 이렇듯, 음소가 이산적 단위라는 것은 음이 음성학적 차원에서 실제로 발성되는 그대로의 음향적 단위가 아니라, 의미의 분화를 가능하게 하는 추상적인 변별적인 단위라는 것을 말한다.

** [역주] 이중분절(double articulation)이란 언어 기호가 다른 기호들과는 달리 두 번에 걸쳐 분절되는 특징을 갖는 것을 말한다. 즉 1차 분절은 기의와 기표를 가진 유의미 단위들(예: 형태소, 낱말, 구, 문장 등)로의 분절을 말하고, 2차 분절은 1차 분절에서의 최소 유의미 단위인 형태소가 음성적 차원의 무의미 단위인 음소들로 다시 분절되는 것을 말한다.

이 프리에토(Luis Prieto)의 연구를 고취시켰다.

자의성 : 기호학적 이상

기능주의 언어학의 덕택에 기표의 차원에서 더 엄격하게 재정의된 소쉬르의 기호는 비언어적 현실에 대하여 완전히 자의적(arbitraire)이고 무연적(immotivé)인 것으로 나타난다. 요컨대 기의의 자의적인 절단이 있고, 음성적 실체의 자의적인 절단이 있다. 이것이 바로 이러 이러한 기의와 이러 이러한 기표 사이의 자의적인 관계이다. 이와 반대로 언어기호가 자신이 속하는 체계의 틀 내에서 고려될 때는 그것의 두 면이 상이한 실체 내에서 절단되므로, 언어기호는 동시에 그 기의를 통해서는 언어의 다른 기의들과 연대되게 되고, 그 기표를 통해서는 다른 기표들과 연대되게 된다. 그것은 다음 도식과 같다.

$$SÉ \rightarrow \leftarrow SÉ \rightarrow \leftarrow SÉ$$
$$SA \rightarrow \leftarrow SA \rightarrow \leftarrow SA$$

이때 《기표의 형태는 기의의 가치와는 무관하다.》[79] 그러나 기표의 경우, 기의와 일치될 필요성 때문에 각 기호에서 기의들의 영역과 기표들의 영역이 안정적으로 절단되는 것이 보장된다.

소쉬르의 기호(signe)와 지표(indice), 도상(icone) 그리고 상징(symbole)을 비교하는 시도를 할 때, 이러한 비교의 정당성과 가능성 자체에 대해 자문하게 된다. 이것들은 기호와 비교 가능한가? 혹은 기표와만 비교 가능한가? 혹은 어쩌면 신호와도 비교

가능한가? 달리 표현하자면, 두 면의 실체에 관한 문제인가 혹은 의미를 나타내는 단 한 면의 실체에 관한 문제인가? 그것들의 경우 표명한 것과 표명된 것 사이의 관계를 기표와 기의(또는 지시 대상) 사이의 관계와 동일시할 수 있는가? 그것들을 최소 기호와 비교할 수 있는가 혹은 더 확장된 기호와 비교할 수 있는가? 이러한 실체들은 단위들이고 가치들인가? 이들 실체를 더 작은 단위들로 분석할 수 있는가? 그리고 이 경우 이들 단위는 어떻게 분절될까? 한 번만 분절되는가? 언어의 언술들처럼 이중분절이 되는가? 분석에 의해 주어지는 기본적인 단위들의 **기능(fonction)** 은 무엇인가?

어떤 기의에 대해 말한다는 것은 이것을 확실히 아는 것 없이 소쉬르의 담화 세계에 들어가는 것이다. 기의는 기표와 기호를 내포한다. 따라서 자의성을 내포한다. 지표, 도상 또는 상징에 기의를 부여하는 것은 그것들을 우리의 언어 세계에 통합하는 것이며, 그것들을 언어 기표의 대체물, 곧 기표들이지만 음소들의 단순한 연속체들보다 더 《호소력 있는》 대체물로 생각한다는 것이다. 왜냐하면 그것들이 자체적으로 기의의 본질적인 특성들을 포함하고 있기 때문이다. 그러면 지표, 도상 또는 상징이 생겨나는 것을 목격한 언어적 틀에다 이것들을 재위치시키지 않고도 우리가 이것들을 올바르게 해석할 수 있을까? 혹은 반대로 이것들에서 기의가 아닌 의미 작용을 추구함으로써, 언어들과 바벨(Babel)의 저주에도 아랑곳없이 언어의 틀을 깨뜨리고 의사소통을 할 방법을 이것들에서 모색해야 할까?

어쨌든 본 장에서 소개된 실체들을 비교해 보기 위하여, 우리는 다음과 같이 요약해서 말할 수 있다. 즉 아주 일반적으로 기호에 대해 말한다는 것은 실존하고 지각 가능한 A라는 어떤 것과 존재하지 않거나 혹은 지각할 수 없는 'B라는 어떤 것을 관련짓게 하는 것이다. 우리가 지표, 도상, 상징, 기호라는 네 개의 기본 개념을 분류하려고 하는 것은 기본적으로 A, B 혹은 관계 A/B의 자의적 혹은 비자의적 성격에 따른 것이다. 만약 어느 개념의 경우에 《A는 자의적인가?》라는 질문에 대답이 《그렇다》이면 우리는 +를 쓸 것이고, 대답이 《아니다》이면 −를 쓸 것이다. 우리는 또한 다음과 같은 질문에 대답하려고 노력할 것이다. 즉 《설령 그것이 잠깐일지라도 어떤 시점에서 잠깐만이라도 A와 B는 공존할 수 있는가?》, 《A와 B는 일치하는가?》, 《A와 B는 유사한가?》, 《A는 발신자 E 대신에 의사소통의 의도를 나타내는가?》 우리는 그렇다 혹은 아니다라고 대답할 수 있다고 생각하지 않는 곳에는 0을 쓸 것이다. 아래 도표에서 우리는 의미 행위의 틀 내에서 체계 속의 **기표(signifiant)** 및 **기의(signifié)**와 동일한 관계에 있는 **신호(signal)**와 **전언(message)**을 나타나게 하지는 않을 것이다.

	A는 자의적이다	B는 자의적이다	A/B는 자의적이다	A와 B는 공존한다	A와 B는 일치한다	A/B= 유사	A는 의사소통을 할 의사를 나타낸다
지표	−	−	−	+	−	−	−
도상	−	−	−	0	0	+	0
상징	0	−	0	−	−	−	+
기호	+	+	+	−	+	−	+

도표에의 몇몇 칸에 나타난 0을 간단히 언급해보도록 하자. 도상의 경우, 장(Jean) (B)와 그의 사진 (A)는 동시에 존재할 수도 존재하지 않을 수도 있지만, A와 B 사이에 분명 유사성이 있다는

것을 확인하도록 하는 것은 이러한 동시적 존재의 가능성이라는 것이 주목된다. 게다가 A와 B 사이의 일치에 대해서는 바로 말할 수 없을 것이다(유사한 두 개의 삼각형은 일치하지 않고 닮아있다). A는 대개의 경우 단 하나의 경로를 통해서 전달되므로, 여러 개의 경로를 통해서 지각될 수 있는 B에 비하여 불완전하다. 마지막으로 B의 신분을 확인하기 위해서 사진 A를 보내는 것과 같은, 어떤 경우에는 실제적인 의사소통의 의도는 무엇보다도 표현 기능이 드러날 때는 뒷전으로 밀려나는 것처럼 보인다.

위 도표가 나타내는 것은 한편으로는 지표와, 다른 한편으로는 도상, 상징 그리고 소쉬르의 기호 사이에 사실상 근본적인 대립이 존재한다는 것이다. 이것들 사이의 대립 정도는 자의성에 있다. 도상과 상징은 때로는 자의적이고자 한 것보다 더 자의적이고, 기호의 기표는 도상적, 상징적 혹은 자의적 유형을 띨 수 있다. 그래서 우리는 앞으로 지표와 단순히 《기호》라고 말하는 소쉬르의 기호를 대립적으로 다룰 것이다. 왜냐하면 《전적으로 자의적인 기호들이 다른 기호들보다 기호학적 방식의 이상을 더 잘 실현하기 때문이다.》[80]

우리는 여러 저자들이 말하는 개념을 바르트(Barthes)처럼[81] 도표의 형태로 대조해서 제시하지 않았다. 우리는 특히 관계 A/B가 심리학적으로 무엇으로 이루어져있는가를 알려고 관심을 보이지 않았다. 요컨대 관계 A/B는 표시(représentation)일까, 정신적인 이미지일까, 자극-반응일까? 이것은 실제로는 우리의 연구에 직접적으로 영향을 미치지 않는다. 기의의 자의성을 고려하지 않았던 사람들은 기호와 기표를 사실상 동일시한다. 그렇게 되면 기호는 모든 개념의 총체를 포함하고, 도상은 대체로 우리의 상징을 포함하고, 상징은 의미가 있건 없건 하나의 자의적인 단위이다. 이것이 소쉬르의 상징이 아니라는 것이 확실하다고 할지라도, 그렇다고 그것을 기표와 동일시할 수는 없다. 두 면으로 된 단위와 한 면으로 된 단위가 구별되지 않는다. 엄밀히 말해서 분절(articulation)은 없고, 더욱 더 작은 요소들로의 분할(segmentation)만이 있다.

소쉬르(Saussure)와 퍼어스(Peirce)에게 있어서 이들 문제를 다루는 방법이 너무나 달라서 그들의 각 용어들을 용어 대 용어로 상응시키는 것은 절대적으로 불가능하다. 모든 기호가 《더 완전하게 발달된》[82] 다른 기호로 나타날 수 있다는 것이 사실이라 할지라도, 한쪽의 각 용어를 다른 쪽의 용어들로 표현하기 위해서는 양쪽 모두에서 참으로 엄청난 발전이 필요할 것이다.

도표에 제시된 실체들 각각에 대해서, 부류, 부류의 구성요소, 유형, 유형의 개별적 발생, 체계의 단위나 가치로서의 실체, 의미 행위에서 사용된 문제의 단위 그리고 이들 관점들의 몇몇이 함께 고려됨에 따라 만약 우리가 다른 용어들을 사용해야한다면, 우리는 분명 외견상의 엄격함을 기대하게 할 수도 있었을 설명에서 명료성을 떨어뜨릴 용어의 팽창에 직면할 것이다.

전언을 넘어서

현실적으로 이미지의 침입에 대해 쉽게 이야기한다. 실상 침입이 있더라도 이미지만의 잘못은 아니다. 인간은 신호들, 이미지들, 상징들에 의해서 뿐만 아니라, 사물들, 자연 자체 그리고 다른 인간들에서 유래하는 지표들에 의해서도 끊임없이 공격을 받는다. 모든 현실은 다른 현실을 숨기거나 혹은 다른 현실을 드러낸다. 요컨대 숨긴다와 드러낸다는 여기에서 거의 동의어이다. 황혼을 경탄하는 사람들이 있고, 거기서 다음날 일기의 전조만을 보는 사람들이 있다. 이해하기 위해서 자기네들에게 하는 이야기를 듣는 사람들이 있고, 의미가 아니라 실현된 발화의 이유와 의미 너머의 의미를 추구하는 사람들이 있다.

그런데 하나의 똑같은 현실을 다른 사실들의 총체에 통합할 수도 있고, 이를 통해서 다른 의미 작용을 받아들일 수도 있다. 우리는 기침이라는 증상(symptôme)이 기호의 일부로 혹은 더 정확히 말해서 신호의 일부로 지위가 향상될 수 있다는 것을 이미 본바 있다. 이 신호에는 발신자 E와 수신자 R사이의 약정에 의해서 주어진 전언이 부여된다. 그러나 신호와 증상을 어떻게 구별할까? 느닷없이 진짜 기침이 나오기라도 하면 수신자가 이 기침을 주어진 신호로 잘못 해석할 위험도 있지 않은가! 반면에 가장(假裝, imitation)이 진짜로 받아드려질 경우, 동정심이 넘치는 제 3자가 이 신호를 증상으로 해석하면서 사탕과자로 된 기침약을 줄 것이다. 불의 지표인 연기는 정말이지 다양한 해석이 가능한 지표일 수밖에 없다. 높은 전망대에서 예기치 않은 순간에 어떤 장소에서 눈에 띤 연기는 숲의 화재를 알려준다. 곧 모든 소방장치들이 발진한다. 집들이나 공장들의 굴뚝에서 빠져나가는 연기는 인간 활동의 일상적인 흐름을 나타낸다. 시커멓고 너무 많은 양의 연기는 난방기계가 잘못 작동하고 있다는 경고이다. 《평원》의 정적 속에서의 연기는 인간의 존재를 알려준다. 즉 그 곁에 열기, 음식물 그리고 도움을 구하러갈 수 있는 친구로 예측되는 존재가 있음을 알려주거나, 도망치거나 공격해야 할 적의 존재를 알려준다. 실상 우리 모두는 '불의 지표인 연기', '인간 존재의 지표인 불' 그리고 '--의 지표인 인간 존재'에서와 같이 지표들의 연쇄에 직면하고 있다. 이러한 지표들의 연쇄에서 주의를 끄는 것은 상황적 측면에서 유일하게 흥미로운 첫 번째와 마지막 요소 뿐이다. 신호로 만들어진 연기는 교황 선거의 결과를 알려주고, 수부에게 암초의 존재를 신호로 알리고, 일정한 장소와 일정한 시간에 발신된 정해진 메시지를 전달한다.

　무덤의 비석에 새겨진 비문이 고고학자의 관심을 끄는 것은, 비문이 고인(故人)에 대해서 알게 해 주어서라기보다, 비문이 어떤 일정한 언어로 작성되었고, 어떤 언어적 간섭을 나타내는 몇몇 《오류》를 포함하고, 글자들은 어떤 유형이며 어떤 양식으로 새겨져 있고, 비석 자체가 어떤 크기와 어떤 재질로 되어있고 그리고 이 비석이 어떤 장소에 발견되었고, 어떤 방향으로 자리잡고 있는지 등을 알게 해 주기 때문이다. 따라서 비문의 해석이 언어 기호로서 존재하는 것이 아니라, 비문이 간접적으로 제공하고, 비문의 내용과는 전혀 상관이 없는 지표들의 해석으로 존재한다.

　심사숙고까지는 하지 않더라도, 인간은 현재의 사실을 앞선 자신의 경험과 대조하거나- 왜냐하면 모든 문화적 틀을 고려하지 않고, 이러이러한 표현은 지금으로서는 불분명한 어느 다른 사실을 드러내거나 예상하도록 하기 때문이다 -, 혹은 대상에서 기호의 의미적인 면- 이때 기호의 기의는 학습이나 예비 입문(入門)에 의해 그에게 알려져 있다 -을 알아봄으로써, 끊임없이 자신이 이해하는 모든 것을 해석한다.

　그들이 만나는 지표의 유형을 확인하고 해석하는 것은 각 과

학, 각 교과목, 각 직업 그리고 인간 활동의 각 영역에 속하는 일
이다. 기호들이 속하는 체계 내에서 이들 기호를 본래의 자리에
다시 놓으면서 그것들을 확인하고, 그것들을 올바르게 해석하는
유일한 수단인 기호학은 지표들 중에서 비기호들을 배제할 것이
고, 또한 동일한 현실을 여러 번 해석하는 방법들을 제시할 것이
다. 이것은 동일한 현실을 지표로서 일련의 유의미한 사실들의
총체에 통합시키거나, 기호로서 고유한 기호학적 체계에 통합시
켜도 된다는 것을 전제로 한 것이다.

4

기호의
체계

4. 기호의 체계

　하나의 대상 속에서 기호를 본다는 것은 우선 그것에 잠재적인 의미 작용들을 부여하는 것이다. 기호를 해석한다는 것은 어떻게 보면 이미 알고 있는 것을 근거로 그러한 의미 작용들 중의 하나를 중시하는 것이다. 이러한 지식은 세상과 사물에 대한 경험의 산물일 수 있다. 예를 들면 모든 문명과 동떨어져 살면서 눈 위의 흔적이나 하늘의 변화를 한치의 오차도 없이 판단해내는 전문 사냥꾼의 지식이 바로 그것이다. 이러한 지식은 또한 우리의 문화 공동체에 고유한 틀 내에서 학습이나 입문(入門)- 이것이 함축적이든 명시적이든 -에 의해 우리에게 주입될 수 있었다. 예컨대 우리는 검은 선이 사선으로 그어진 흰색 원형에서 교통 신호를 인식한다. 왜냐하면 우리가 운전면허를 취득하기 위해 그것을 배웠기 때문이다. 1973년까지 프랑스인들은 이 도로 표지판에서 속도제한 없이 달리는 것이 허용된다고 알고 있었다. 그러나 영국에 거주하는 사람들에게는 이 동일한 신호가 최대 시속 70마일을 허용한다. 왜냐하면 영국의 도로에서는 이 속도 이상으로 달리는 것이 허용되지 않기 때문이다. 이렇듯 올바른 해석은 신호가 다른 체계가 아니라 어떤 한 **체계(système)**에 통합되어 있다는 사실에 있다. 즉 영불 해협의 이쪽에 위치하는가 아니면 저쪽에 위치하는가하는 사실이 상황의 설명에 첨가되어야 한다.

우리는 기능주의 언어학의 분석 원리에 근거해서 기호들의 체계가 무엇일 수 있는지를 여기서 정의하도록 힘쓸 것이다.

언어와 약호

지금까지 우리는 《약호 code》라는 용어의 사용을 삼가해 왔다. 이것은 때를 가리지 않고 약호에 대해서 언급하는 최근의 저술에 습관화된 독자들을 놀라게 할 수도 있었으리라. 우리는 개인적으로 약호와 기호의 체계를 거의 동일시하고 싶지 않다. 우리는 특별히 언어에서 약호를 보는 것을 거부하고, 특히 언술에 의해 자신의 경험을 설명하는 화자와 이 언술을 이해하는 청자의 활동을 기술하기 위하여 약호화(encodage)와 약호해독(décodage)에 대해서 말하기를 거부한다. 왜냐하면 약호를 해독하는 것은 이해하는 것이 아니기 때문이다.

언어는 - 모든 절대 권위로 - 자신의 기호들, 곧 자신의 **기의들(signifiés)**을 정의하고 이것들의 범위를 한정한다.

약호는 **기존의 기의들**에 대해 언어의 기표들과는 다른 기표들을 제안한다.[83] 그 결과 약호는 언어가 발화를 통해 성립될 수 없을 상황에서 의사소통을 확실하게 할 수 있다.

언어활동과 기호 체계

앞에서 보았듯이 바르트(Barthes)에 따르면, 《기의(signifiés)가 언어활동 밖에 존재할 수 있다는 식으로, 이미지나 사물의 체계를 이해하는 것은 점점 더 어려워 보인다. 즉 어떤 실체가 무엇을 의미하는지를 '인지한다는 것은 필연적으로 언어의 절단에 의존하는 것이다. 따라서 명명된 의미만이 있을 뿐이고, 기의의 세계는 다름 아닌 언어활동의 세계이다.》[84] 우리는 무엇보다도 언어들과는 독립적인 《명확한 생각들에 상응하는 분명한 기호 체계들》[85]의 구상 가능성을 사실의 검토도 없이 배제하지 말아야 한다고 생각한다. 이것이 어렵다는 것은 의심의 여지가 없다. 그러나 이 것은 바로 발화(parole)에 의해서가 아니라 문자(écriture)라는 발화의 반영에 의해서 지배되는 문학과 비평의 세계에서 이루어지는 만큼 한층 더 어렵다. 이러한 사실은 공통어를 가지고 있지 않은 문맹의 노동자들 사이에서 의사소통이 어떻게 이루어지는가를 관찰할 때 이해하기가 확실히 더 쉽다. 이 같은 의사소통은 - 그것이 사고의 수준에 도달하지 못하리라는 점에서 - 《터무니없다》고 아마 우리들을 반박할 것이다. 그러나 이것이 언어활동 자체와 관계가 없는 것일까? 특히 오그든과 리차즈(Ogden et Richards)를 통해서 《낱말은 … 그 차체로서는 아무 의미도 없다》는 것과 《낱말이 무엇인가를 의미하거나 혹은 어떤 방식으로든 의미를 가진다는 것은 어떤 사고자(思考者, penseur)가 그것을 사용할 때뿐이라는 것》을 우리는 알고 있지 않은가? 언어적이든 비언어적이든 의사소통의 성공은 사고로서가 아니라, 언어적이거나 비언어적인 응답으로 확인되고, 평가된다. 또한 이러한 의사소통의 성공은 사고라는 표현을 보류하고 싶어하는 의식적인 정신과정의 개입을 반드시 전제로 한 것은 아니다. 우리는 단지 인간들이 이중분절은 물론이고 언어들의 특수한 음성적 특징을 반드시 내포하지는 않는 《기호 체계》를 세울 수 있는 능력이 있다는 것을 확인할 뿐이다. 여기에서 우리는 심리학자들에게 정의하고 연구하는 노력을 맡길 《상징적 기능》 혹은 《기호적 기능》[86]이라고 불리는 것의 산물을 검토하길 바랄 수 있다. 우리는 여기에서 어느 기능이 인간에게 고유한 것인지 혹은 아닌지를 알고자 하는 질문에 더 이상 의사를 표명하지 않을 것이다.

물론 언어 단위로 분절되지 않는 전언들을 이해하기란 대체로 쉬운 일이다. 요컨대 최상의 예술적 산물은 다른 세계들을 드러내기 위해서 언어와 관습의 세계를 깨뜨리고 폭발하게 하는 것을 목표로 삼고 있지 않은가? 사람들이 기호 체계에서 출발하는가를 알아보는 일만 남아있으리라. 어떤 언어가 전제하는 현실의 분석과는 별개로 기호들의 체계가 존재한다는 우리의 주장은, 우리가 본 연구에서처럼 이들 기호 체계를 설명하기를 원한다면 우리는 우리가 사용하는 언어, 이 경우 프랑스어가 우리에게 제안하는 기호로 그들 기호 체계를 어떻게 해서라도 변화시켜야한다는 사실에 영향을 받지 않는다. 이렇듯 우리는 때때로 비언어적인 것을 제안하면서 언어기호의 체계에서 벗어나려는 약간의 욕구에 사로잡혀 있다.

의미체와 체계

루이 프리에토(Luis Prieto)와 에릭 뷔이상스(Eric Buyssens)와

함께 우리가 기본적인 기호학적 실체를 가리키기 위해 **의미체** (sème)라는 용어를 취할 경우, 우리는 그들과 더불어 기호학적 체계는 의미체의 체계라고 말할 수 있다. 관례에 따라 우리는 일반적인 견지에서 이들 용어를 비언어적 체계들에 부여할 것이다.

체계는 사물의 단순한 수집이 아니다. 체계는 일정한 단위들의 존재를 함축하고 있으며, 이 단위들 사이에는 어떤 **기능** (fonctions)을 수행할 목적으로 일련의 관계들이 유지된다. 체계는 먼저 그 체계가 수행하는 기능이나 기능들에 의해서 정의되며, 다음으로 그 기능을 달성하기 위해서 사용된 방법들에 의해서 정의된다.

언어의 중심적 기능은 언어 공동체의 구성원들 사이에 원활한 의사소통을 돕는 데 있다. 여기에서 부수적인 기능들이 생겨날 수 있다. 의미체 체계의 중심 기능 또한 의사소통이지만, 제한이 따르는 의사소통이다. 즉 의미체의 체계는 특징적인 활동과 특별한 유형의 상황과 관계가 있는 몇몇 필요만을 다룰 뿐이다. 체계의 풍부성과 복잡성은 이 체계가 충족시켜야 하는 다양한 필요와 직접적인 관계가 있다. 언어들이 우리가 알고 있는 풍부성과 다양성을 나타내는 것은 이 언어들이 모든 필요를 감당할 수 있기 때문이다.

의미체(sème)가 기표와 기의를 서로 연관지우는 것과 마찬가지로, 의미체의 체계도 기의의 영역과 기표의 영역을 서로 연관지우고 있다. 의미 행위의 틀 내에서 전언과 신호는 체계에서의 기의(SÉ) 및 기표(SA)와 동일한 관계에 있다. 이것은 우리가 다음 도식에서 나타내는 바와 같다.

$$\frac{\text{SÉ}}{\text{SA}} = \frac{\text{champ de SÉ(기의의 영역)}}{\text{champ de SA(기표의 영역)}} = \frac{\text{message(전언)}}{\text{signal(신호)}}$$

(체계에서   (의미체 체계의 경우)   (기호 행위에서
의미체의 경우)   의미체의 경우)

프리에토는 기의의 영역을 지성적 영역(champ noétique)이라 부르고, 기표의 영역을 경계적 영역(champ sématique)이라 부른다.[87] 우리는 준 동음이의어(同音異議語)로서 sématique(경계적)와 sémantique(의미적)가 초래하는 혼동 때문에 이 용어를 채택하지 않을 것이다.

기의의 영역과 기표의 영역 사이에 일치가 지켜질 때, 의미체의 체계를 말할 수 있다. 가능한 한 가장 단순한 체계는 예컨대 장님의 흰 지팡이처럼 유일한 의미체를 가진 체계이다. 이를테면 손에 흰 지팡이를 쥐고 있는 사람은 《나의 주변에 있는 사람들에게 내가 장님이라는 정보》(이것이 참이든 거짓이든)가 담긴 신호를 보낸다. 그렇다고 흰 지팡이를 가지고 있지 않다는 사실이 《나는 장님이 아니다라는 정보》를 의미하는 것은 아니다. 단지 신호가 부재할 뿐이다.

출현과 유형(類型)[88]

분석 절차를 시작하기 바로 전에 일반적인 관점을 취할 것인지 혹은 특별한 관점을 취할 것인지를 알아보는 것이 좋을 것이다. 예를 들어 우리가 한정된 구간의 경계 표시를 하는 도로 표지판들을 세어서 분류하면, 빨간색 환상(環狀)속에 빨간 줄이 그어

진 파란 원으로 구성된 100개의 표지판, 빨간 줄이 오른쪽으로
그어진 커브길 표시가 있는 빨간색 환상의 흰 원으로 된 표지판
10개, 좁아진 도로를 표시하는 삼각형의 표지판 3개 그리고 일을
하고 있는 도로 인부의 모습이 있는 삼각형의 표지판 하나, 즉 모
두 합해서 114개의 표지판이 발견되지만, 오직 4가지 상이한 유
형(types)의 표지판이 있을 뿐이다. 《주차금지》 표지판이 100회,
《우회전 금지》 표지판이 10회, 《위험, 차선 감소》 표지판이 3회,
《위험, 공사중》 표지판이 1회 나타난다고 한다. 부득이 도로를 따
라 위치한 구체적인 사물들 각각을 가리키기 위해서 뿐만 아니라
부여될 수 있는 지시적 유형(type d'indication)을 위해서도 동일
한 낱말의 표지판이 사용되지 않을 수 없다. 도로 표지의 약호가
(모두) 93개의 표지판으로 구성되어 있다고 말하는 것은, 표지판-
유형(panneaux-types)에 대해 말하는 것이다. 10개의 우회전금
지 도로 표지판을 마주쳤다고 말하는 것은, 표지판-출현
(panneaux-occurrences)에 대해서 말하는 것이다. 일반적으로
문맥만으로도 유형이 문제인지 혹은 출현이 문제인지를 나타내
기에는 충분하지만, 연구에 있어서는 이들 개념을 구분하는 것이
유용하다.

유형(type)의 개념에 따라 지각의 차원에서 제법 상당한 차이
를 보일 수도 있는 대상들도 이것들이 동일한 유형을 표현한다는
이유로 똑같은 것으로 인식된다. 비록 하나는 금속으로 만들어져
있고 다른 하나는 콘크리트로 만들어져있다 하더라도, 파란색이
하나는 검은색에 가까운 반면 색이 바랜 다른 하나는 오히려 라
벤더색을 띨지라도, 두 표지판-출현은 동일한 유형을 나타낸다.

출현(occurrence)의 개념에 따라 유형들이 서로 서로 통계적

인 방법으로 비교될 수 있다. 요컨대 숫자로 표시된 비율에 따라서 어떤 유형은 흔하고, 어떤 유형은 드물다.

유형과 출현의 개념을 통해서 총체적 사실들이 특징지어진다. 그러므로 위에서 생각한 도로는 분명 도시의 도로이다. 만약 내가 《성 앙드레의 십자로》, 《제한속도 10km의 급커브》, 《위험한 내리막길》, 《야생동물 통행로》, 《낙석 위험》 표지판의 수를 세기로 선택했다면, 사람들은 숲 속의 산길을 생각할 수 있었으리라.

체계에 대한 설명은 이 체계가 포함하고 있는 유형들이 제시되고 난 다음에 이루어졌다고 평가될 것이다. 사실 출현의 빈도를 통계학적으로 연구한 것 없이는 유형과 유형들의 계층구조 사이의 관계가 정확하게 파악되었다고 확신할 수 없다. 이것은 언어학자들이 언어에 대해서는 빈번하게 적용했던 것이지만, 그것이 기호학의 작업에서도 동일한 수준으로 나타나지는 않는다.

지각 가능한 현실에서 연구가 출발될 때, 우리가 관찰하고 수집할 수 있는 것은 바로 출현(occurrences)이다. 과학적 연구의 기본적인 절차들 중의 하나는 사실에 대한 《자료체》 수집 후에 출현들이 결부되어 있는 유형들을 발견하기 위하여 그 출현들을 재편성하고, 마르티네의 《관여성의 원리 le principe de pertinence》[89]에 따라서 한쪽은 취하고 다른 한쪽은 제거하면서 그것들을 선별하고, 분류하는 것이다. 신호들은 분명 기호학적 연구를 통해 검증된 출현들이다. 기호를 연구한다는 것은 특히 신호들이 어떤 유형에 속할 수 있는지를 구명(究明)하는 것이다.

체계와 신호의 유형

첫 번째 경우 : 유형들이 서로 서로 완전히 다르다. 공통된 유일한 특징은 신호들을 동일한 체계에 속하는 것으로 파악하게 해준다는 점이다. 그러나 한 가지 유형의 신호를 다른 유형에서 다시 나타나는 단위들로 분해하는 것은 불가능하다. 일반적으로 그러한 체계들은 많은 유형의 목록을 포함하지 않는다. 이에 대해 다음과 같은 도식적 표시가 제시될 수 있다. 여기서 SÉ는 《signifié 기의》로 읽혀야 하고, SA는 《signifiant 기표》로 읽혀야 한다.

sé	
sa	

우리는 예로서 사거리의 신호등 체계를 제시할 것이다. 이 신호 체계는 네 개의 의미체, 즉 빨간색불, 초록색불, 주황색불, 깜빡이는 주황색불을 포함하고 있으며, 이들 의미체는 다음 네 개의 전언, 즉 《모든 사용자들에게 사거리 횡단 금지》, 《횡단 허용》, 《임박한 횡단 금지》, 《우측 차량의 우선권을 존중하면서 위험이 없다는 것이 확실해진 후에 횡단 허용》과 일치한다.

두 번째 경우 : 신호들의 유형을 다른 유형들에서 재발견되는 단위들로 분석하는 것은 가능하다. 다음과 같은 도식에 따라 이러한 단위들에 기표와 기의를 부여하는 것은 가능하다.

sé				
sa				

도로 표지판들은 두 면을 가진 단위들로 분석되는데, 이들 각 단위는 여러 표지판에서 발견될 수 있다.

세 번째 경우 : 신호들은 다른 유형의 신호들에서 재발견되는 단위들로 분석될 수 있지만, 이들 단위는 신호들 사이의 차이를 확실히 해주는 것 이외의 다른 기능은 없다. 따라서 그것들의 기능은 변별적이다. 이들 단위에 특별한 기의를 부여하는 것은 가능하지 않다. 우리는 그것들을 **형상(figures)**이라 지칭한다.

sé												
sa												

라디오의 시그널 뮤직이나 군대 나팔소리가 이러한 범주에 들어간다. 요컨대 비록 공기 중에 발화(paroles)가 생겨나더라도 이들 발화는 소리의 기호학적 기능과는 무관하다. 그것들은 재미나 기억을 돕는 보조 장치의 구성요소가 될 뿐 그 이상은 아니다. 여기서 모든 체계는 일련번호의 순서로 정렬될 것이다.

네 번째 경우 : 신호들은 의미를 지닌 단위들로 분석되고, 이들 난위가 이번에는 변별석인 단위로 분석된다.

sé					
sa					

이것은 언어학적 언술의 경우이다. 마르티네의 정의에 의하면 언어는 이중으로 분절된 체계이다. 단음 문자(écriture de type alphabétique) 또한 이중으로 분절된다. 즉 각 낱말에 의미를 부

여하는 것이 가능하고, 각 낱말은 다른 낱말들을 구성하는데 소용되는 가치만을 지닌 글자들로 분해된다. 그러나 문자는 발화가 전달되는 한 가지 방식으로 남아있다. 즉 기표들, 기의들, 음소들은 어떤 정해진 언어에 속하는 것들이다. 알파벳은 대개의 경우 차용되고, 언어의 전사(轉寫)에 그럭저럭 적합하다. 요컨대 기존의 음성적 실재에 기존의 《상징》(소쉬르의 상징이 아님)이 관용적으로 부여된다. 그러나 기의들과 기표들이 서로 짝이 되는 자의적 절단은 존재하지 않는다.

대조와 대립

분석에 의해 드러난 단위들은 신호들에서 필연적으로 서로 서로 대조를 이룬다. 예컨대 도로 신호 표지판에서 자전거의 도안은 바탕과 대조를 이룬다. 즉 그것은 흰색 바탕에 검은색이거나 푸른색 바탕에 크림색이나 흰색이다.

동일한 맥락, 다시 말해서 여전히 도로 표지판에서 /붉은색 환상(環狀)에 흰색 원/이라는 맥락에서 /자전거/, 예를 들어 /트럭/, /보행 금지/, /50/과 같은 다른 단위들이 나타나는 것을 볼 수 있다. 이들 단위는 전술한 맥락에서 서로 서로 대립되며, 분포적으로 동일한 부류에 속한다.

따라서 하나의 단위는 이 단위가 나타날 수 있는 맥락에 따라 정의되거나, 이 단위가 맥락들 각각에서 대립될 수 있는 단위들과는 대조적으로 정의될 수 있다. 따라서 /자전거/라는 단위는 /빨간색 환상에 흰색 원/, /푸른색 원/, /크림색 삼각형/과 같은 맥락들에서 나타난다. 이러한 맥락들 각각에 나타날 수 있는 단위들은 다른 목록을 구성한다. 그리고 비록 우리가 이 단위를 오로지 수학처럼 정확한 방식으로 지시할지라도, 그것이 분할(혹은 분포)의 특징들을 나타내는 체계의 유일한 단위일 때만이 이 단위는 완전하게 확인될 것이다. 그런데, 이 단위는 세 가지 맥락에서 나타나는 체계에서는 유일하다. 뿐만 아니라 이 단위가 여러 맥락에서 대립되는 단위들의 목록을 명확하게 할 필요 없이, 이 단위는 이미 모호하지 않은 것으로 확인되어 있다. 그렇지만 설명의 단순성을 위해 a, b 혹은 y에 의해서보다 차라리 자전거(bicyclette)라는 용어, 즉 실체(여기서는 도상적 그래픽의 표시)를 참조하여 이 단위를 지시하는 것이 우리가 보기에 더 편리해 보인다.

변이체

우리는 붉은색 환상에 나타나는 자전거는 검은색으로 도안되어 있고, 파란색 원 속에 나타나는 자전거는 흰색으로 도안되어 있고, 삼각형 속에 나타나는 자전거는 군모를 쓴 자전거 타는 사람이 오르막을 올라가는 것으로 도안되어 있음을 주목하게 된다. 나는 지각 가능한 이러한 차이들에도 불구하고 이들 자전거를 똑같은 단위로 동일시할 자격이 있었는가? 이러한 동일시는 세 가지 변이체들 각각이 지정된 맥락에서만 나타난다는 사실과, 그 차이들은 전적으로 맥락에 달려있는 것 같다는 사실에 의해 정당화된다. 특히 흰색이나 크림색 바탕 위의 모든 도안들은 검은색이며, 파란색 바탕 위의 모든 도안들은 흰색이다. 적합한 대조를 확고히 할 필요성에 의해서 이러한 차이를 부과했다. 실루엣들의 목록에서 자전거 타는 사람의 실루엣을 합리화하는 것은 어렵지 않다. 그러나 이를 위해서 이러한 실루엣들의 의미 작용, 그러니까 다른 유형의 기준에 도움을 청해야 한다. 따라서 우리는 도로 신호들이 가능한 한 서로 서로 달라지도록 하는 최대 분화(分化)의 원리에 만족할 수 있다. 흰색 또는 검은색 자전거와 자전거를 타는 사람은 유일하고도 동일한 단위를 구성한다. 따라서 이것들을 지시하기 위하여 《자전거》를 고려하는 것은 자의적인 것이다. 달리 표현해 보자면, 우리는 /자전거/라는 자질이 유일하게 **관여적(pertinent)**이라고 말한다. 왜냐하면 나머지 다른 특징들은 생산할 의미의 관점에서 관여적이 아니기 때문이다. 우리가 방금 특기했던 유형의 변이체들은 **맥락적(contextuelles)** 혹은 또 **결합적(combinatoires)** 변이체라 불린다.

도로 표지판에는 다른 유형의 변이체들이 있다. 예컨대 《야생동물》의 기의는 프랑스와 이탈리아에서는 노루의 실루엣을, 영국에서는 아주 무성한 숲에 있는 사슴의 실루엣을, 스웨덴에서는 고라니의 실루엣을 기표로 채택하고 있다. 이것은 바로 그 점에서 **방언의 변이체(variantes dialectales)**로 지칭될 수 있다.

도로 신호의 수정으로 새로운 표지판이 자주 설치되는 반면에 옛날 표지판은 많은 도로상에서 그대로 남아있다. 동일한 기의들에 대한 이러한 변이체들은 나이든 사람들이 젊은이들에 비하여 고풍스런 언어 상태를 나타내는 언어적 환경에서 나타나는 것과 비교 검토되어야 한다. 이 경우 의사소통은 똑같은 공시적 상태에서 옛날 형태들과 새로운 형태들이 공존하더라도 방해를 받지 않는다. 이를테면 모두가 옛날 형태와 새로운 형태를 《수동적으로》 알고 있으나, 그것들로 이루어진 《적극적》 용법은 신세대 혹은 구세대라는 그들의 소속에 따라 사용자들 사이에서 나뉜다.

  개별적 변이체들(variantes individuelles)은 - 특히 한 개인을 특징짓는 변이체들 - 개인들에 의해 적극적으로 사용된 체계들 내에서만 분명히 나타날 수 있다.

  이를테면 미적 범주의 선택에 의해서만 그 출현의 동기가 부여되는 변이체를 **문체적 변이체(variantes stylistiques)**라 부른다. 예를 들어 《도로 축소》, 《제한속도 30》, 《추월금지》라는 세 가지 표지판이, 전달된 전언의 내용에 아무런 변경을 가져오지 않는 상이한 두 가지 배열로 함께 제시될 때, 문체적 변이체가 있다.

  변이체 이상으로 중요한 것은 단위의 항구성이다. 어떤 이들은 《불변 요소 invariant》란 말을 쓴다. 이러한 항구성은 변이의 유형 혹은 정도가 어떠하든지 간에 모든 이러한 변이체들이 **동일한 관여적 자질**을 나타내는 것이 특징이다.

  음운론적 차원에서 마르티네(Martinet)는 *médecin*(의사), *gibecière*(사냥망태기), *clavecin*(클라브생-피아노의 전신)의 예에 의거하여 다음과 같은 사실을 밝히고 있다. 즉 이들 낱말이 d, b, v의 경우 이것들의 조음이 t, p, f의 조음과 아주 흡사한 변이체들을 나타낸다할지라도, 중요한 것은 이러 이러한 상황과 이러 이러한 화자에게 있어서 *médecin*의 /d/의 조음에서 성대의 울림을 지속시킬 수 있다는 것이 아니라, *gibeciére*의 /b/ 혹은 *clavecin*의 /v/에서 확인되는 봐와 같은, 목소리의 평행 약화(affaiblissement parallèle)이다. 다음의 비율을 제시하는 것이 정당화되는 것은 이러한 기준들에 의거해서이다.

$$\frac{b}{p} = \frac{v}{f} = \frac{d}{t}$$

요약하면, 계열체적 분류에서 많은 경우에 중요한 것은 《어떤 그룹의 단위들과 평행을 이룬 변이체들》이다.

관여적 자질들은 한 체계에 속한 단위들의 상호 대립 가능성에 의해서 명확해진다. 동일한 자질 혹은 동일한 자질들을 나타내는 단위들을 부류로 재편성할 수 있을 것이고, 이들 부류는 마침내 체계의 구조를 밝혀낼 수 있도록 서로 대립될 수 있을 것이다.

트루베츠코이의 대립의 분류

『음운론의 원리 *Principes de Phonologie*』[90)]에서 트루베츠코이(Troubetzkoy)는 대립을 분류하는 논리적인 원리들을 밝히고자 힘썼다. 먼저 그는 **비교의 기저**(base de comparaison)를 정할 필요성을 주장한다. 잉크병과 자유의지는 비교될 수 없을 것이라고 그는 말한다. 비교의 기저라는 것은 비교된 대상들이 공통점을 가지고 있다는 것이다. 우리는 위에서 《쓰는데 소용되는 물건들》에 대해서나, 도로 표지판에 대해서 비교의 기저들을 다루었다. 대상들이 서로 대립되는 것은 비교의 기저와의 관계에 의해서이다.

트루베츠코이는 1. 대립이 모든 체계와 유지하는 관계에 따라서, 2. 대립되는 사항(辭項)들 사이의 관계에 따라서, 3. 대립의 변별적 능력의 범위에 의거하여, 대립을 분류할 것을 제안한다. 이 마지막 기준은 그에게 있어서 단면의 변별적 단위가 문제이지, 기호는 문제가 되지 않는다는 것을 우리에게 환기시켜준다. 기호들을 대립시킨다는 것은 추가적인 문제들을 제기한다. 왜냐하면, 기의의 차원에서, (언어학적 혹은 기호학적) 기의들이 실제로 대립되는지 혹은 언어 외적(혹은 기호 외적) 대상이 실제로 대립되는지를 알아보는 것은 아주 어려워진다. 바르트(Barthes)는 자신의 **기호학적 요소들(Eléments de sémiologie)**[91]에서 트루베츠코이의 분류에서 아주 밀접하게 영감을 받은 칸티노(Cantineau)의 분류를 다시 취하지만, 기호학에서 그것을 가지고 실제로 할 수 있는 활용에 대해서는 결론을 내린 바 없다. 음운론적 체계가 제한된 수의 단위를 포함하므로, 단위들 사이의 모든 대립의 가능성을 목록화 할 수 있다는 것을 잊지 말아야 한다. 이것은 예들 들어 한 언어의 실사(實辭)가 문제될 때는 거의 불가능하다.

트루베츠코이(Troubetzkoy)는 독일어의 음운론에서 자신의 예시를 끌어온다. 그의 설명이 프랑스의 독자들에게 더 쉽게 이해될 수 있도록 하기 위하여, 우리는 여기서 마르티네(Martinet)가 프랑스어의 자음 음소들에 대하여 제시한 설명[92]- 우리가 아래에 요약할 설명 -을 참고로 할 것이다. 마르티네는 예컨대 douche, souche, touche, mouche, bouche, (Mi)nouche, louche와 같은 목록의 낱말들을 대조함으로써 자질들을 먼저 끌어내었다. 이들 낱말의 대조를 통해서 douche의 d는 유리되어 다음과 같은 자질들로서 특징된다. 1. 설단 폐쇄음(*touche*의 *t*에도 나타남), 2. 유성성(有聲性, sonorité)(*bouche*의 *b*에도 나타남), 3. 비비음성(非鼻音性, non nasalité) 혹은 구강음성(oralité)(*t*와 *d*에 공통임). 이같이 얻어진 각 관여적 자질은 음소들을 비교하는 기저를 구성할 뿐만 아니라, 관여적 자질들을 포함하고 있는 음소들의 부류를 설정하게 한다. 그렇기 때문에, *d*는 세 가지 부류에 속한다. 어떤 부류는 여러 음소들을 재통합한다. 예컨대 무성음의 부류에는 *p f t s ʃ* (=*ch*) *k*가 속한다면, 설측음의 부류에는 *l* 하나만이 속한다.

관여적 자질들을 가리키기 위해 선택된 표현들은 음의 생성에 대해 완벽하게 기술하는 것을 목적으로 삼지 않는다. 이들 표현은 단지 서로의 관계를 통해 관여적 자질들을 확인하게 할뿐이다. 우리가 위에서 접근 방법의 초안을 잡았던 분석에 이어, 자질들을 가리키는 표현들에 의해 표시된 관계의 비례(*proportionnalité des rapports marqués par les termes désignant les traits*)를 보여주는 도표로 프랑스어의 자음체계를 나타낼 수 있다.

		양순음	순치음	치경음	치찰음	슈음	(경)구개음	설배연구개음	
비 비음	무성음	p	f	t	s	ʃ		k	r l
	유성음	b	v	d	z	ʒ		g	
비음		m		n			ɲ j		

이렇게 제시된 음소들은 양순음의 조음에서 시작해서 호흡 통로를 따라서 그들의 특징적인 조음점에 따라 배열되어 있다. 즉 7개의 **서열**(ordres)이 있다. 각 수평의 위치는 동일한 조음방식에 따라 생산된 음소들을 나타낸다. 즉 비비음(non nasal)은 말하자

면 올라간 연구개에서, 비음은 내려간 연구개에서 나는 소리이다. 무성음은 성대의 울림이 없고, 유성음은 성대의 울림이 있다. 그 다음에는 **계열(série)**에 대해서 이야기해 보자. 예를 들어 *t*는 설단음과 무성음 계열에 속한다. 비음들은 대개의 경우 유성음이지만, 어떤 맥락에서는 아무 지장 없이 그것들의 유성성을 잃어버릴 수 있다. 음소 *r*과 *l*은 도표에 통합되지 않는다. 둘 혹은 여러 쌍의 음소들을 구성하는 요소들이 다음 예들에서처럼 동일한 관계를 이룰 때 단순히 도표를 판독하는 것만으로도 우리는 몇몇 비례관계를 기술할 수 있게 된다.

1. $\dfrac{\text{무성음}}{\text{유성음}}$ $\dfrac{p}{b} = \dfrac{f}{v} = \dfrac{t}{d} = \dfrac{s}{z} = \dfrac{\int}{3} = \dfrac{k}{g}$ 유성성의 상관관계

2. $\dfrac{\text{비비음}}{\text{비 음}}$ $\dfrac{p/b}{m} = \dfrac{t/d}{n} =$ 비음성의 상관관계

3. $\dfrac{\text{양순음}}{\text{설단음}}$ $\dfrac{p}{t} = \dfrac{b}{d} = \dfrac{m}{n}$ 조음점의 비상관관계

4. $\dfrac{\text{분리된}}{\text{비례관계}}$ $\dfrac{p}{f} = \dfrac{b}{v} \;;\; \dfrac{f}{t} = \dfrac{v}{d} \;;\; \dfrac{t}{s} = \dfrac{d}{z} \;;\; \dfrac{s}{\int} = \dfrac{z}{3} \;;$

$\dfrac{\int}{3} = \dfrac{k}{g}$, 그리고 또한 :

$\dfrac{p}{s} = \dfrac{b}{z} \;;\; \dfrac{p}{\int} = \dfrac{b}{3} \;;\; \dfrac{p}{k} = \dfrac{b}{g} \;;\; \dfrac{f}{v} = \dfrac{t}{d}$, 등

음소 *ɲ*, *j*, *l* 그리고 *r*은 비례관계에 들어가지 않는다.

트루베츠코이의 분류에 따라 체계 내에서, 관계의 관점에서, 비교의 기저가 두 항목(termes), 오직 두 항목에만 공통적일 때, 대립은 **양면적(bilatérale)**일 수 있다. 이는 바로 줄 1에서 쌍을 이루는 음소들의 경우이다. *p*와 *b*만이 양순음과 비비음 속하고, *f*와 *v*만이 순치음에 속하는 등등이 그 예이다. 예를 들어 도표의 모든 무성음 *p f t s ʃ (=ch) k*의 경우에서처럼 비교의 기저가 두 개 이상의 항목에 공통적일 때, 대립은 다원적(multilatérale)이다. 게다가, 대립은 우리가 1, 2, 3, 4에서 보여주었던 것처럼 비례적(*proportionnelles*)이 될 수 있거나 *ɲ*과 *j*의 대립 혹은 *r*과 *l*의 대립처럼 분리적(*isolées*)일 수 있다.

그리고 또한 트루베츠코이는 대립에 관해서 다음과 같은 가능성을 고려하고 있다. 즉 줄 1의 대립과 같이 양면적인 동시에 비례적인 대립의 가능성, *ɲ*과 *j*의 대립과 같이 양면적인 동시에 분리적인 대립의 가능성, *m*과 *ɲ*의 대립과 같이 다원적인 동시에 분리적인 대립의 가능성이다. 마지막의 *m*과 *ɲ*의 대립의 경우, 비교의 기저는 3가지 항목에서 공통적이나, 양순음-경구개음의 관계는 다른 곳에서 다시 발견되지 않는다.

대립적 항목들 사이에 존재하는 관계의 관점에서 보면, 하나의 항목이 공통된 기저와 일체가 되는 다른 항목에 비하여 유표적(marqué)인 것으로, 다시 말해서 부가적인 요소에 의해서 특징지어지는 것으로 나타나면, 대립은 **결여적(privative)**일 수 있다. 예컨대 프랑스어에서 *chant*의 모음은 비비음 *chat*의 모음과는 대조적으로 비음으로서 유표적인 것으로 나타난다. 낱말 *riz*, *ré, raie, rat*에서 *i*와 *é*, *é*와 *è*, *è*와 *a* 사이에 존재하는 대립처럼 대립이 **점진적**(**graduelle**)일 수 있다. 왜냐하면 이들 각 모음은 다소 크게 입을 벌리는 정도에 의해 특징지어지기 때문이다. 대립의 두 항목이 *p*와 *t* 혹은 *f*와 *k*처럼 한 가지 특징을 지닌 차이가 나는 두 단계로 간주되지도 않고, 자질에 대한 긍정 혹은 부정을 포함하고 있는 것으로도 간주되지 않을 때, 대립은 **균등적**(**équipollente**)이다.

변별적 능력의 관점에서, 대립은 프랑스어에서 *i*와 *é*의 대립처럼 항구적일 수도 있고, *sole*와 *saule*의 자음 앞에 존재하는 폐음 *o*와 개음 *ɔ*의 대립처럼 중화될 수도 있지만, *sot, saut, seau*와 같은 절대적 어말음에서는 중화되어 폐쇄 음색으로 실현된다.

트루베츠코이의 분류에 대한 비판

우리는 트루베츠코이(Troubetzkoy)가 양면적 대립과 다원적 대립 사이의 구별에 이와 같은 중요성을 부여하는 것을 보고 놀랄 수도 있다. 그는 이 구별에 대해 어떤 명확한 정당성도 제시하지 않으면서도 그것이 《굉장히 중요하다》고 언명하고 있다. 양면성이 트루베츠코이에게 있어서 항상 중화(neutralisation)의 조건인 것처럼 보였다는 사실이 부각되지만, 마르티네(Martinet)가 제시한 것처럼[93] 사실은 그렇지 않다. 트루베츠코이의 가르침에서 이러한 구별은 결국 야콥슨(Jakobson)의 영향 하에 프라그 학파(Cercle de Prague)의 초기 출판물들에서 모두가 따랐던 기존의 이원주의자들에게 남아있는 것이다. 그 후에 로만 야콥슨은 양면적 대립을 특별히 채택해서 모든 변별적 자질들을 12개의 이항

(二項)적 유형의 대립(예 : 모음-비모음, 유성-비유성)이 되도록
노력했다. 《이들 12개의 이항대립에서 각 언어는 그 자체의 고유
한 선택을 한다.》[94] 달리 말하면, 그는 언어에 이미 존재하는 자질
들을 전제로 한다. 다른 면에서 우리는 소쉬르가 언어는 목록의
열거가 아니라고 강조하면서 그가 공격하는 《미리 설정된 사고》
를 생각하게 된다.

마르티네에게 있어서 이원주의는 단지 분석의 한 방법일 뿐이
다.[95] 내가 보기에 이것은 무엇보다도 질문지법인 것처럼 보인다.
예와 아니오, 혹은 더 정확하게 예와 예 아님으로 나뉘는 대답을
분류하는 것은 간단하며, 외견상으로 객관적이고 정확하다. 우리
는 이들 대답을 가지고 공란에 플러스(+)와 마이너스(-)가 기입
되는 상관표를 만들 수 있다. 이론적으로 이러한 유형의 질문 세
트는, 병렬로 배열된 열의 대답이 모든 질문에서 《아니요》와 같
은 엉뚱한 경우에 직면하지 않는 한, 모든 영역을 다루어야 한다.
그러한 엉뚱한 경우는 몇몇 잡지의 다음과 같은 질문 테스트에
응한 여성에게 생길 수 있는 일이다. 즉 《당신은 푸른 눈에 금발
입니까?》 - 《아니오.》 - 《밤색 눈에 갈색머리 입니까?》 - 《아니오.》
- 《초록색 눈에 빨간 머리입니까?》 - 《아니오.》 등등. 마지막 질문
에 이르러 그녀는 다음과 같이 자문한다. 즉 《내가 여자인가? 내
가 살아있는가? 내가 존재할 자격이 있는가?》 화장품, 유행하는
옷 혹은 이상과 취향이 같은 사람을 찾는 데 있어서 그녀는 어느
곳에도 자신이 설 곳이 없다. 그녀는 잡지에 의해 예측된 여러 대
립의 어느 것에도 합류하지 못한다. 과학적 탐구의 차원에서도
이러한 방식의 조작이 있을 수 있는 위험이 보인다. 이는 특히 우
리가 관찰된 모든 사실들- 이 사실들이 기 설정된 모델들 혹은

보편성과 일치하든 그렇지 않든 간에 -을 설명하려고 전전긍긍할 때 그렇다.

따라서 마르티네(A. Martinet)에게 있어서 관심 사항은 양면성에서 다원성으로의 대립이 아니라, 둘 혹은 여러 단위가 이것들만의 공통된 기저를 가진다는 사실이었다. 이들 단위는 《배타적 관계에 있다》고 말해진다. 음운론에서 공통된 기저는 원음소(原音素, archiphonème)이다. 무엇보다도 중요한 것은 우리가 앞에서 프랑스어의 자음에 대해서 분명히 드러낸 바 있는 관계의 비례이다. 체계에 대해서 말하도록 허용하는 것은 바로 이 비례 관계이다. 왜냐하면 이 비례 관계가 단위들 사이의 연대성과 전체의 결합 정도를 나타내기 때문이다. 통합된 단위는 변화가 자유롭지 못하다. 그 이유는 그것의 변화가 모든 다른 단위들에게 영향을 끼칠 수 있기 때문이다.

결여적, 점진적, 균등적 대립 사이에 설정된 구별은 논리적으로 음운론적 차원에서 만족스럽다. 실제적으로 이 구별은 자의성 없이는 이 차원에서 적용하기 어려울 수 있다. 유의미 단위의 영역에서는 그 구별은 다소 다듬어질 필요가 있다.[96] 예컨대 père(아버지)와 mère(어머니)는 《자식을 낳는 자》라는 공통된 기저를 가지고 있다. 따라서 이 두 낱말은 《여성》과 대립되는 《남성》이라는 자질의 기저에 따라 균등적 대립을 구성할 수 있을 것이다. 그러나 실제로는 《보호자》에 대한 《비보호자》의 대립, 《수유자》에 대한 《비수유자》의 대립이라는 이중의 결여적 대립이 오히려 생긴다. 이것은 고대 인도-유럽어에서 대립되는 두 구성요소에 똑같이 붙어 있는 이타성(異他性)의 접미사 -ter(o)가 표지했던 것이다. 라틴어에서 pater《아버지》와 mater《어머니》, dexter《오른쪽》

와 *sinister*《왼쪽》, *alter … alter*《한 쪽 … 다른 한 쪽》등이 그 예
이다. 이는 《먼저 한 존재 혹은 한 사물의 이타성이 표지됨에 따
른 변증법적 과정의 문제이다. 이때 이들 존재나 사물은 평범한
유형을 나타내는 것으로 생각되는 다른 존재나 사물과 대립된다.
그리고 일단 이 첫 과정이 끝나면, 그 반작용으로 평범한 유형이
라고 생각했던 것의 특수성을 지각하게 된다.》따라서 동일한 현
실이 결여적 대립과 균등적 대립에 함께 들어가게 된다. 그러므
로 *chatte*(암고양이)는 *chat*(수고양이)와 비교해서 의미적으로나
형식적으로 유표적이지만, 《여성(féminité)이라는 긍정적 자질에
역점을 두고 생겨난 이러한 특별한 형태의 존재는 대립을 통해서
종(種)의 다른 개체들에게 있어서 동일한 종류의 긍정적인 자질,
즉 남성(masculinité)의 자질을 자각하게 할 것이다. 그래서
chatte(암고양이)/*matou*(수고양이)의 대립- 여기서 *matou*는 의
미적으로 유표적 사항(辭項)이다 -이 나타나거나, *chatte*(암고양
이)/*chat mâle*(수고양이)의 대립- 여기서 *chat mâle*는 의미와 형
태의 두 관점에서 유표적 사항이다 -이 나타난다.》

중화

　중화의 개념은 먼저 음운론에서 이끌어내어졌다.[97] 즉 어떤 맥
락에서 입증된 두 음소 사이의 구별이 다른 맥락에서는 더 이상
이루어지지 않을 때 중화(neutralisation)가 있다고 말한다. 요컨
대 파리 사람들은 개음 ɔ 와 폐음 o사이의 대립을 통해서 *sole*와
*saule*이 구별되도록 하지만, 어말음에서 이 대립은 폐음 o쪽으로
중화된다. 즉 *saut*와 *sot*는 구별되지 않는다. 중화의 조건은 다양

하다. 즉 중화의 산물은 대립을 구성하는 음소 중의 하나와 일치될 수도 있고, 맥락에 따라 이 구성 음소 혹은 저 구성 음소의 실현과 일치될 수도 있고, 혹은 대립을 구성하는 두 음소의 중간에 있는 어떤 것일 수 있다.

트루베츠코이에게 있어서 단지 양면적 대립들만이 중화될 수 있었다. 마르티네는 중화가 두 개 이상의 음소에 영향을 미칠 수 있다는 것을 스페인어의 예를 통해서 제시했다. 즉 *cama, cana, caña*의 음절 초에 나타나는 세 개의 음소 /m/, /n/, /ɲ/은 비음을 공통된 기저로 갖는다. 그러나 첫 번째 음소는 양순음이고, 두 번째 음소는 설단-치음이고, 세 번째 음소는 구개음인 바, 이들 음소들은 배타적인 관계에 있다. 이것들의 대립은 음절의 끝에서 중화된다. 이를테면 낱말 *gran*의 마지막 *n*은 *gran poeta*에서는 [m]으로, *gran torero*에서는 [n]으로, *Gran Chaco*에서는 [ɲ]로, 그리고 *gran capitan*에서는 연구개음 ŋ으로 발음될 것이다.

중화가 1차 분절의 단위들에 영향을 미칠 수 있을까? 이 경우에 의미적 단위로 맥락을 정의해야 할 것이고, 상당히 배타적인 관계에 있는 단위들- 우리가 이 단위들의 공통된 기저를 명확히 한 것은 확실하다 -과 우리가 마주하고 있다는 것을 확신해야 할 것이다. 프랑스어에서 다음과 같은 접속법을 생각해 보자. 1. *Je cherche un homme qui travaille*에서 travaille는 직설법인가 접속법인가? 우리는 2. *Je cherche un homme qui peint* 유형의 언술과 마주하고 있는가, 혹은 3. *Je cherche un homme qui peigne* 유형의 언술과 마주하고 있는가? 그런데 언술 1에서 *travaille*가 《중의적》이라 할지라도, 이것은 화자의 관점에서는 전혀 모호성이 없다. 삭제된 것은 직설법-접속법의 대립이 아니라, 동사

*travailler*의 경우 단순히 직설법과 접속법의 형태의 동음이의어가 있을 뿐이다. 이것은 중화가 아니라 **융합(syncrétisme)**이다.

반면, *Il faut qu'il peigne* 형의 문장 *Il faut qu'il travaille*에서 《접속법》형태는 문맥 《il faut》에 의해서 결정된다. 이 문맥에서는 직설법과 접속법의 대립 가능성은 존재하지 않는다. 이는 바로 **중화**의 문제이다.

우리는 기의의 차원에서 공통된 기저들을 규정하고자 노력했다. *chaise*(팔걸이 없는 의자), *fauteuil*(안락의자), *tabouret*(팔걸이·등이 없는 의자) 등과 같은 낱말들을 보자. 이 낱말들은 《앉는 자리 siège》라는 의미적 기저를 갖는다. 그렇다고 해서 *chaise*, *fauteuil* 그리고 *tabouret*를 대립시키는 자질이 *siège*(앉는 자리)라는 말에서 중화된다고 말할 수 있는가? 우리가 보기에 이들 자질들이 중화되는 언어적 맥락을 찾아야 할 것이다. 그렇지 않으면, 보다 일반적인 모든 낱말들은 보다 특수한 낱말들에 대응하는 원단위(原單位, arch-unité)를 가리키는 것으로 나타날 것이다. 그리고 이러한 분석에 중화의 개념을 도입하는 것은 별 이점이 없어 보인다. 의미적 격자(grille sémantique)는 문맥을 개입하게 하는 것이 아니라, 독자적인 체계의 영역에 위치하고 있다. 그런데 중화의 이점은 바로 중화가 신호 생산에서 체계의 사용에 따른 결과일 뿐이라는 것이다. 중화는 두 축, 즉 담화의 연쇄 혹은 연속성의 축과 체계 즉 대립적 부류들의 축이 교차하는 데 있다. 중화는 신호들이 신호인 것은 신호들이 이러한 체계의 도움으로 만들어지기 때문이고, 이 체계가 체계인 것은 이 체계가 이들 신호를 생산하는 데 쓰이기 때문이라는 것을 보여준다.

우리는 담화의 연쇄에 대해서 언급했다. 이것은 단지 선조적 기표만이(발화처럼) 중화를 나타낼 수 있다는 것일까? 이론적으로는 아니다. 그러나 언어학에서보다 기호학에서 중화를 다루는 것이 훨씬 더 미묘한 문제를 제기한다. 왜냐하면 고유한 기호학적 맥락과 기호외적이지만 의미 행위 내에서 고려된 상황을 잘 구별한다는 것은 가끔 어렵기 때문이다. 도로 표지판은 금지 신호를 포함한다. 요컨대 금지의 종류를 명시하는 표시들은 붉은색 환상(環狀)의 흰 원 속에서 서로 대립된다. 이태리에서는 환상이 공백으로 나타날 수 있다. 우리가 중화에 대해 말하고 싶어하는 이유는 일반적으로 구별되는 것이 더 이상 구별되지 않기 때문이다. 그러나 우리는 중화의 《문맥》은 찾을 수 없고, 상황만이 있을 뿐이다.

『모드의 체계 Le systéme de la mode』[98]에서 롤랑 바르트(Roland Barthes)는 연쇄의 틀 내에서 실현된 중화 가능한 대립에 대해 주의를 환기시켰다. 어떤 문맥에서는 두 사항(辭項) 사이에 선택의 필요성을 내포한 대립이 나타난다면(aut의 기능, 다시 말해서 배타적 ou), 어떤 다른 문맥에서는 그러한 대립이 제거되어 그것은 선택의 자유에 맡겨진다(et 와 vel의 기능, 다시 말해서 비배타적 ou의 기능들).

생산성

우리는 기호 체계의 복잡성과 풍부성은 이 체계가 충족시켜야 할 다양한 의사소통의 필요성과 직접적인 관계가 있다는 것을 환기시킨 바 있다. 아주 단순하게, 아주 구체적으로 나의 담화 세계가 10개의 대상으로 제한되고 내가 그것들을 다른 기호들로 지칭하고 싶어한다면 나에게 10개 정도의 기호만 있으면 충분하리라. 나의 담화세계가 100개의 대상으로 이루어진다면 나에게 100개의 기호가 필요할 것이다. 그리고 또 내가 이들 대상의 다양한 특성들, 그 대상들이 나와 혹은 그것들 사이에 유지할 수 있는 관계들, 대상들 혹은 그것들의 주체 덕택에 내가 실행할 수 있는 작업들, 내가 그것들에게 부여할 수 있는 장소들, 그것들의 상대적인 위치들, 내가 그것들을 사용하거나 그것들에 전념하는 순간들, 내가 실행하는 연속적인 작업들, 그리고 이러한 활동들의 순간적인 혹은 연장된 양상이 나타나게 하기를 원한다면, 나는 그것들에 상응하여 《기호들》의 수를 배가시켜야 할 것이다. 그리고 단순히 서로 서로 다른 기호들의 목록만으로는 내가 만족하지 못할 어떤 순간이 올 것이다. 그러므로 나는 기호들의 체계를 가져야 할 것이다.

기호 체계를 연구할 때 이 체계가 제공할 의사소통의 가능성들을 규정하는 것은 필수적이다.

언어의 이중분절을 통해서 언어 주체들은 아주 제한된 음소들의 목록을 가지고 그들이 마음대로 인용할 수 있는 유의미 단위의 목록을 구성할 수 있다. 그리고 또한 언어 주체들은 그들이 선택할 메시지들을 전달하기에 적합한 신호들을 구성하기 위하여, 언어의 고유한 규칙에 따라, 이들 목록을 조합할 수 있다. 《Comment allez-vous? 어떻게 지내십니까?》 혹은 《Veuillez agréer, cher Monsieur, l'expression de mes sentiments distingués 경구》와 매일 매일 아무 생각 없이 싫증도 내지 않고 반복되는 많은 다른 표현들, 격언들, 상투적인 문구들, 속담들과 같은 유형의 《사용 준비가 된》, 《미리 만들어진》 신호들이 당연히 존재한다.

그러나 우리는 이러한 《미리 만들어진》 신호에 어색해하거나 제한을 받지 않는다. 모든 언어는 언어 사용자들에게 엄청난 생산의 자유, 독창적인 신호들을 《창조하는》 자유를 부여하는 아주 풍부하고 아주 《생산적인》 도구이다.

모든 약호들과 모든 기호 체계들에서 사정이 똑같은 것은 아니다. 예컨대 하나의 원판과 세 개의 날개가 달려있는 회전하는 속이 빈 지주로 구성된 장치인 신호기는 날개와 원판이 어느 위치에 있느냐에 따라 도합 1026개의 신호를 만들어내게 했다. 사용자는 이들 신호 중에서 선택할 수 있었다. 독창적인 창조의 가능성이란 존재하지 않았다.

우리가 단위들의 총체- 이들 단위들 사이에서 한 항목의 전언이 선택될 수 있다 -를 부류(classe)별로 이해한다는 것은, 체계의 생산성은 그 체계가 포함하고 있는 부류의 수에 달려있고, 부류별 단위들의 수에 달려있고, 부류와 단위 사이에 서로 자유로운 배합이 이루어지도록 하는 자유에 달려있고, 신호들의 구조를 위하여 허용된 도식들에 달려있다고 말하는 것이다.

A, B, C라는 세 부류의 단위들을 포함하고 있는 한 가정적 체계가 있다하자. 부류 A는 a, b, c, d라는 단위들을 포함하고 있고, 부류 B는 e, f, g, h, i, j, k, m이라는 단위들을 포함하고 있고, 부류 C는 n, o, p, q라는 단위들을 포함하고 있다. 우리는 우리에게 주어진 규칙에 따라서 만들 수 있는 신호들의 수를 계산할 수 있다. 예를 들어 모든 신호는 반드시 두 개의 단위, 말하자면 부류 A의 구성요소 하나와 다른 두 부류 중 하나의 구성요소 하나를 포함해야 한다. 이때 부류 A의 구성요소는 항상 선두에 온다. 혹은 부류 A가 B와 C의 구성요소들 사이의 관계를 표시하는 기능

을 가진 단위들을 포함할 수도 있을 것이다. 요컨대, 세 단위 *a*, *e*, *n*을 이용해서 만들어진 신호들은 하나의 동일한 전언을 전달한다. 이 경우 이들 단위가 *a*, *e*, *n*의 순서로 주어지든, 또는 신호가 *e a n* 혹은 *a n e* 혹은 *n a e* 혹은 *n e a* 혹은 *e n a* 의 형태를 갖든 문제가 되지 않는다. 이처럼 상이한 사열(辭列, séquences)들 각각에 다른 가치가 부여될 경우, 다른 신호들을 만들어낼 가능성은 6배로 증가된다. 각 부류의 단위들의 목록이 고정되고, 부류들의 수가 제한된다고 할지라도, 부류들 사이에 비양립성이 있느냐 혹은 없느냐에 따라서, 단위들끼리 서로 배합하는 가능성들에 제한이 있느냐 혹은 없느냐에 따라서 가능한 신호의 수는 아주 가변적이라는 것을 알게 된다. 신호의 변이들(variations)이 어떻든 간에, 만약 신호들의 길이가 제한을 받으면(세 단위 혹은 네 단위), 신호들의 수도 필연적으로 유한해질 것이다. 그리고 제공된 모든 가능성들이 활용되고 난 후에는, 새로운 신호들을 생산할 여지가 없을 것이다. 따라서 그러한 체계의 생산성은 무한하지 않다. 그러나 모든 배합이 활용되지 않은 한, 우리는 아직 생산되지 않았던 배합을 제안하면서 새로운 것을 만든다는 느낌을 가질 수 있다. 만약 체계가 목록이 개방되어 있는 부류를 포함하고 있다면, 이 부류에 첨가된 각각의 새로운 단위는 신호들을 생산하는 새로운 가능성들을 제공한다.

　의미 없는 상징들을 추상적으로 배합하는 것이 문제가 아니라 기의적 실체 즉 의미뿐만 아니라 기표적 실체 즉 소리나 이미지와 같은 질료(matière)를 부여받은 구체적인 단위들을 배합하는 것이 문제가 되는 순간부터 어떤 단위들의 부류들 사이에서든, 어떤 단위들 사이에서든, 마지막으로 신호들이 지시하는 기호와

적 현실을 나타내는 요소들 사이에서든, 즉 모든 차원에서 비양
립성이 나타난다.

부류들 사이의 양립성

도로 신호 표지판에 의해 구성된 체계를 검토해 보자.[99] 모든
표지판은 두 개의 요소로 구성된 의미체(sème)로 나타난다. 그
두 요소란 기하학적 형태(forme géométrique)의 구체적 표현 매
체(support)와 이 표현 매체 내부에 있는 실루엣, 상징적 형상,
수치 표시와 같은 《도안 tracé》을 말한다. 이러한 관찰을 통해서
우리는 양립 가능한 두 부류를 끌어내게 된다. 즉 《형태들》중의
하나와 《도안들》중의 하나가 일정한 계층적인 관계 속에 있게 된
다. 말하자면 (적어도 이론적으로) 도안 없는 형태는 가질 수 있
으나, 형태 없는 도안은 가질 수 없다.

보다 더 주의 깊게 관찰해 보면 주어진 도안은 형태로만 나타
난다는 것이 드러난다. 이러한 관찰을 철저하게 실현하기 위해서
는 밝혀진 모든 단위들을 도표로 나타내는 것이 적합할 것이다.
이를테면 세로에는 형태들을, 가로에는 도안들을, 교차점에서는
확인된 의미체들을 나타내는 것이 좋을 것이다. 비어 있는 칸의
수를 통해서 도안들이 유일한 목록을 구성하는 것이 아니라, 사
실 도안들은 형태들이 있는 만큼의 부류들로 나누어진다는 것이
확실해질 것이다. 따라서 모든 도안들이 공통적으로 가지고 있는
것은 형태들과 의존관계에 있다는 것이다.

동일한 부류에 속하는 단위들 사이의 양립성

우리가 기표의 구조를 고려해보면, 형태들(formes)은 형태들 간에 서로 양립하지 않고, 도안들(tracés)은 도안들간에 서로 양립하지 않는 것처럼 보일 수 있다. 그러나 /빨간 환상(環狀)/의 사용을 통해서 두 개의 원이 공존하게 된다는 것이 확인된다. 즉 주차를 통제하는 표지판에서 가장자리의 빨간색과 중심의 파란 색은 기의의 차원에서 금지와 규정(prescription)을 똑같이 포함 하고 있다(1일에서 15일까지는 금지되고, 16일에서 31일까지는 허용된다는 것은 《금지된》, 《규정된》, 《허용된》의 의미를 내포하 고 있다).

기하학적 형태들을 서로 서로 내접시키는 것은 실제적으로 불 가능해 보이지 않는다. 삼각형 속에 원이나 원 속에 삼각형이 그 예이다. 위험과 금지의 개념을 조합(調合)시키는 것 또한 더 이상 불가능하지 않다. 이것은 다른 곳에서, 즉 반드시 사라지게 되어 있는 유일한 표지판인 멈춤 표지판에 그려졌었다.

우리가 이러한 조합(調合, association)을 위험과 금지와 같은 단순한 병치로서, 혹은 '위험 때문에 금지'와 같은 유형의 계층 화로서 해석하는 것이 적합한지를 결정하도록 허용하는 것은 아 무 것도 없다.

우리는 나머지 모든 형태들과 이것들의 기의 사의의 양립성에 대해서는 여기서 논의하지 않을 것이다.

　도안들에 관한 한, 기의의 차원에서, 자전거를 타는 사람, 보행자, 야생동물이 똑같은 위험을 안고 있는 도로상의 동일한 장소에서 갑자기 튀어나올 수 있다는 것은 이론의 여지가 없다. 그렇지만 삼각형 내에서 이것들이 함께 나타나는 것은 보이지 않는다. 자동차와 이륜차 혹은 보행자, 자전거 타는 사람, 손수레, 마차와 같은 여러 범주의 사용자들이 도로에 접근하는 것을 가로막는 것은 아무 것도 없으며, 실제로 다음 예들에서처럼 두 개 혹은 더 나아가 세 개의 상이한 도안들을 둘러싸고 있는 빨간 환상의 표지판들이 존재한다.

　도안과 환상(環狀)의 관계는 프랑스에서는 등위로서 빨간색 수평선을 이용해서 표시되는 것 같으나, 이탈리아, 영국, 스웨덴에서는 그러한 수평선이 나타나지 않는 단순한 병치로서 표시되는 것 같다.

상이한 부류에 속하는 단위들 사이의 양립성

　도표에 의해 시사된 결합관계와 《자전거 타는 사람》이라는 기의(signifé)의 동일한 의미체(sème)가 실제로 세 개의 목록에서 나타나지만, 이것들이 각각의 기표 변이체로 나타난다는 관찰을 통해서 왜 그렇게 많은 칸이 비어있는 채로 있는지 연구하고 싶어지고, 그러한 칸들이 채워진다면 조합(調合)될지도 모를 단위들 사이에 정말 비양립성이 존재하는지 자문하고 싶어진다. 기표의 구조에서 어떠한 도안을 어떠한 형태 속에 나타나게 하는 것을 방해하는 것은 아무 것도 없다. 예컨대 공원관리자들이 그들 마음대로 예를 들어 뤽상부르그(Luxembourg) 공원의 입구에 둘 수 있을 《아동 진입 금지》라는 기의의 표지판을 만들기 위하여, 《주의! 학교》라는 삼각형 속에 나타나는 아이들 도안을 빨간 환상 속에 나타나게 하는 것을 막는 것은 아무 것도 없을 것이다. 약호(code)는 이러한 신호(signal)를 포함하고 있지 않다. 그렇지만 아이들의 개념과 아이들에게 어떤 것을 금지하는 개념 사이에는 비양립성이 존재하지 않는다. 그러나 아이들에게 어떤 것을 금지한다는 복잡한 개념은 도로 약호의 기의 영역에 포함되지 않는다. 왜냐하면 여기서 문제가 되는 것은 기호학적 체계이지, 처음에 자동차 운전자와 관계되는 법률이 아니기 때문이다. 《보행자 금지》라는 개념이 도출되고, - 뒤에 - 이러한 기의를 지니고 있는 신호를 생산하기 위하여 자동차 전용도로인 고속도로가 건설될 필요가 있었고, 결여적 대립과 균등적 대립에 대해서 마르티네(A. Martinet)가 특별히 관심을 가지고 기술한 변증법적인 과정에 따라 보행자 금지의 개념이 특별한 표지판으로 또한 나타나는 《보행자 전용》의 개념을 이끌어낼 필요가 있었다. 《보행자》 개념은 위험, 금지, 《~의 전용의》의 개념과 양립할 수 있다. 일반적으로 금지와 규정(prescription)은 동일한 장소에서는 서로 양립되지 않는 것 같이 보인다. 그러나 사람들은 저기서 금지하는 것을 여기서 규정할 수 있다. 따라서 동일한 도안의 목록이거나 동일한 기의의 두 목록을 포함하고 있지만, 각 기의에 대해서 《금지》 맥락을 위한 변이체와 《규정》 맥락을 위한 또 다른 변이체를 나타내는 의무와 금지라는 두 가지 대조적인 역할이 있을 수 있을 것이다.

모든 금지와 모든 규정에 끝이 있을 수 있다면, 우리는 또한 《절대적 규정의 끝》을 나타내는 크림빛 원 내에서 바로 이 목록을 발견해야 할 것이다.

기의들 사이의 비양립성에 대한 이러한 검증을 종결짓기 위하여, 우리는 약호에 의해 조합(調合)되지 않는 것을 조합하면서 이러한 빈칸들 중의 몇몇을 더욱 더 가설적으로 채우려고 시도할 것이다.

가설적인 조합	이러한 조합의 결과
금지 + 야생동물	불합리
금지 + 옆으로 미끄러지기	운전자의 《책임》개념을 다시 문제시할 것이다
의무 + 7톤	검토할 것
위험 + 교회	?
속도 30km의 의무 + 보행자	이러한 속도를 낼 수 있는 보행자들을 보기 힘들다
금지 + 위험 + 3,5m(높이)	검토할 것

요약하면, 두 개의 기호가 동일한 의미체 내에서 다음과 같은 여러 이유로 비양립적일 수 있다.

- 그것들이 비양립적 부류에 속하기 때문이다.
- 그것들이 동일한 부류에 속하고, 또한 예를 들어 그것들이 동시에 나타나는 것을 허용하는 등위접속의 특수한 경우를

제외하고는 동일한 부류에 속한다는 이유로 서로 양립하지 않기 때문이다.

- 두 단위의 상호접근의 결과로 생기는 의미체가 규약에 따라 체계의 기의 영역에 속하지 않기 때문이다.(예:《어린이들에게 금지》)

- 기호학 외적인 이유들로 인해서, 생산된 의미체가 어처구니 없거나, 현실적 경험 세계에서 아무 것과도 일치하지 않음으로 해서 의미체가 약호(code)에 나타나지 않기 때문이다.

이 마지막 경우가 우리에게 가장 흥미로워 보인다. 즉 이 마지막 경우는 어떻게 결합관계의 존재가 상식 밖의 것까지 포함해서 발명을 자극하면서 예기치 않은 상호접근에 이르게 하는가를 보여준다.

기호 체계의 특징

언어학이 독립적인 학문분야로 인정받기 바로 전에, 언어의 연구는 문법이라는 이름하에 형태론, 통사론, 최근에는 의미론으로 나누어졌다. 소리의 연구는 대체로 주변적인 것으로 받아들여졌다. 비록 이러한 문법의 주요부들이 언어학 연구에서 여전히 나타나지만, 그것들의 각 분야는 학파에 따라 매우 가변적으로 범위가 정해지고, 동일한 학파 내에서도 연구의 진보에 따라 범위가 정해진다. 이러한 이유로 우리는 문법, 통사론, 형태론 그리고 의미론의 관점에서 논의할 수 있는 기호학의 문제를 다른 용어로 다루는 것이 아마 좋을 것이다.

사람들이 체계의 결합관계를 자유롭게 사용하는 것을 선택한다

면, 우리는 어떻게 여러 유형의 양립성이 그 체계의 결합관계가
제공할 수도 있을 생산성에 제한을 - 어떤 종류의 제한을 - 가하는
지를 방금 보았다. 체계에 고유한 양립성 및 비양립성과 기호 외
적인 이유들과 관계가 있는 양립성 및 비양립성은 구별하는 것이
좋을 것이다. 이 후자의 것들은 의미론의 영역에 속하기 때문에,
우리는 그것들을 체계의 기술 범위 내에 포함시키지 않을 것이다.

　어떤 체계의 의사 전달 가능성, 그것의 실질적인 생산성 그리
고 그것의 구조와 기능상의 경제성을 분명히 드러내기 위해서는
다음과 같은 사실들이 기술되어야 할 것이다.

- 그 체계가 갖는 기의 영역과 기표 영역에 대한 정의.
- 의미체들이 분절되는 방법의 표시 : 기호로 분절, 형상(figures)
  으로 분절, 기호로 분절된 후에 형상으로 분절(이중분절).
- 의미체들의 분석에 의해서 드러난 단위들의 부류 목록, 즉
  대립적 자질로 정의된 기호들과(혹은) 형상들.
- 각 부류를 구성하는 단위들의 목록 - 도로 표지판의 유형과
  같이 제한된 닫힌 체계에서처럼 이것이 가능할 때 -, 혹은 이
  목록에 제한이 없어서(목록이 전혀 닫혀져 있지 않는 언어의
  실사의 경우처럼) 이것이 불가능할 때, 완전히 새로운 단위
  들을 이러 이러한 부류에다 포함시키는 것을 허용할 특징들.
- 의미체들을 자유롭게 구성할 수 있는 능력을 사용자에게 남
  겨주지 않는 체계들의 경우에 의미체들이 분절되건 혹은 그
  렇지 않건 간에, 체계가 받아들이는 의미체들의 목록.
- 부류간의 양립성과 비양립성, 그리고 부류들이 상호 간에 미
  치는 제약들.

- 의미체들 내에서 단위들-부류의 구성요소로서 혹은 개별적
으로 취급되는 단위들 - 사이의 관계들이나 기능들을 표시하
도록 하는 수단들, 혹은 달리 표현하면 기능(fonctions)과 기
능적인 것(fontionnels)에 대한 연구.
- 구조 혹은 신호들의 구성 구조들(전화번호의 도식과 같은 선
조적 기표 체계에서, 파리 지역의 전화국에 속하는 파리의
전화가입자의 호출번호에 해당하는 의미체는 다이얼을 통해
서 하나씩 하나씩 작동되는 일곱 자리 숫자로 반드시 이루어
져 있다. 신청인에게 있어서 이 번호는 ---+----로 분석
되며, 숫자의 순서는 관여적이다. 프랑스의 한 전화국에서
스웨덴의 한 전화가입자에게 거는 호출도식은 반드시
19/46/--/-- -- --/이다).

잘 다듬어지지 않은 체계들은 하나의 유일한 목록으로 귀착된
다. 이 목록에서 각 의미체는 하나의 부류를 구성한다. 이때 이러
한 체계들은 병치될 수는 있지만 《조합될》 수는 없다. 이들 체계
의 단순한 병치는 필요한 경우 의미체들 사이의 관계를 표시하기
에 충분하다.

복합적인 체계들은 많은 수로 구성된 부류들을 포함하며, 서
로 아주 다른 관계들을 나타내는 것을 허용한다.

아주 안정된 체계에서, 체계 자체는 물론이고 그 체계를 통해
생산되는 의미체들의 복잡성은 의사소통의 실제적인 필요에 달
려있다. 사용자는 수많은 단위들 부류뿐만 아니라, 자신이 자유
롭게 사용할 수 있는 신호들의 구조를 잘 갖추고 있는 목록 또한
사용한다.

경제성

경제성은 관여성의 원리와 함께 기능주의 언어학에서 기본적인 개념이다.[100] 그러나 경제성을 통해서 절약을 이해할 필요는 없다. 경제성은 오히려 여러 개의 힘 사이에 나타나는 균형점이다. 경제성은 체계의 구조 및 전언의 구조와 관련이 있다. 경제성은 무엇보다도 기호적 도구의 기능에서 생긴다. 경제성은 역동적이고 비정체적인 해석을 함축하고 있다.

음운 체계를 음운간의 관계뿐만 아니라 음성적 실체에 준거하여 정의하는 마르티네(A. Martinet)에게 있어서 각각의 변별적 자질은 조음적 습관(habitude articulatoire)과 일치한다. 예컨대 프랑스 자음체계에서 이 체계에 《통합되지》 않는 *r*과 *l*, 자음체계에 속하지 않는 *j*(= *y*, *-ill-*)를 별도로 할 때, 10개의 자질- 10개의 습관 -은 마찬가지로 습관(habitudes)에 따라 결합되어 15개의 음소가 분절되는 것을 허용한다. 각 음소가 여러 습관- 이것들의 각각은 다른 음소들의 생산에 사용된다 -을 포함한다는 사실을 통해서 체계의 안정성이 보장된다. 습관은 한편으로는 성대 진동의 생산(유성음 자질) 혹은 비생산(무성음 자질)을 배합하는 역할을 하며, 다른 한편으로는 여러 개의 구강 조음과 함께 입술, 이, 혀와 구개(口蓋)의 여러 지점을 이용하는 연구개의 낮추기(비음)와 높이기(비비음)를 조합하는 역할을 한다. 그런데 도표의 6개 《칸》은 빈 채로 남아있다. 빈칸이 전부 다 활용되었을 때 이 체계는 21개의 음소를 생산할 수 있을 것이다. 이들 빈칸을 조음적 그리고 청각적 이유로 설명할 수 있지만, 우리가 여기서 명백히 밝히지는 않을 것이다. 인간의 행동이 최소 노력의 법칙에 의해 좌우되는 것은 매우 일반적이다. 이를테면 불분명하게 투덜대는 것이 일련의 음소들을 변별적으로 조음하는 것보다 덜 피곤하다. 그러나 다른 것과는 가까스로 차별되는 투덜거림을 밝혀내고 해석하는 데는 상당히 고양된 주의력이 요구된다. 동일한 개인들이 교대로 화자와 청자의 위치에 있기 때문에, 발신과 수신에 있어서 노력의 경제성 사이에 일종의 최적 상태가 균형 있게 설정된다. 이때, 균형은 의사소통의 필요가 끊임없이 변화하기 때문에 항상 재검토된다.

경제성의 관점에서 이론적으로 이상적인 체계는 그 구조에 관한 한 제반 사항의 적용에 있어서 아마도 더 이상 이상적이지 않을 것이다. 이는 여러 관점에서 그렇다. 우리는 첫 번째 갈등은 발신과 수신 사이에서 해소되나, 모든 계층에서 다른 갈등들이 해소되어야 한다는 것을 방금 보았다.

약호의 경제성

『전언과 신호 Messages et Signaux』[101]에서 루이 프리에토(L. Prieto)는 상당한 분량의 장(章)을 경제성의 개념에 할애했다. 그는 비용에서의 경제성과 양에서의 경제성을 검토하고 있다.

먼저 전언의 전달을 덜 비싸게 하는 것이 중요하다. 한 도시가 100개의 상이한 노선에 상응하는 100개의 버스 노선으로 연결되어 있다고 가정한다면, 이 노선들을 식별하기 위하여 100개의 다른 의미체(sèmes)가 필요할 것이다. 그런데 이러한 의미체들을 구성하기 위하여 다음 두 체계 즉 각각 10개의 기표로 구성된 약호가 사용된다고 하자.

/0-/, /1-/, /2-/, /3-/, /4-/, /5-/, /6-/, /7-/, /8-/, /9-/
/-0/, /-1/, /-2/, /-3/, /-4/, /-5/, /-6/, /-7/, /-8/, /-9/

이 경우, 《논리적 곱셈》을 통해서 필요한 100개의 의미체가 생산될 수 있다. 요컨대 두 체계 각각의 10개의 기표들 중에 어느 것이 버스노선을 가리키는 신호에 사용되는지를 알아내기만 하면 될 것이다. 따라서 신호의 식별조작은 100개 대신에 20개의 기표 단위들과 관련하여 이루어질 것이다. 따라서 이 조작이 더 용이할 것이다. 그러나 이들 20단위들은 두 체계에 속하므로, 매번 두 번의 식별과정을 거쳐야만 한다. 프리에토에게 있어서 이러한 식별은 《분류 classement》로 지칭된다.

프리에토는 이러한 분류 과정을 거쳐서 기의의 영역에 비추어 적합한 신호의 약호를 구성할 가능성을 검토하고 있다. 우리는 16개의 다른 의미체를 만드는 것이 필요하다는 가정을 할 것이다. 프리에토는 이 경우 기의들의 영역은 동일하지만 기표들의 영역은 상이한 3개의 약호를 제안한다.

약호 1 - 목록은 다음과 같이 16개 단위의 유일한 《체계》를 구성한다.

/A/, /B/, /C/, /D/, /E/, /F/, /G/, /H/, /I/, /J/, /K/, /L/, /M/, /N/, /O/, /P/

신호 A B C D E F G H I J K L M N O P가 만들어질 수 있다. 이것들은 다음 유형에 속한다.

$\dfrac{\text{sé}}{\text{sa}}$	

신호의 식별은 16개의 단위를 가지고 있는 유일한 체계에 대하여 단 한 번에 이루어진다.

약호 2 - 목록은 다음처럼 두 개의 체계를 만드는 4개의 단위를 포함하고 있다.

    목   록 : /A/, /B/, /C/, /D/
    첫 번째 체계 : /A-/, /B-/, /C-/, /D-/
    두 번째 체계 : /-A/, /-B/, /-C/, /-D/

다음과 같은 신호들이 만들어질 수 있다. AA, AB, AC, AD, BB, BC, BD, BA, CC, CA, CB, CD, DD, DA, DB, DC.
이 신호들은 다음 유형에 속한다.

$\dfrac{\text{sé}}{\text{sa}}$		

신호의 식별은 매번 4개의 단위에 대하여 두 번 이루어진다.

약호 3 - 목록은 다음처럼 4개의 체계를 만드는 2개의 단위를 포함하고 있다.

    목   록 : A B
    첫 번째 체계 : /A---/, /B---/

두 번째 체계 : /-A--/, /-B--/

세 번째 체계 : /--A-/, /--B-/

네 번째 체계 : /---A/, /---B/

다음과 같은 신호들이 만들어질 수 있다. AAAA, AAAB, AABA, ABAA, BAAA, BAAB, BABA, BBAA, BBBB, BBBA, BBAB, BABB, ABBB, ABBA, ABAB, AABB.

이들 신호는 다음 유형에 속한다.

$\dfrac{\text{sé}}{\text{sa}}$				

신호의 식별은 매번 2개의 단위에 대하여 네 번 이루어진다.

따라서 첫 번째 약호는 각 신호를 한 번에 식별하도록 허용하지만 그 조작이 상대적으로 어렵다. 세 번째 약호는 네 번의 조작이 필요하지만 각 조작이 가장 용이하다. 어떤 관점에서는 약호 3이 아마 더 경제적일 것이다. 즉 약호 3은 그것이 기능하도록 하기 위하여 두 개의 버튼을 가진 기계로 충분하지만, 약호 1의 경우에는 16개의 버튼을 가진 기계가 필요할 것이다. 그러나 생산《비용》을 비교하기 위해서는, 생산의 차원에서뿐만 아니라 수신의 차원에서 여러 가지 조작을 실행하는데 필요한 시간을 당연히 고려해야만 한다. 약호 3을 이용해서 생산된 신호들이 훨씬 더 길다는 사실과, 이들 신호를 전송하는데 비용이 더 덜 위험이 있다는 사실이 주목될 것이다. 요약된 전보의 주소 약호를 조정한다는 것은 사실 통신기술자들이 전송 비용을 줄이기 위하여 신호를 요약하는 것이 유용하다고 판단했다는 것을 가리키는 것처

럼 보인다. 고려된 요인들 중에서, 한 유형의 의사소통에 특별한
조건들은 그들 요인들 중의 어떤 것들에다 더 많은 중요성을 부
여하도록 할 수 있다.

우리가 막 검토를 끝낸 약호들에서, 신호들의 기표 면만이 이산
적 단위들(unités discrètes)로 분해되어있다. 이때의 이산적 단위
들은 정해진 장소에 있음으로 해서 각 유형의 신호가 아주 다른
유형의 신호와는 구별된다는 것을 확인하게 하는 기능을 가진다.

다른 한편으로, 프리에토(Prieto)는 기표를 더 이상 형상
(figures)[102]으로 분해하도록 하지 않고, 의미체들을 신호로 분해
하도록 하는 아라비아 숫자의 사용을 검토하고 있다.

약호 4 - 9층으로 나누어져 있고, 층별 양쪽으로 배치된 10개
의 방이 있으며, 복도의 끝에 엘리베이터가 위치한
방이 90개인 호텔이 있다하자. 평면도에 따르면 2층
은 다음과 같이 배치되어 있다.

24		29
23		28
22		27
21		26
20	a	25

2층

이 방들은 90개의 의미체(sèmes)에 의하여 지칭될 것이다. 여

기서 각 의미체는 기의로서(특별한 경우에 기의와 지시대상이 일
치하지만, 이 문제는 여기서 우리의 논의 대상이 아니다) 하나의
방을, 기표로서 일련의 두 숫자를 갖는다. 이때 첫 번째 숫자는
방이 있는 층수를 나타내고, 두 번째 숫자는 엘리베이터를 기점
으로 정확하게 방을 배치시켜 준다. 예컨대, 기표 /29/는 호텔의
2층 엘리베이터에서 내려 오른쪽 다섯 번째 방을 지시한다. 각
기표는 9개의 《부류》중의 하나와 10개중의 다른 하나라는 두 체
계로 분석된다.

첫 번째 체계 : /1-/, /2-/, /3-/, /4-/, /5-/, /6-/, /7-/, /8-/, /9-/
두 번째 체계 : /-0/, /-1/, /-2/, /-3/, /-4/, /-5/, /-6/, /-7/, /-8/, /-9/

기표 29는 이 기표가 지시하는 방을 한편으로는 기표 /2-/의
덕택으로 2층에 있는 방으로, 다른 한편으로는 기표 /-9/의 덕택
으로 엘리베이터 오른쪽의 다섯 번째 위치한 방으로 분류할 수
있도록 해준다. 기표 29는 부류 /2-/와 /-9/로 이루어진 《논리적
산물》이며, 그 기의 또한 의미화된 부류의 《논리적 산물》이다.
따라서 신호 29는 다음과 같은 유형에 속한다.

sé		
sa		

《의미체 29의 기표와 기의 사이에 존재하는 대응은 이들 기표
와 기의를 구성하는 요소들 사이에 존재하는 대응의 결과이다.》[103]
프리에토(Prieto)는 어떻게 십진법에 의한 번호 매기기가 부류들
에 대한 《논리적 곱셈》의 덕택으로 단지 40개의 대응에 의하

여 10,000개의 의미체(0에서 9,999까지의 수량)를 조작하도록 허용하는가 이는 아주 주목할 만큼 경제적이다 -를 보여준다.

우리는 여기에서 ≪약호의 기능적 메카니즘을 알기 위하여 고려해야 하는 신호의 부류들과 전언의 부류들 사이에 상응하는 수를 90에서 19로 줄이게 하는≫ 이러한 약호의 메카니즘에 대하여 프리에토(Prieto)가 수행한 면밀한 연구를 아주 간략하게 요약했다.

여기에 또 다른 유형의 검토가 이루어졌다. 그것은 우리가 보기에 **기억작용(mémorisation)**에서의 경제성과 어깨를 나란히 하는 **학습(apprentissage)**에서의 경제성이다.

약호화의 다섯 번째 유형은 이중분절을 포함하고 있는 것이다. 우리는 이미 언어가 이중분절된다는 특징이 마르티네(A. Martinet)에 의해 밝혀졌다는 것을 언급했다. 우리는 여기서 마르티네가 언어에 대하여 내린 정의를 다시 한 번 환기하고자 한다. 즉 ≪언어는 인간의 경험이 각 언어 공동체마다 다르게 의미내용과 음성표현을 지닌 단위들, 곧 기호소들(monèmes)로 분석되는 의사소통의 도구이다. 이러한 음성표현은 각 언어에서 일정한 수의 음소들(phonèmes), 곧 변별적이고 연속적인 단위들로 순서에 따라 분절된다. 이들 음소의 성격과 그것들의 상호적 관계 또한 언어에 따라 다르다.≫[104]

프리에토에게 있어서, ≪한 약호의 의미체의 기표들은 보다 광범위한 부류들의 논리적 증가의 결과이지만, 이러한 요인들이 기의의 요인들과 일치하지 않을 때≫는 제 2차 분절이 일어난다. 혹은 더 나아가 제 1차 분절을 나타내는 약호에서 ≪기호들의 기표

들- 이것들은 의미체의 기표들이 생겨나는 요인들이다 -이 제 차
례에 기의의 요인들과 일치하지 않는 한층 더 광범위한 요인들로
분석될 수 있을 때》도 또한 제 2차 분절이 일어난다. 이것은 우리
가 다음과 같이 나타냈던 것이다.

sé					
sa					

신호는 먼저 기호들로 분해될 수 있고, 다음으로 기호의 각 기
표는 형상들(figures)로 분해된다.

프리에토가 언어를 약호가 최고로 다듬어진 유형으로 본 반면
에, 마르티네에게 있어서 언어는 약호와는 다르다.[105] 결국 기의
들의 절단에 이르는 경험을 분석하도록 하는 것은 언어들이다.
약호는 특별한 상황에서, 특별한 기의들의 영역에 속하는 전언들
을 보다 유리하거나 혹은 보다 경제적인 방식으로 전달하도록 하
는 도구이다.

양적인 면에서의 경제성

양적인 면에서의 경제성을 통해서 프리에토가 말하고자 하는
것은 의미 행위가 반드시 어떤 상황에서 전개되기 때문에, 전언
과 신호는 상황에 적용될 수 있다는 사실이다. 다시 말해서 발신
자에게 뿐만 아니라 수신자에게도 상황에 의해 분명히 드러나는
지시들을 신호에다 포함시키는 것은 필연적이지도 않고, 바람직
하지도 않다. 소위 《미완성이다》 혹은 《불완전하다》는 많은 문장
들은 사실상 상황에 잘 적용된다. 문제는 어느 특별한 약호가 이

러한 적응을 허용하는가, 혹은 이 약호가 제공하는 기호들과 의미체들의 목록이 전달할 《양》을 정확하게 《선택하는》 것을 허용하지 않는 것과 같은 어색함을 나타내는가이다.

언어적 예를 들어보자. 비록 내가 자동차의 핸들을 쥐고 있는 모씨(N.)에 대해서 말하기를 원한다할지라도, 프랑스어는 내가 자동차의 운전 행위를 하는 모씨를 지시할 가능성을 부여하지 않을 뿐 아니라 성(性)의 지시도 또한 제공하지 않는다. 요컨대 비록 머리의 길이, 수염 혹은 전혀 다른 부차적인 성적인 특징들의 유무 중에서 어떠한 것도 나에게 두 개의 성(性) 중에 하나에 속하는 것으로 모씨(N.)를 식별하는 것을 허용하지 않더라도, 그 성은 남자 운전자이거나 혹은 여자 운전자이다. 반면 영어에서는 내가 명확하게 말할 수 없는 것을 내가 운전자(*driver*)라는 낱말로 명시하는 것은 용인되지 않는다. 그런데 프랑스어의 경우, 나는 *conducteur*(남자 운전자)라는 형태를 엄밀하게 말해서 《비유표적인 것》으로 기능할 수 있는 유일한 형태로서 단순히 사용했을 뿐인데, 나에게 유용할 수도 있고 유용하지 않을 수도 있는(내가 언급해야하는 것에서 모(N.)씨가 남자인가 여자인가는 하는 것은 별로 중요하지 않다), 혹은 내가 《남자 운전자 *conducteur*》라는 말을 할 경우 나의 청자가 내가 남자에 대해 말한다는 것을 생각하게끔 유도할 수 있는 기의의 특징을 제공하도록 강요한다.

정반대로 우리는 또한 사용된 약호가 필요한 모든 정보를 제공하는 것을 허용하는지를 자문할 수 있을 것이다.

약호들은 일반적으로 의미 행위가 일정한 상황에서, 이를테면 일정한 경험과 지식을 공유하는 수신자와 발신자 사이에서 전개된다는 기본 전제가 주목될 것이다. 의사소통에서 가장 심각한 잘못을 범하는 것은 아마도 이 《기지의 가정》과 관련이 있다. 기호 체계로서 해상 신호들의 약호는 사용자들이 바다의 사정, 항해, 항해를 지배하는 규약과 법률을 잘 안다는 것을 전제로 한다. 교차로를 알리는 X형 삼각형처럼 도로 표지판은 교차로의 존재를 교차로가 가시권에 들어오는 순간보다 조금 앞서 운전자에게 알려줄 뿐이다. 그래도 자동차 운전자는 이 표지판이 없더라도 우측 우선(于先)의 규칙을 알고 지켜야만 한다. 그리고 자동차 운전자는 표지판들이 구성하는 기호적 약호와는 별개로 이에 대한 《도로 교통법》상의 규칙을 습득해야만 했다.

우리는 언어와 마찬가지로 약호가 《형태(forme)이지 실질(substance)이 아니다》[106]라고 생각할 수 있고, 우리가 앞에서 했던 것처럼 단위들, 부류들 그리고 부류들과 단위들 사이의 양립성, 결합성, 관계성의 목록이 대수학적 형태로 제시되었을 때 약호의 구조가 완벽하게 설명되었다고 생각할 수 있다. 그러나 그 속에서 기표들이 만들어지는 실질의 선택이 정말 신호들의 형태에는 영향을 미치지 못하며, 그 결과 약호의 구조에도 영향을 끼치지 못할까? 혹은 신호를 불가피하게 의사소통의 필요와 의미 행위가 전개된다고 간주되는 상황에다 맞추려고 하면 약호의 특별한 구조화가 야기되지는 않을까? 우리는 나중에 체계의 역동성을 연구할 것이다. 당분간 우리는 자연스런 예문을 통해서 기호적인 수단들- 이것들이 전적으로 자의적이 아닐 때 -이 기의들 때문에 확실히 구분된 모든 관계를 표현할 가능성을 기표 쪽에서 제공하지 않은 일이 종종 일어난다는 사실을 설명할 것이다. 이것은 인간이 지시대상에 명칭을 붙이는 것으로 충분하지 않고, 인간과 인간의 흥미를 끄는 것 사이의 관계에 따라 명칭을 붙일

만한 가치가 있는 것에 표지(標識)를 해야만 한다. 우리가 매일 사용하는 많은 제품들은 우리들의 눈에 보이지 않게 포장되어 판매된다. 판매자들은 포장에 대하여, 즉 이 포장이 숨기고 있는 것의 성격에 대하여 우리들에게 분명하게 보여줄 방법을 찾았다. 이러한 목적을 위해서 우리가 구입하고자하는 통조림통이나 분말세제 상자를 즉석에서, 이를테면 멀리서도, 안경 없이도, 언어 텍스트에 의지하지 않고도 - 비록 우리가 외국인이거나 문맹이라도 별로 상관이 없다 - 우리가 확인할 수 있도록 해주는 그림이나 사진이 사용된다. 명칭이 우리에게 제공하는 것은 대개의 경우 어떤 것에 대한 도상적 표시(représentation iconique)이다. 우리가 그러한 표시를 A라 부르고, 《어떤 것》을 B라 부를 때, A와 B 사이의 관계는 다음과 같은 다양한 형태를 취할 수 있다.

우리는 다섯 가지 유형의 관계를 지적하였다. 정어리 상자 위에 브르타뉴 어부의 얼굴이 나타내는 것과 같은 많은 다른 유형들이 반드시 있다. 따라서 이 방법은 구매자들이 어린아이로 파이를 만들지 않을 뿐더러(《세 명의 어린아이…》의 노래는?), 개로도 파이를 만들지 않는다(중국에서는?)는 것뿐만 아니라, 파리, 모기, 바퀴, 빈대를 살찌게 하지 않는다는 것을 잘 아는 지적인 개인들이라는 것을 전제하고 있다.

이론적인 면에서 이 방법은 전후 관계를 모르면 《애매하다》. 이 애매성을 제거하기 위하여 포장 속에 무엇이 있는지를 보아야 하고 이 포장을 테스트해야 하거나, 포장만큼이나 포장이 숨기는 것을 우리에게 가져다주는 문화적 관습을 자신의 경험과 지식을 통해서 알아야만 한다.

체계의 경제성에 관한 연구에서 신호의 구조와 신호의 생산

A représente(A는 나타낸다) :	Relation A-B(A와 B의 관계)
des petits pois(그린피스)	A = B
des carottes(당근)	A = B
des olives (+ emballage, boîte ou bocal) 올리브 (+포장, 상자 혹은 저장용병)	A = B
des olives (+ bouteille ou bidon) 올리브 (+ 병 혹은 양철통)	A a servi à produire B (de l'huile) A는 B(기름)를 생산하는데 사용되었다
un lièvre(산토끼)	A a servi à produire B (un pâté) A는 B(파이)를 생산하는데 사용되었다
un enfant(어린아이)	B est bon pour A (nourriture ou produits de soins) B는 A에게 좋다 (음식물 혹은 보호치료제)
un chat(고양이)	B est bon pour A (nourriture ou produits de soins) B는 A에게 좋다 (음식물 혹은 보호치료제)
un chien(개)	
des roses(장미)	B est bon pour A (engrais ou produits de traitement) B는 A에게 좋다 (비료 혹은 치료제)
des moustiques(모기)	B tue A(B는 A를 죽인다)
des fourmis(개미)	
des hcrbcs(풀)	

메커니즘에 대한 분석 외에 체계 기능에 영향을 미치는 모든 제약에 대한 검증이 이루어지도록 하는 것이 좋을 것이다. 말하자면 백지 상태의 실험실에서 검토된 가설적 체계의 실행을 방해하는 것은 아무 것도 없다. 그러나 실재 체계들은 몇몇 신호의 사용을 금지하고, 사용된 약호로는 《해독》이 불가능한 전언의 전달을 요구하고, 발신자 혹은 수신자를 난처하게 하고, 전달을 중단시

키고, 신호를 왜곡시키는 모든 종류의 압력(문화적, 물질적)을 받고 있다.

기능상의 경제적인 관점에서는 이러한 요인들이 각각의 특별한 경우에 맡는 역할을 검토하는 것이 좋을 것이다. 이러한 검토를 통해서 기호 체계를 정의하고 기술(記述)함에 있어서 전달의 경로, 사용된 실질, 이 실질에 주어진 형태 그리고 생산과 수신의 방식(약호화와 약호해독의 과정에다 이것들의 적절한 지위를 부여하면서)을 되짚어 볼 여지를 두는 것이 바람직하다. 누가 발신자이며 누가 수신자인지, 그리고 의미 행위가 설정하는 관계와는 무관하게 발신자와 수신자 사이에 가정된 사회적 관계(relation sociale)란 무엇인지에 대하여 누구나 궁금하게 생각할 것이다. 특히 언어적 교환에서처럼 역할이 역행될 수 있을까? 그리고 모든 수신자는 신호의 발신자가 될 수 있는가? 등등. 자신이 도로 신호의 규칙을 따라야 한다는 것을 아는 사용자는 대개의 경우 누가 이 신호의 발신자인지를 모른다. 그리고 사용자 자신도 자신의 고유한 권한으로 자신의 소유지 가장자리에 주차금지 표지판을 부칠 권한은 없다. 마지막으로 그가 자신의 자동차를 운전할 때, 그는 기호학적이지 않은 행위를 통해서 도로상에서 만나는 신호에 《응답한다.》 《의사소통》이라는 것은 수신자가 발신자의 신호들을 정확하게 해석할 수 있을 뿐만 아니라, 또한 - 필요한 경우 - 수신자가 된 발신자가 이해할 신호를 자신의 차례에 생산할 수 있어야 한다는 의미라는 것에 주목해야 한다. 그러나 이것이 두 가지의 의미 행위에서 사용된 것이 동일한 체계라는 것을 의미하는 것은 아니다. 이것은 사용된 두 체계가 그 자리에 있는 두 당사자들에게 《수동적으로》 알려져 있으며, 이들 각각은 최소한 이러한 체계들 중의 하나를 능동적으로 사용할 수 있다는 것을 의미한다. 이것은 특히 언어로 주고 받는 상황이 그 정도에 상관없이 항상 2개 언어 병용의 상황일 때 사실이다.

기호학에서의 언어의 위치

이제부터 우리는 기호 체계를 정의하는 특징들을 규정하는 시도를 할 수 있고, 이것으로부터 기호학적 유형론의 밑그림을 그릴 수 있다.

기호 체계 가운데 언어를 포함시켜야 한다고 생각하는 저자들은, 자신들이 체계에 대한 분류나 혹은 유형화를 시도해보는 순간에, 언어만이 지니고 있는 유일한 특징들을 인식하게 된다. 루이 프리에토(L. Prieto)는 기표들과 기의들 사이의 논리적 관계를 검토한 것을 기반으로 해서 그러한 결론에 도달한다. 그는 다음 두 가지를 구분한다.

- 의미체의 기의들이 항상 그들 사이에 배타적 관계를 유지하는 약호들. 이 범주에는 비언어적 약호들이 속한다.
- 의미체의 기의들이 그들 사이에 배타적 관계, 혹은 포함 관계, 혹은 교차적 관계를 유지하는 약호들. 이 범주에는 단지 언어만이 속한다.

소쉬르(Saussure)의 가르침에서 무엇보다도 언어는 《형태(forme)이지 실질(substance)이 아니다》라는 것을 받아들여서 《내용 면》(기의 면과 유사함)과 《표현 면》(기표 면과 유사함)의 개념을 적용한 루이 예름슬레우(L. Hjelmselv)에게 있어서, 《파생의 증거》와 《대치(代置, commutation)의 증거》[107]는 둘다 동시에 《하나의 대상이 **기호 체계(*sémiotique*)**인가 아닌가를 결정하도록》[108] 허용할 것이다. 결국 기호 체계(sémiotique)는 《단면적》일 수 없을 것이라는 결론에 이른다. 그렇다면 수학적 혹은 논리적 상징체계 그리고 악보는 기호 체계라고 할 수 없을 것이다. 그러나 여기에서 사용된 기준들이 언어를 《양면적인》 다른 기호 체계들(sémiotiques)과 대립시키지는 않는다.

우리가 이미 인용한 정의에 따르면 마르티네(A. Martinet)는 다른 기호 체계들로부터 언어를 떼내어 다루게 하는 특징들을 제시하려고 노력했다. 이 정의에 따라 언어들에 특정된 것이 아닌 **기능(fonction)**, 기표 면과 기의 면 사이의 관계 **구조(structure)**, 전달의 통로를 내포하는 기표의 실질, 마지막으로 그리고 무엇보다도 소쉬르적 기호의 완전한 자의성- 특히 기의의 《절단》에 있어서의 각 언어의 독창성 -이 생기게 된다. 마르티네는 그의 정의가 적용될 수 있는 완전한 대상은 언어일 것이라고 주장한다. 구조적인 관점에서 보면, 이중분절이 그 중심에 있다. 이중분절은 언어의 고유한 속성이다. 왜냐하면 언어가 모든 것을 말하기 위해 존재한다라는 사실에 의해 이중분절이 이루어지기 때문이다. 이에 반해 약호는 특수한 기능을 갖고 있다. 더구나 이중분절은 언어들의 모델에 기반을 두고 구성된 체계들 내(內)에서만 존재할 수 있다. 예름슬레우의 용어로 전환될 때, 이중분절은 이질동상(異質同像, isomorphe)이 아닌 두 면을 전제로 한다. 그러나 마르티네(A. Martinet)가 대립시키는 것은 이 두 면(deux plans)이 아니라, 단면(face unique)으로 된 변별적이고 이산적 단위인 음소(phonème)와, 최소의 유의미 단위인 기호소(monème)*(비록 그 차이가 아주 적절하게 절단되고 유리된 분할체에서 나타나지 않을지라도 형태의 차이는 의미의 차이와 일치한다) 혹은 기호소가 결합되어 이루어지는 (관용화된) 통합 기호소 혹은 연사(syntagmes), 언술, 문장, 문단, 담화 또는 텍스트- 이것들의 길이가 어떠하든 간에 -와 같이 모두 두 면으로 된 단위들이다.

동물의 의사소통(동물의 의사소통 사실에 대해서는 의심의 여지가 없다)에 관한 수많은 연구를 통해서 언어학자들은 그러한 의사소통이 인간 언어와 비교가 된다는 결론에 이르게 되었다. 에밀 벤브니스트(Emile Benveniste)는 꿀벌의 《언어》로 이 문제를 다루었고[109], 조르주 무냉(Georges Mounin)은 까마귀의 의사소통에 적용하기 위하여 벤브니스트가 선별한 기준을 다시 사용하였다.[110] 벤브니스트의 경우에, 비록 꿀벌들이 자신들의 경험을 《상징화》하는 재능을 보여주지만, 꿀벌의 의사소통을 언어라고 말할 수는 없을 것이다. 실제로 다음과 같은 사실들을 들 수 있다.

a. 꿀벌의 의사소통은 음성적인 것이 아니다.
b. 꿀벌에 의해 생산된 신호는 응답을 받지 못한다.
c. 꿀벌의 의사소통은 중계될 수 없다. 즉 식량 찾는 것을 스스로 경험하지 못한 꿀벌은 다른 꿀벌에게서 받은 정보를 제3의 꿀벌에게 전달할 수 있는 것 같아 보이지 않는 반면에, 뒤랑 부인은 마르텡부인에게 다음과 같이 말할 수 있다. 즉 《소문에(혹은 뒤부아 부인이 내게 말하기를) X 쇼핑센터에

---

* [역주] 마르티네(A. Martinet)의 기호소(monème)는 단소(單素)라 번역되기도 한다. 그러나 기호소에 상응하는 형태소(morpheme)라는 용어가 일반적으로 쓰인다.

서 깜짝 놀랄 가격으로 물건을 판다는군요.》

d. 《꿀벌의 전언 내용은 항상 오직 하나의 정보에만 부합된다.》

e. 꿀벌의 춤에서 벤브니스트는 《객관적인 상황의 복사로 이루어지는 특별한 상징》을 관찰한다. 우리는 여기에서 신호는 그것이 나타내는 것의 도상인데 반해, 인간 언어에서의 기호는 전적으로 자의적이라고 말한다(우리는 여기에서 이러한 주장에 대해 무냉(Mounin)이 제기한 뉘앙스나 정상 참작에 대해서는 언급하지 않으려고 한다. 왜냐하면 우리는 지금 선별된 기준들에만 관심을 갖기 때문이다).

f. 꿀벌의 전언은 분석할 여지를 남겨놓지 않는다. 우리는 단지 그 전언에서 포괄적 내용만 볼 수 있을 뿐이다.

음성적 성격의 까마귀 의사소통과 꿀벌의 의사소통을 대조하면서 무냉은 《언술-응답의 부재가 언어와 비언어적 의사소통 사이를 구별하는 진정한 기준》은 아니라는 것을 결론적으로 말한다. 요컨대 약호의 경우에 응답이 있을 수 있다. 《중계되는 언술의 부재는 더 이상 식별 기준이 아니다》. 이를테면 줄지어선 자동차들에서 운전자들은 제동장치의 붉은 등을 켬으로써 언어 없이도 제동이라는 정보를 전달한다. 마지막으로 무냉에게 있어서 의미적 빈약함 자체는 인간의 체계와 까마귀의 체계 사이의 기호적 성격의 진정한 차이를 이끌어내지는 못한다. 벤브니스트의 분석에서 특징 *b*, *c*, *e*는 《(따라서) 가장 기본적인 의사소통 체계에서 언어들에 이르기까지의 단계들을 표시한다.》 특징 *a*와 *d*는 까마귀에게는 적용되지 않는다. 우리가 꿀벌의 언어와 까마귀의 언어라는 말을 쓰지 못하는 것은 이것들에는 이산적 단위와 이중분절이 없기 때문이다.

기호 체계의 유형은 언어를 제외하고 언어에 도달하기 위하여 가장 기본적인 것들에서 출발하여 그 정도를 정확하게 표시해야 할 것이다. 왜냐하면 언어가 일정한 특성들, 특히 마르티네의 정의에 포함된 특성들의 복합체를 나타내는 유일한 것이기 때문이다. 벤브니스트와 무냉에 의해 선별된 기준들은 - 다른 기준들 중에서도 - 유형들을 정의하는데 도움을 줄 것이다. 그러나 우리가 더 상세하고 더 섬세한 유형론을 정립하기를 원한다면 다른 기준들을 제안해야 될지도 모른다.

유형학적 기준

체계를 분류하는 첫 번째 기준은 의미체를 분절하는 구조적 기준이다. 따라서 우리가 소개했던 유형들을 여기서 다시 보게 될 것이다.

유형 1 - 체계의 어떠한 의미체도 기호나 형상(figures)으로 분석될 수 없다(예: 도로 교차로의 신호등, 일반적인 동물들의 의사소통, 몇몇 몸짓 약호).

sé	
sa	

유형 2 - 각 의미체는 기호로 분석될 수 있고, 하나의 동일한 기호가 다른 의미체의 생산에 사용될 수 있다(예: 전기한 바 있는 호텔 방의 약호 4).

sé		
sa		

유형 3 - 의미체는 기호로 분석될 수 없으나, 각 의미체의 기표는 형상으로 분석될 수 있다(예: 등록번호, 라디오의 시그널 뮤직).

sé			
sa			

유형 4 - 각 의미체는 기호로 분절되고, 각 기호는 형상으로 분절된다(예: 기호소로 분절되는 언어, 음소로 분절되는 기호소, 사용자에게 세 개의 기호소로 이루어진 15/57/613298 형태로 부여된 전화번호(이 번호에서 15는 시외전화 호출번호, 57은 랑드(Landes) 지역번호, 613289는 전화 가입자를 각각 나타낸다)).

sé				
sa				

동일한 의미체 내에서 분절된 기호와 비분절된 기호를 결합시킬 수도 있을 다섯 번째 유형이 고려될 수도 있을 것이다. 우리는 이 경우 상보적 체계가 동시적으로 사용된다고 주장할 수 있을 것이다.

만약 우리가 체계들을 서로 비교하기를 원한다면, 특히 체계 A를 사용하여 체계 B에서 받은 정보를 전달할 가능성을 연구하기를 원한다면, 다음과 같은 사항들을 고려하는 것이 좋을 것이다.

- 체계의 구조적 특징들. 즉 단위 부류(기호와/혹은 형상)의 목록과 양립성
- 생산성
- 경제성 - (신호의) 생산, 전달, 수신에서 그리고 (체계의) 학습과 기억작용에서
- 체계의 사용 영역(체계는 어떤 환경에서 반드시 기능하게 되어 있는가? - 어떤 발신자 E와 어떤 수신자 R 사이에서 기능하게 되어 있는가? - 체계는 E와 R 역할의 가역성(可逆性)을 인정하는가? - 신호에 대한 응답은 보통 비기호적 행위인가? - 체계는 외부적으로 무엇이 그것 자체로 알려져 있다고 가정하는가? - 체계는 《상황 밖의》 의사소통을 허용하는가?)
- 전달 경로(필요한 경우 생산과 수신 방법을 포함함)

사람들은 우리가 기준들 사이의 순위를 밝히고 있다고 생각한다. 이를테면 실제로 단지 전달 경로만 다른 두 체계는 사실상 동일한 하나의 체계에 대한 두 가지 해석일 뿐이라고 생각될 수 있다. 사람들은 완전히 다른 기의 영역을 가진 두 체계는 한 쪽 체계의 전언을 다른 쪽 체계에서 표현하는 가능성을 전혀 인정하지 않을 것이라고도 생각한다. 예컨대 어떠한 경우에도 도로의 약호로 화학 공식을 나타낼 수 없을 것이다. 또한 《꽃말》로 철도신호를 나타내는 것은 불가능할 것이다.

대체 약호

한 체계의 전언이 다른 체계에서 아주 정확하게 전이(轉移)될

가능성으로 인해 뷔이상스(Buyssens)에 의해 밝혀지고, 프리에
토(Prieto)에 의해 다시 채택된 대체 약호의 개념이 생기게 되었
다. 이것은 특히 (음성적이고 청각적인) 발화(parole)에다 가시적
인 형태를 부여하는 방법인 문자와 관계된 것이다. 문자는 부재
자와의 의사소통 및 자기 자신과의 의사소통을 가능하게 할뿐만
아니라, 발화의 순간성에 영원성을 부여한다(*verba volant, scripta
manent* 말은 사라지지만 글은 남는다). 우리가 재생산하려고 노력
하는 것은 말하자면 홀장(笏杖) 위에 새긴 셀 수 있는 홈이나 혹
은 전승(戰勝)과 같은 영웅적 행위의 추모 기념비가 할 수 있는
것과 같은 발화의 의미가 아니라, 가능한 정확하게 발음된 언술
즉 발화 자체이다.

　이러한 약호화는 발화와 언어에 대한 사전 분석을 전제로 한
다. 그렇지만 모든 문자가 동일한 분석 수준에 위치하고 있는 것
은 아니다. 모든 문자는 기표의 선조성(線條性, linéarité)을 재현
한다. 이를테면 글의 행, 곧 선은 수평 혹은 수직으로, 왼쪽에서
오른쪽으로 혹은 오른쪽에서 왼쪽으로 정렬된다. 혹은 더 나아가
밭에 줄줄이 고랑을 파는 쟁기처럼, 오른쪽에서 끝난 행 아래에
다시 오른쪽에서 출발해서 왼쪽으로 향하는 행이 뒤따라온다. 이
것은 바로 행의 첫머리가 좌단·우단으로 엇바뀌는 가로쓰기라
고 불리는 것이다. 단지 몇몇 칼리그람(calligrammes)*만이 이러
한 선조성을 '기피'할 뿐이다. 행으로 나타나는 것은 대체로 제1
차 분절과 일치하거나 - 이것은 표의문자에 해당한다 -, 제2차
분절 혹은 더 정확히 말해서 이중분절과 일치한다. 즉 낱말들은

---

* [역주] 시구의 배열이 어떤 도형을 이루고 있는 시를 말한다. 시인 아폴리네르(G.
　Apollinaire)의 조어이다.

글자로 쓰인다.

사실상 발화가 글로 쓰여진 이러한 '번역(traductions)'은 - 이 것은 전사(轉寫)라고 말해지지 않을 것이다 - 원발화에는 조금도 충실하지 않다. 그 이유는 다음 두 가지이다. 먼저 오늘날 문자들 은 모두 차용되었을 뿐 아니라 차용한 언어의 필요에 다소 유리 하게 맞추어졌기 때문이다. 그 다음으로 문자는 어떻게 보면 출 발부터 발화보다 훨씬 더 보존 능력이 있으며, 케케묵은 아주 오 래 전부터의 언어 상태를 나타내기 때문이다. 이를테면 4세기 전 부터 *fusil*의 *l*은 더 이상 발음되고 있지 않다.

글로 된 전언이 말로 된 것과는 다르게 조직된다는 것은 다른 문제이다. 이를테면 의사소통의 상황이 완전히 다르다. 글로 된 신호는 의미 행위에서 이론의 여지없이 중요한 역할을 하는 발화 에서의 몇몇 특징을 나타내지 않는 반면, 상황과 관련된 표지를 포함하고 있다. 그러나 이 표지는 상황에 맞는 의사소통에서는 쓸모가 없다(중요한 것은 문자 건, 발화 건 모두 이러한 표지들을 공식화하거나 하지 않을 자유를 부여한다는 것이다).

사실은 모든 기호적 약호들이 대체적이지 않지 않느냐고 자문 해 볼 수 있다. 요컨대 언어적 형태로 표현된 개념들 이전에 실제 로 이미 존재한 약호들- 이것들은 최소한의 자의적 특성을 가지 고 있다. 이 자의적 특성 없이는 《약호》에 대해 말할 수 없을 것 이다 -은 무엇일까? 약호는 일반적으로 공간 혹은 시간상의 거리, 소음 등으로 발화로는 의사소통이 이루어질 수 없거나 어렵게 이 루어질 수 있는 상황에서 정보를 전달하는 수단이다. 이러한 조 건에서 약호들이 갖는 기의 영역이 언어들이 갖는 기의 영역의 부분적 혹은 단편적 모사품(模寫品)으로만 나타나는 것은 놀라운 일이 아니다. 그러나 그럴 경우 국제적 약호는 어느 언어에서 그것들의 기의를 차용하며, 다양한 언어 사용자들을 대상으로 어떻게 그 기능들을 다할까?

병렬적 약호

루이 프리에토(L. Prieto)에게 있어서 발화(parole)와 문자(écriture)- 보다 정확히 말해서 구어(口語)와 문어(文語) -는 병렬적 약호이다. 그가 말한 대로 《한 쪽의 각 실체- 의미체, 기호, 혹은 형상(figure) -에 다른 쪽에서의 유사한 실체가 대응하거나 또는 그 역인 것과 같은 약호들》[111]이 《병렬적 약호》라고 불린다. 그런데 이러한 대응은 문자가 음소로 이루어질 때만(하나의 음소에 하나의 형상이 대응하고, 하나의 형상에 하나의 음소가 대응한다) 완전해질 수 있다. 이 점에서 문자의 분절은 정확하게 언어의 분절을 재생산한다. 철자법은 기대에 훨씬 못 미친다. 특히 프랑스어의 철자법이 그러하다.

프리에토는 음절문자의 경우 하나의 형상은 하나의 음소에 대응하는 것이 아니라 음소의 조합과 대응한다는 것을 강조한다. 따라서 이러한 문자는 발화에 비해서 《하위 분절》된다. 프리에토는 이와 동일한 관계가 라틴 문자로 쓰인 언어와 점자 혹은 모스 부호로 쓰인 동일한 언어 사이에 존재한다고 강조한다. 뷔이상스(Buyssens)가 생각하는 것처럼 《점자나 모스 알파벳으로 쓰인 언어가 이중적 대체 약호인가 - 이 약호의 기표들과 의미 사이에 문자소(文字素)와 음소가 삽입된다는 점에서 - 혹은 아닌가하는 것은 완전히 별개의 문제이다.》

표의문자에 관해서 프리에토는 만약 이들 문자를 형상으로 분석할 수 있다면 이들 표의문자도 이중분절될 수 있다고 지적하고 있다(한 낱말에 대응되는 설형(楔形)문자는 갖가지의 유형으로 나타나는 여러 개의 《못대가리 모양 clous》으로 분석될 수 있다). 그러나 이들 표의문자의 두 번째 분절은 언어의 분절과 완전히 다르기 때문에, 언어와 문자 사이의 평형관계는 제1차 분절의 수준에서만 이루어진다.

우리는 발화와 문자 사이의 평형관계에 대해 이의를 제기할 수 있을 것이다. 비록 발음된(곧 분절된) 모든 것을 쓸 수 있어야 하고, 쓰인 모든 것을 진술할 수 있어야 한다고 가정해야만 한다는 생각이 들지만, 이 평형관계는 매우 미묘한 차이를 세심하게 표현할 필요가 있다. 그렇지만 병렬적 약호의 개념은 고려될만한 가치가 있다. 프리에토는 이에 대한 예로서 평형관계가 제1차 분절의 차원에서 이루어지는 두 개의 약호를 제시한다. 이를테면 신호들의 약호는 어떤 항구들에서 물의 높이를 낮에는 구형, 원기둥 혹은 원추형 모양의 부표(浮漂)를 사용해서 표시하고, 밤에는 이들 모양의 각각에 대응되는 흰색, 빨간색, 초록색 불빛을 사용해서 표시한다.

평형관계는 또한 형상에서의 분절 차원에서 이루어질 수 있다. 어떤 시기에 부에노스 아이레스(Buenos Aires)의 시내버스는 낮에는 숫자로, 밤에는 불빛으로 확인되었다. 이때 불빛의 색깔은 낮에 쓰이는 숫자와 일치했다.

마지막으로 평형관계는 의미체 자체의 차원에서 이루어질 수 있다.

모든 경우의 평형관계에서 차이라는 것은 밤, 낮 등과 같은 의

사소통의 외형적 필요에 따라서 신호의 전달 수단과 신호의 실질
(substance)에서만 있을 뿐이다. 단지 기표만이 다르다. 전달된
전언들은 동일하며, 한 언어에서 다른 언어로 이행될 때와 같은
경험에 대한 다른 분석은 존재하지 않는다. 사실상 진정한 대체
약호일 수 있는 것은 병렬적 체계뿐이다.

　　대체 약호와 병렬적 약호 사이의 차이는 결국 동일한 기의와
여러 개의 기표 사이의 관계가 설정되는 직접적 혹은 간접적 방
식과 관련이 있는 것처럼 보인다. 우리는 이것을 몇 개의 도식을
통해서 예시하고자 한다.

대체 도식

　　체계 A에 속하는 기의 SÉ와 기표 SA의 기호(혹은 의미체)가
있다고 할 때, 기표 SA를 체계 A′에서 차용된 기표 SA′로 대체하
는 것이 가능하고, 이어서 SA′를 체계 A″의 SA″로 대체하는 것
이 가능하다. 그 결과 SA″는 SA′를 지시하고, 이 SA′는 다시 기
의 SÉ로 이루어진 기호의 기표인 SA를 지시하게 된다. 그러므로
어떤 이들은 SA′는 SA″의 기의이고, SA′는 SA의 기의라고 말할
것이다. 도식적으로 나타내면 다음과 같다.

$$\frac{\text{SÉ}}{\text{SA}} \longleftrightarrow \text{SA}' \longleftrightarrow \text{SA}''$$

또는

$$\frac{\text{SÉ}}{\text{SA}} = \frac{\text{SA}}{\text{SA}'} = \frac{\text{SA}'}{\text{SA}''}$$

　　이론적으로 SA″로부터 SÉ를 되찾기 위하여 중간과정인 SA′, SA를 거쳐야 한다. 이것은 전보의 전문이 구어(口語)로(SA) 표명될 때, 그 다음에 이 전문이 문어(文語)로 쓰일(SA′) 때, 마지막으로 이 문어 전문이 모스 부호(SA″)로 약호화되거나 혹은 역순의 작용에 의해 모스 부호로 약호화된 전문으로부터 본래의 언술이 되찾아질 때 생기는 것이다.

　　유일한 연쇄 SA↔SA′↔SA″가 고려될 때, SÉ를 염두에 둘 필요 없이 한 요소에서 다른 요소로 이행하는 것이 가능하다. 전신기사(技師)는 본인이 쓰인 언어의 알파벳을 안다면 자신에게 알려지지 않은 언어로 쓰인 전보를 아주 잘 《약호화》할 수 있다.

　　다른 문자 체계로 바꿔 쓰기는 대체 도식의 좋은 예이다. 특히 언어적 저작에서 라틴 알파벳 외의 알파벳으로 정상적으로 쓰인 언어에서 차용된 예들이 제시되어야 하는 것이 드문 일은 아니지만, 여러 가지 이유, 특히 경제적인 이유 때문에 이러한 독창적인 알파벳이 사용될 수 없거나 이것이 사용되는 것을 바라지 않는다. 이 경우에 어떤 규약이 설정된다. 이 규약에 따라 원어(原語)의 각 철자나 각 기호가 라틴 알파벳의 철자나 혹은 사용 중인 어떤 철자부호에 의해 대체된다. 각 복합자(複合字, digraphe = 두 글자)가 원어의 단 하나의 철자로서만 해석될 수 있다면, 원어의 단 하나의 철자에 상응하는 복합자의 사용은 배제되지 않는다. 예컨대 그리스어를 다른 문자 체계로 바꿔 쓰기에서[112] 철자 x는 아무런 불편 없이 kh로 재생산할 수 있다. 그 이유는 다른 문자로 바꿔 쓰기의 모든 kh는 원어의 x로 전환되도록 되어있기 때문이다. 비록 라틴 철자의 선택이 자의적이지는 않을지라도(kh는 x가 처음에 기식음을 동반한 설배 폐쇄음으로 발음되었다고

가정한다), 다른 문자로 바꿔 쓰기가 음운론적 혹은 음소적 전사
는 아니다. 이를테면 *x*는 이것이 유기 폐쇄음과 일치한 고대 텍
스트에 나타나건 혹은 마찰음(독일어 *ch* 혹은 스페인어 *j*)을 나타
내는 현대 텍스트에서 나타나건 간에 항상 *kh*로 전사될 것이다.
다른 문자 체계로 바꿔 쓰기의 기표 SA″는 SA′를 가리키거나 혹
은 《기의》로 원문의 철자인 SA′를 가질지도 모른다. 이때 SA″와
SA 사이, 즉 SA′의 《기의》와 고려된 담화에서 처음에 채택된 기
호의 음성적 기표 사이에 필연적인 관계가 전제되어야 할 필요는
없다.

병렬적 도식

병렬적 약호들 사이의 관계는 다음과 같이 도식화될 수 있다.

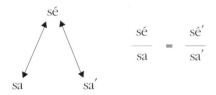

하나의 동일한 기의- 이 기의는 분명 언어에 의하여 정의된 것
이다 -를 가리키지만 다른 성격을 지닌 두 기표를 통해서, 예컨대
낮에는 SA, 밤에는 SA′ 식으로, 모든 상황에서의 의사소통이 보
장될 수 있다. 두 기표 SA와 SA′는 등가적이다. 그러나 이 등가
성은 SÉ에 종속된다. 언어 사용의 경우에 우리는 발화된 기표
(signifiant parlé)를 SAP로, 표기된 기표(signifiant graphique)를

SAG로 나타낼 수 있다. 그리고 우리는 이 두 기표가 모두, 특별한 상황에 따라 SAP 혹은 SAG로 표현되고 구어적 혹은 문어적 유형의 의사소통을 야기하는 하나의 동일한 기의를 가리킨다는 것을 전제할 수 있을 것이다. 이러한 사실을 나타낼 수 있는 도식은 다음과 같은 병렬적 체계의 도식이다.

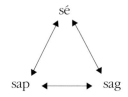

문맹의 상황은 다음과 같이 나타낼 수 있다.

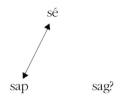

더듬더듬 말하고, 무엇인가를 간파하는 아이의 상황은 다음과 같은 형태로 나타낼 수 있을 것이다.

sé?

sap ←——→ sag

　아이는 이 경우에 문어적 기표 대신에 구어적 기표를 생산한다. 기의에 영향을 미치는 것은 다른 것이다. 한 여선생님이 약 10세의 아이가 방금 큰 소리로 읽은 것을 설명할 수 없다는 것에 놀라움을 금치 못했다. 두 번째 아이가 다음과 같이 소리쳤다.《자기가 읽은 것도 이해를 못하다니!》그래서 그 여선생님은 이 두 번째 아이에게 똑같은 내용을 다시 읽게 하고, 첫 번째 아이는 그것을 듣게 했다. 이 첫 번째 아이는 즉시 읽은 부분을 설명했다.

　책으로만 언어를 배운 외국인은 다음 도식에서처럼 삼각형의 세 번째 면과만 관계할 위험성이 있다.

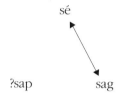

　몇몇 묵독과 속독 학습의 경우 이러한 관계는 특전을 부여받아야 하는 것처럼 보인다. 그런데, 전체적으로 잘 파악된 이상적인 읽기를 통해서 SAG에서 SÉ와 SAP로의 즉각적이고도 동시적인 전이가 다음 도식에서처럼 용인될 수도 있을 것이다.

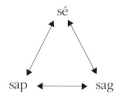

이것은 SAP와 SAG 사이의 평형관계가 밀접하면 할수록 더욱 더 용이하다.

한자와 같은 표의문자는 SÉ ↔ SAG 관계를 중시한다. 글자 (caractère)는 SÉ에 관하여 상징적 관계(소쉬르적 의미에서)에 있다. 《평화, 평온》을 의미하는 글자를 예로 들어보자. 《따로 취해진 이 글자의 표기 요소들의 윗부분은 "지붕"을 의미하고, 아랫부분은 "여자"를 의미한다. 그래서 내려지는 결론은 지붕 아래에 있는 여자는 평온하다는 것이다. 이것은 기억을 돕는 효과적인 체계로서 종종 어원에 바탕을 두고 있다. 그러나 이것이 언어적인 분석은 아니다.》[113] 아무 것도 문제의 글자 형태[114]에서 발음을 이끌어 낼 수 없다. 중국어를 배우는 사람에게는 이중의 학습이 불가피하다. 만약 표기 형태에서 출발한다면 SAG에서 SÉ로, SAG에서 SAP로 이행하는 것을 배워야만 할 것이다.

음소 표기에서 표기 형상(figure graphique) 즉 상징은 각 분절 음성단위 곧 언어의 각 음소와 일치한다. 따라서 의미에 대한 모든 지시와는 상관없이 처음으로 듣는 낱말을 쓸 수 있고, 전에 전혀 들은 적이 없는 문어로 된 낱말을 발음할 수 있다. 첫 접촉이 구두상이건 혹은 표기상이건 간에 기의는 문맥을 통해서 얻어질 수 있을 것이다. 이때 이 기의는 동일한 기표가 다른 문맥에서 새롭게 출현함에 따라 조금씩 명확하게 구분될 것이다. 표기 (graphie)와 발음(phonie) 사이의 밀접한 등가성, 즉 제2차 분절 차원에서의 구조적 일치를 통해서 모든 구어적 습득은 즉시 표기의 형태로 변환될 수 있고, 표기에 의한 모든 습득은 구어적 형태로 변환될 수 있다. 아이는 자기가 읽기를 통해서 배웠다고 생각하는 것을 주위 사람들에게 말로 시험해 볼 수 있다. 손으로 글자를 쓸 수 있는 순간부터 아이에게 있어서 문어적 표현은 구어적 표현만큼이나 쉽다. 왜냐하면 아이는 철자법을 알지 못하는 것에 구애를 받지 않기 때문이다. 뿐만 아니라 전자가 후자에 의해서 더 풍부해짐에 따라, 아이는 의사소통의 핵심 내용 그 자체에 대한 생각에 모든 주의를 기울일 수 있고, 문자언어와 더불어 새롭고 희귀한 기의의 영역에 들어가게 된다는 것을 깨달을 수 있다.

일상생활에서 SA´ 나 SA″로부터 SÉ로 직접 이행할 수 있도록 하는 것과 같은 방식으로 한 개인이 기의의 영역과의 관계에서 대체 약호들을 소유하고 있다는 것을 우리는 아주 쉽게 예견할 수 있다. 또한 개인에게 있어서 SA´ 나 SA″의 습득은 SA의 습득에 선행했거나, 또는 개인이 이들 체계를 사용하는 것과 관계가 있는 특별한 이유로 SA나 SA´ 보다, 예컨대 SA″를 사용하는 것이 더 쉽다는 것도 예견될 수 있다. 요구되는 관계가 다음 도표에서처럼 이 기의(SÉ)를 가진 기표들 중의 어느 하나와의 관계일 때는 언제나 병렬적 약호의 상태인 사실상의 상태에 이르게 된다.

기호학과 기호론

기표들에서 다른 기표들로의 변환 가능성은 특별히 미국 《기호론자들》의 주의를 끌었다. 그러나 기호에서 한 면으로 된 실체만을 보는 경향이 있는 그들에게 있어서 문제가 되는 것은 바로 기호들의 연쇄이다. 우리가 기표에서 기표로, 기의가 전혀 드러나지 않는 최초의 기호까지 소급해 올라간다면, 그들은 《기호》에서 《기호》로 거슬러 올라간다. 이 후자의 경우 도달되는 마지막 기호는 그 이전의 기호들과 다른 성격을 띠지 않는다. 그렇지만 기호들로 식별이 된다 해도 마지막이 아닌 《기호들》은 상징으로 지칭될 수 있다.

다른 한편으로 의미체의 모든 분절은 미터(*mètre*), 데카미터(*décamètre*), 헥토미터(*hectomètre*), 킬로미터(*kilomètre*)와 같은 유형의 부류들처럼 다소 큰 단위들로 분할된다. 성격적 차이, 즉 형상(figure)과는 구별되는 기호의 의미적 기능은 잘못 인식되거나 주변적인 것 같이 보인다. 따라서 음소를 전사하는데 쓰이는 것은 《기호》의 《기호》 즉 상징이고, 종이 위에 작성되는 음소표는 상징들의 체계이다. 그 때문에 음운론적 체계가 기호 체계라고 말해도 별 차이는 없다. 더군다나 이 차이는 SA에서 SA′로(SA↔SA′) 이행하도록 하는 관계의 가역성에 의해 극복될 수 있다.

바로 이러한 점에서 두 면으로 된 단위체계를 연구하는 기호학과 한 면으로 된 단위 체계만을 고려하는 기호학 사이에 차이가 있을 수 있는 것처럼 보인다.

동시에 기능하는 체계

하나는 밤에 기능하고 다른 하나는 낮에 기능하도록 되어있는 두 개의 대체적 체계는 상보적이라고 간주할 수 있으리라. 그러나 동시에 기능하면서 정보전달의 임무를 공유하는 두 체계 또한 상보적이다. 영화에서나 텔레비전에서 정보는 형태, 색깔, 움직임과 같은 이미지들뿐만 아니라 독백, 대화, 음악, 잡음과 같은 청각적 영상을 사용해서 동시에 주어진다. 이 모든 것은 불균등하게 체계화된 일련의 수단을 구성하고 있다.

《상황상의》 의사소통에서 으르렁거림, 몸짓, 흉내는 자주 응수(應酬)의 자리를 차지한다. 언어학자들은 관여성을 근거로 선별을 했으나 그 관여성은 어떻든 정보를 제공하는 의사소통의 모든 이 같은 양상들을 상황과 환경에다 돌려버렸다. 그들의 학문은 분명 그러한 선별 없이는 오늘날과 같은 선도적인 학문으로서의 진보를 이루지 못했을 것이다. 그러한 관점에서 계속적으로 우리들에게 가장 고무적인 방법론적 모델, 즉 모든 연구 목적과는 관계없이 미리 설정된 구조의 모델이 아니라 추구할 절차적 모델을 제안하는 이들은 가장 일관성이 있고 가장 엄격한 연구자들, 예컨대 분명히 구분된 장(章)으로 음소론과 운율론을 다루는 연구자들이다.

복잡한 의사소통을 연구하기 위해서는 결국 연속적인 선별 과정을 거쳐야만 할 것이다. 의미 행위(acte sémique)는 채택된 관점 때문에 더 이상 중요한 위치에 있지 않는 것을 매번 상황으로 돌려버리면서 상이한 관여성에 입각하여 여러 가지 검토를 받게 될 것이다. 만약 몸짓 체계를 정의하려 한다면 몸짓이 일어난 순간과 동시에 발화된 말은 몸짓 신호의 상황 설명으로 분류되어야 한다.

유사 언어학과 동작학

여러 학문이 《행동과학》의 틀 내에서 발전되었고, 의사소통의 여러 가지 양상을 다루었다. 메리 키(Mary Key)[115]는 동시에 사용된 여러 가지 경로에 대하여 연구했다. 그녀는 발화 행위의 과정에 관찰된 사실들을 세 경로 즉 언어학적, 유사 언어학적 그리고 동작학적 경로에 따라 분류할 것을 제안한다.

유사 언어학은 음성 생산에서 언어적 분절에 속하지 않는 모든 것을 연구한다. 이것은 결국 발화 주체의 감정 상태를 나타낼 뿐만 아니라, 발음된 발화내용을 강화시키는 만큼이나 자주 약화시킬 수 있는 일련의 지표들을 포함한다. 그러나 이 지표들은 또한 지나가는 어여쁜 아가씨에 대한 찬탄을 표하거나 혹은 놀리는 휘파람 소리, 모방적 외침, 상투적이 야유 등과 같이 《의도된》 음성 생산도 포함한다. 대부분의 음조 행위는 여기에 속한다.

동작학은 몸짓, 얼굴표정 연기, 윙크, 미소, 눈살 찌푸리기, 몸이나 머리의 움직임, 자세 등을 다룬다.

이들 분야에서의 어려움은 지표와 신호 사이를 선별하는 것과, 인간 행동의 《보편성들》-이들 보편성을 확신을 갖고 이끌어낼 수 있다면! -, 분명히 드러나지 않는 문화적 전통 그리고 가족적 혹은 개인적 특성에 따른 자의성과 분절이라는 기준에 따라 목록화된 사실들을 분류하는 것이다. 물론 누구나 여기서 언어활동의 《약호화된 대체물》과 동일한 자격으로 좁은 의미의 기호학에 속할 수 있을 고유한 의미의 체계들보다는 사실들의 집합만을 보고 싶어할 수 있다. 어쨌든 그러한 행동들은 문화적 습득과 일치하며 어떤 의미에서 약호를 구성한다는 것을 기억해야 한다. 이러한 사실은 종종 인식되지 않은 채 지나쳐 버린다. 왜냐하면, 그 행동들이 개인의 삶에서 너무 일찍 습득된 습관의 결과일 뿐만 아니라, 또한 우리는 흔히 거기에서 문화적인 것보다는 차라리 자연 그대로의 특성들을 보기를 원하기 때문이다. 그 이유는 그러한 행동들이 자주 언어학적 혹은 사회학적 관찰을 통해서 구별할 수 있는 자연 그대로의 특성보다 더 광범위한 인간 집단의 특색을 자주 드러내기 때문이다.

유사 언어학과 동작학- 이것들이 용인하는 선별을 통해서 -은 언어학[116], 심리학, 정신분석학, 사회학, 인류학에 귀중한 도움을 줄 수 있다.

여기서 동작학의 하위분류로서 사람들이 인간관계의 틀 내에서 그들 사이에 유지되어야 한다고 생각하는 거리를 연구하는 《근접학》이 언급될 것이다.[117] 우리는 여기서 어떤 《중요한 인사》가 방문객을 접견할 때 취할 수 있는 세 가지 의미있는 행동을 살펴볼 것이다. 1. N씨가 책상에 앉아서 방문객이 접근하도록 그냥 둘 뿐, 앉으라고 권하지 않는다. 2. N씨는 일어서서 방문객과 악수를 하고, 자기와 마주보고 앉도록 권한 후 자기의 책상에 다시 앉는다. 3. N씨는 자기의 책상에서 나와 방문객을 낮은 탁자 옆에 위치한 소파에 앉게 하고, 자신은 이 소파 옆에 있는 다른 소파에 자리를 잡는다. 물론 환대하는 마음으로 담배를 제공하거나 차나 다른 음료수까지 제공할 수도 있다. 이 세 가지 행동은 아무 것도 《말해진 것》이 없이도 어떤 수준에서 대담을 주도하고 싶은지에 대한 의도를 극명하게 보여준다.

상보적 체계

우리는 무엇보다도 기의들의 영역때문에 다른 체계들 혹은 방법들을 상보적이라 부를 것이다. 이를테면 한 쪽에 의해서 표현될 수 있는 것은 다른 쪽에 의해서 표현될 수 없다. 따라서 발신하기를 원하는 전언에 따라서 둘 중 어느 한 쪽이 선택된다.

그렇지만 기의의 영역들이 다소 중첩되는 체계들 혹은 방법들은 동시에 사용하는 것이 가능하다. 우리는 어떻게 정보가 여러 가지 경로로 나누어지고, 여러 매체들 사이에서 공유될 수 있는가에 대해 이미 언급한 바 있다. 따라서 이러한 다양한 경로를 통해서 동시에 전달되는 것이 동일한 전언일 때 **중복(redondance)**이 있을 수 있다. 이러한 중복은 서투른 실수, 낭비일 수도 있고 관찰자 혹은 청자를 지겹게 만들 수도 있다. 보이는 것을 왜 말로 하는가? 관객들이 그것을 보기 때문일까?

이러한 중복은 의도되거나 기능적일 수 있다. 중복은 소음, 주의가 산만한 순간을 보완해준다. 중복은 교육적 가치를 가질 수 있다. 이를테면 학생이 체계들 중의 하나를 알고 있고, 다른 하나를 모른다면 후자를 가르치기 위해 전자를 활용할 수 있다. 예컨대 피에르(Pierre)를 보여주면서 《피에르》라고 말한다. 그 다음에는 피에르가 아주 단순한 행동을 수행하는 것을 보여주면서 《피에르가 걷는다, 피에르가 앉는다, 피에르가 창문을 연다, 문을 연다, 책을 펼친다, 등》을 말한다. 이것이 시청각 교육의 원리이다. 우리는 외국의 언어와 문화 분야에서 훌륭한 유사 언어학 연구가 가져다 줄 수 있는 중요성과 함께 이 연구를 통해 피할 수 있는 잘못을 이해하게 된다.

공시적 기호 체계와 메타 기호 체계

루이 예름슬레우(L. Hjelmslev)는 마침내 내용(contenu) 면과 표현(expression) 면이라는 용어로 기의와 기표의 개념을 다루었다. 이를 통해서 무엇보다도 최소 기호의 문제 제기를 피할 수 있다. 그는 기호론적 체계(systèmes sémiologiques)를 지칭하기 위하여 《기호 체계 sémiotiques》라는 용어를 채택한다.[118] 그는 한편으로 양면 중 어느 것도 기호 체계가 아닌 외시(外示)적 기호 체계들을 구별 짓는다. 따라서 일반적인 용법에서는 언어와 관련이 있을 수 있다. 우리는 그것을 다음과 같은 형식으로 나타낼 수 있을 것이다.

$$\frac{SÉ}{SA}$$

다른 한편으로 그는 양면 중의 하나가 기호 체계인 기호 체계의 존재를 설정한다. 우리는 그것들을 경우에 따라 다음과 같은 도식들 중의 어느 하나로 나타낼 수 있을 것이다.

$$\frac{SÉ}{SA} = \frac{SÉ}{SÉ/SA}$$

$$\frac{SÉ}{SA} = \frac{SÉ/SA}{SA}$$

공시(共示)적 기호 체계는 표현 면에서 SA가 실제로는 SÉ/SA인 또 다른 기호 체계를 갖는 체계이다. 이들 공시적 체계는 우리가 상보적 체계라고 부른 것을 포함하고 있을 뿐만 아니라, 또한 (예름슬레우는 적절하게도 근본적으로 다른 어떤 것이 관련되어 있다는 것을 나타내지 않는다) 지표들의 총체를 포함한다. 이들 지표들 중의 몇몇은 - 그 수가 얼마나 되던지 간에 - 이른바 전언보다도 화자를 특징짓는 《파리의》, 《프로방스의》, 《외국의》, 《기쁜》, 《피곤한》등과 같은 유형의 유일하고도 동일한 《기의》만을 지시한다. 예름슬레우는 이러한 지표들을 **공시소(connotateurs)**라 부른다. 사실상 공시소들은 정확히 말해서 연구의 중심이 되는 체계에 당연히 속하지 않기 때문에 제거하는 것이 옳은 소음이거나 잡음이다. 우리는 《자료체》에 대하여 이 모든 것을 재검토할 것이다. 이러한 공시소들이 체계 혹은 의미 있는 총체로서 재정립될 가치가 있다는 것은 틀림없는 듯하다. 그러나 이것들이 대개의 경우 기호로서가 아니라 지표로서 기능한다는 것을 분명히 납득해야만 한다.

메타 기호 체계는 내용 면에서 또 다른 기호 체계를 갖는다. 따라서 《기호 체계를 다루는 기호 체계》와 관계하게 된다. 우리의 고유한 용어로 여기서 SÉ는 사실상 SÉ/SA이다. 일반적으로 언어학자들의 관심을 별로 끌지 못했던 메타 언어 활동이 특히 문제가 된다. 왜냐하면, 메타 언어 활동은 그것들 자체로는 언어학적 체계를 구성하지 못하고, 대개의 경우 특별한 어휘를 통해서만 특징지어지기 때문이다. 우리의 생각으로는 메타 언어 활동이 고유하게 갖는 것은 무엇보다도 기의들의 영역이나, 그 기의들의 체계는 연구자에 의해 사용된 언어의 체계이고, 어떤 특별한 분석에도 속하지 않는다.

공시

장 몰리노(Jean Molino)는 공시적 의미를 다룬 논문[119]에서 어떤 변모를 통해서 스콜라학파가 사용한 공시적 의미가 언어학으로 흘러 들어왔고, 더 나아가 롤랑 바르트(R. Barthes)의 작품에서 어떻게 중심적인 위치를 차지했는가를 보여준다.

공시(共示, connotation)는 외시(外示, dénotation)와의 대립을 통해서 정의되며, 이 후자가 이해되는 방식에 따라서 다르다. 외시를 정당화하는 것처럼 보이는 어떤 대상에 대한 지시관계라는 **개념(크렝크렝*과 바이올린**은 동일한 외시를 가질 것이다. 왜냐하면 이 둘은 동일한 사물을 지칭할 수 있고, 단지 그것들의 공시적 의미에 의해서만 차별화될 것이기 때문이다)과 외시가 낱말의 모든 잠재성과 뉘앙스를 포함한다고 마르티네(A. Martinet)[120]가 밝힌 개념을 대립시키는 것이 바람직하다. 따라서 외시는 말(terme)의 실질적인 기의이다. 이를테면 크렝크렝의 외시는 바이올린의 외시가 아니다.

첫 번째 개념에 따르면 말의 사용과 결합될 수 있는 모든 정의(情意)적인 반응은 공시적 의미에 속할 것이다. 따라서 크렝크렝은 바이올린과는 다른 공시적 의미를 가지나 동일한 외시를 가진다. 두 번째 개념에 따르면 이 모든 것은 외시에 속한다. 한 개인이나 개인의 집단에는 고유하지만 공동체 전체에는 고유하지 않은 단어에 대한 반응에 해당되는 것들만이 공시적 의미라는 말을 쓸 자격이 있다. 따라서 크렝크렝과 바이올린은 이것들의 외시에서 조차도 다르다.

예름슬레우(Hjelmslev)와 그의 뒤를 이어 바르트(Barthes)가 말하는 공시는 최소 기호의 차원에 위치하는 것이 아니라 담화의 차원에 위치한다. 우리는 예로서 예름슬레우[121]의 논의를 예시하

---

* [역쥐 구어로서 싸구려 바이올린을 가리킨다. 깽깽이라고도 말한다.

도록 할 것이다. 프랑스어를 하는 프로방스 사람을 보기로 하자.
우리는 그가 행한 언술에서 몇 가지 표지(indicateurs)를 밝혀 낼
것이다. 몇몇 표지들은 단지 표현 면에서만 위치한다. 예들 들면
그가 비모음을 비비음화한다는 사실이 그것이다. 예름슬레우에
게 있어서 이것들은 신호이다. 다른 표지들은 내용 면과 표현 면,
양면 모두에 위치한다. 이것은 《l'évier 개수대》를 la pile로, 《les
carreaux 타일》를 les mallons으로 나타내는 식의 단어들일 수
있다. 예름슬레우는 이것들을 공시소라고 부른다. 우리는 프로방
스어식 억양이 우리의 발화주체에 의해서 발음되는 모든 언술을
계속적으로 특징지을 것이라는 것을 주목할 것이다. 반면에 공시
소는 번역할 수 있다. 우리의 발화주체가 원하고 할 수만 있다면
pile와 mallons은 프랑스어에서 이에 상당하는 말로 대체될 수
있다. 만약 그가 프랑스어에서 정확한 상당어(相當語)가 없는 말
을 사용한다고 할지라도, 예컨대 설명을 통해서 《번역하는 것》도
가능할 것이다. 모든 《텍스트》에서 표지들의 총체, 특히 그룹으로
분류되어 의미를 나타내는 공시소들의 총체를 찾아내는 것은 가
능하다. 공시소들은 텍스트에서 도출되어야하고 특별한 학문의
분야에서 다루어져야 한다. 공시소들도 또한 표현과 내용을 가지
고 있다. 예컨대 《프랑스어의》 공시소는 표현으로 프랑스어와 이
언어의 용법을 가지고 있다. 롤랑 바르트(R. Barthes)[122]는 분명
예름슬레우(Hjelmslev)의 생각 축 내에서 공시라는 말을 이해했
고, 이 개념은 그에게 있어서 《기호학의 중심적인 원동력》이 되
었다.

표지(indicateur) 즉 에름슬레우의 공시소는 기호라기보다는
지표(indice)이나 약간 특별한 지표이다. 그 지위는 사실상 이 공

시소가 화자가 선택한 결과냐 아니냐에 따라 변할 수 있다.

언어학 밖에 있는 이러한 유형의 문제를 고려하면서 루이 프리에토(Luis Prieto)[123]는 한 개인이 어떤 작업을 행해야 할 때, 그 개인은 대개의 경우 그 기능이 정확하게 그러한 작업을 실현하는 데 있는 도구에 의존한다는 것을 지적하고 있다. 쓰기 위해서 나는 사인펜이나 연필을 사용하거나 더 나아가 타자기를 사용한다. 내가 이러한 작업을 실행하기 위하여 어떤 다른 것 대신에 한 가지 도구를 선택할 수 있다는 점에서 도구의 선택에 의미가 부여될 수 있다. 프리에토는 알랜 태너(Alain Tanner)의 영화 「죽은 찰스 혹은 살아있는 찰스 *Charles mort ou vif*」의 주인공에게서 다음 말을 차용하여, 《도구가 선택될 수 있는 순간부터 모든 행위는 사회에서 **의식(cérémonie)**이 된다》라고 말할 것을 제안한다. 따라서 실행되는 작업은 항상 이중적 개념을 가질 수 있을 것이다. 그것은 바로 그러한 작업이 겨냥하는 목적 자체와, 수단은 물론이고 그 작업을 실행하기 위하여 사용된 도구와 관계있는 《의식》이다. 그는 여기서 기호학의 근본적인 소여(所與)를 구성하는 것처럼 보이는 《이중의 관여성》을 본다.

따라서 동일한 분석의 틀에 재통합할 사실들의 차별적인 기준으로 우리가 재발견한 것은 관여성(pertinence)이다. 그러나 예름슬레우의 공시소, 프리에토의 의식(儀式)은 아마도 사실과 행위에 대한 관찰로부터 인간학의 영역에 속하는 다른 학문들에 제안될 수 있을 《엄선된》 자료들의 총체를 이끌어내려고 할 때만이 기호학에 통합될 수 있을 것이다.

5

체계의
역동성

5. 체계의 역동성

필요에 따른 합치와 적응

문장(紋章, blason)*에 대한 자신의 연구에서[124] 조르주 무냉(G. Mounin)은 기호학에서의 통시성을 성공적으로 도입했다. 이것은 무엇보다도 먼저 《문장과 어떤 공통성을 가지고 있지만 문장이 아닌 현상들 혹은 체계들을 제거하기》 위한 것이고, 다음으로 《동일한 "형태들"이 동일한 기능을 담당하지 않는 곳에서 최소한 서로 다른 두 개의 공시성을 끌어내기》 위한 것이었다. 통시론적 방식을 통해서 시간의 흐름 속에서 이들 공시적 상태 중의 하나에서 다른 공시적 상태로 이행하도록 하는 과정이 드러난다.

비록 언어학적 기능주의가 소쉬르의 가르침을 따라 공시성과 통시성을 구별할 필요성을 잘 받아들일지라도, 그렇다고 해서 그것이 공시적인 것과 정태적인 것을 동일시하는 것은 아니다. 모든 언어는 영원한 변화의 과정 속에 있다. 한 언어를 기능적 면에서 면밀하게 검토해 보면 현재 진행 중인 경향이 드러날 뿐만 아

---

* [역주] 문장(紋章)은 국가나 단체 또는 집안 따위를 나타내기 위하여 사용하는 상징적인 표지(標識)로, 도안한 그림이나 문자로 되어 있다.

니라, 나이가 평균보다 많은 화자들에게서 보이는 예스러운 말투와 그 나머지 화자들에게서 보이는, 결국은 일반적으로 불가피한 것으로 받아들이게 되는 새로운 말투가 공존한다는 것이 드러난다. 이는 - 비록 언어가 이러한 것만이 아님에도 불구하고 - 우선 언어는 의복, 자동차, 집, 예술, 문학, 사상, 에로티즘, 과학적 이론, 제도들과 마찬가지로 각 새로운 세대가 필요에 따라서 채택하는 의사소통의 수단이기 때문이다. 따라서 언어가 변화하게 되는 것은 의사소통의 도구로서이다.

현재 쓰이는 모든 기호 체계는 동일한 순응의 필요성에 따른다. 이것은 기호 체계의 균형 혹은 더 나아가 그것의 경제성이 끊임 없이 재검토된다는 것을 말한다. 아주 새로운 필요에 따라, 체계에 기존의 단위들에 입각하여 구성된 새로운 의미체들의 부가나 혹은 더 나아가 새로운 단위들- 이들 단위의 존재를 통해서 전체의 균형이 변경될 수 있다 -의 출현이 결정될 수 있다. 필요의 변화에 따라 또한 단위들이 구식(舊式)이 되거나 사라질 수도 있다. 이것은 차츰 체계의 전 부분을 재조직화하는 결과를 낳을 수도 있다.

다음 예시들은 우리가 새로운 기호들의 부가와 몇몇 다른 기호들의 대체 혹은 폐기를 통해서 점진적인 변화를 목격한 도로 표지판의 체계에서 차용한 것이다. 이러한 변화는 일반적으로 교통과 관련된 법규의 상태를 반영한다. 그러나 그러한 법규는 흔히 약간 늦게, 예컨대 교통의 증가 혹은 교통의 국제화에 따라 여러 가지로 변하는 필요 상황과 일치한다.

주차금지는 옛날에는 완전한 금지로서 붉은색 환상에 흰 원(圓)으로 그 속에 주차(Parking)의 P는 붉은색으로 지워져 있는 것으로 표시되었다. 교체된 주차법령이 제정되었을 때 이 표지판은 P가 사라진 새로운 부류의 신호로 대체되었다. 이에 따라 푸른색이 된 바탕에 대조의 법칙에 따라 흰색으로 금지 날짜를 명확하게 하는 표시들, 곧 하나의 표지판 대신에 주차금지, 교대주차, 정차금지, 정차통제와 같은 네 개의 표지판이 나타날 수 있었다.

수많은 변경은 텍스트를 상징적 혹은 형상적 도안으로 대체하는 것을 목적으로 하고 있다. 신호는 특별한 언어에 예속되어 있지 않다. 신호는 사실상 국제적 지위를 인정받는다. 신호는 보다 빨리 그리고 보다 멀리서 총체적으로 인식되기 때문에, 더욱 빨리 달리는 운전자들이 자기들의 시야에 나타나는 각 사물들에 부여할 시간이 보다 적을 때는 상당한 이점이 있다. 감탄부호를 상기시키는 수직의 선은 옛날에는 모든 위험을 표시했고, 그 위험의 성격은 표지판 그 자체나 혹은 표지판 아래의 간판에 쓰인 표지(indication)를 통해서 명시될 수 있었다. 게다가 대부분의 이러한 표지들은 이들 표지가 대체하는 텍스트들에 준거할 때만이 확실하게 해석되는 실루엣들로 점점 대체된다. 처음에 언어학적으로 구별된 기의는 나중에 이 기의에 해당하는 특정의 기표를 부여받는다. 사실상 전체의 경제성조차도 재검토되지 않고서, 언어학적 변이체와 병행하거나 혹은 이것 대신에 기표의 도상적 변이체가 도입된다. 언어 상황에서 예스러운 말투와 신조어들이 공존하는 것과 마찬가지로 신표지판과 구표지판이 오랫동안 도로상에 공존한다.

도로 표지판 체계는 최근 일련의 변경을 통해 우리에게 아주 깊은 영향을 주는 것 같다. 의미체들을 최대한 차별화 하고자 하는 배려가 구조화의 일관성을 유지하려는 바램보다 우세하다. 새로운 형태, 즉 《멈춤 stop》을 나타내는 붉은색 8각형- 이 종류에서 유일한 것임 -, 교통량이 많은 도로의 두 마름모꼴 그리고 이들 마름모꼴의 새로운 색깔, 즉 노랑색이 도입된다. 마름모꼴이 나타나는 도로상에서 화살표로 표시된 십자가 하나가 다른 하나에 의해 올바르게 대체되는 것 없이 -는 사라지는 경향이 있다. 네거리 앞에 위치한 화살표로 표시된 십자가는 우선권이 있는 도로의 사용자들에게 해당되는 것이고, 네거리의 뒤에 위치한 마름모꼴은 이 도로에 막 진입한 사용자들에게 해당된다.

　도로상의 표지 세우기가 《담화 discours》로 고려될 경우, 변화된 것은 이 담화의 조직 그 자체이다. 구조화의 일관성에 대한 또 다른 훼손, 즉 남서-북동 방향에서 검은색으로 지워져서 우선권의 상실을 나타내는 마름모꼴은 이러한 지우기와 관계된 혼란을 두드러지게 하는데 여전히 한 몫을 한다.[125] 이때 이 지우기의 변별성이 분명하게 드러나지 않음에 따라 붉은색 환형(環形)으로 된 흰 원 속의 붉은색 사선(斜線)은 그 방향이 어느 쪽이든 간에 《금지》라는 기의만을 강조하게 할뿐이다. 남서에서 북동으로 향한 붉은색 환형의 푸른색 원 속에 여전히 있는 이 붉은색 사선은 이 《금지》의 기의를 포함하기보다는 한 달을 반반씩 나누기 위해서 혹은 도로를 《짝수편》과 《홀수편》으로 나누기 위해서 이 원을 둘로 나누는 것처럼 보인다. 크림색 원 속에 남서쪽에서 북동쪽으로 향하는 검은색 사선은 원칙적으로 규정의 종결을 나타낸다. 그런데 이곳의 마름모꼴에서 유념해야 할 기의는 바로 《…의 종결》이다. 그러나 이 경우 《규정의 종결》이 아니라 《우선권의 종결》이다. 동시에 붉은색 사선으로 항상 남서쪽에서 북동쪽으로 향하지만 이번에는 파란색 위에 환형(環形)이나 빨간색 가장자리

가 없이 우리에게 나타나는 것은 최소 속력의 종결, 고속도로의
종결, 《모터 차량 전용 통행》의 종결이다. 더 나아가 《위험》을 나
타내는 삼각형의 테두리를 이루는 붉은색 가장자리는 확대되고,
주차금지 표지판의 붉은색 환형만큼 중요성을 지닌다. 기표들의
이러한 다양한 변경을 통해서 기의들과 변별성이 재정의되거나
어쨌든 명시되게 된다. 본질적으로 《위험》을 나타내는 빨간색은
삼각형 속에서는 외시되고 원 속에서는 공시된다. 먼저 위험한
것이 금지되지만, 모든 금지는 결국 바로 이 동일한 기표를 부여
받는다. 《우회전 금지》로 표현된 예외와는 별도로 지우기(biffure)
에서 관여적인 것은 이제는 지우는 방향이다. 이를테면 금지는
북서-남동으로 나타나고, 《…의 종결》은 남서-북동으로 나타난다.
왜냐하면 빨간색과 검정색의 선택은 색깔의 대비 법칙에 의해서
만 결정되기 때문이다. 지우기가 틀림없이 위험을 공시하는 것
같은데도, 이 지우기가 빨간색이 아니라는 것은 거북스럽다.[126]

공시적 연구를 통해서 처음에는 지나치게 편협한 체계의 혼합
적인 특징이 더 잘 나타나게 된다. 그리고 이 체계는 처음의 치밀
한 구상을 지배했던 원칙들이었던 것처럼 보이는 것을 가끔 무시
하고, 끊임없는 조정을 통해서만 발전될 수 있다. 신호화의 필요
성뿐만 아니라 아마도 문제를 고찰하는 방법, 지각, 학습 그리고
기억작용의 문제들에 대한 심리적 접근도 변화하였고 상당히 고
양되었다.

고정화의 위험

필요에 따른 도구의 채택이라는 아주 정상적인 이러한 반응들

이 유서 깊은 제도로 여겨지는 것일 경우, 예컨대 표기법의 경우에 완전히 없을 수도 있다. 여기서 도구가 문제일 수 있다는 관념 자체는 상당히 터무니없어 보인다. 언어학자를 제외한 모든 이들에게 있어서 철자법은 언어 그 자체, 다시 말해서 침해할 수 없는 문화적 유산, 그것도 이 유산의 작은 꽃이다. 그것은 《억양》을 뛰어넘어 릴(Lille) 사람들과 마르세유(Marseille) 사람들 사이의 관계를 맺어주는 것이고, 수세기를 뛰어넘어 라신느(Racine)의 비극과 카뮈(Camus) 소설 사이의 관계를 맺어주는 것이다. 철자법은 시간과, 지리적 혹은 사회적 공간을 뛰어넘어 나라의 단일성을 확고히 한다. 그런데 철자는 처음에 언어의 대체적 혹은 병렬적 약호이지만, 이 약호를 사용하는 공동체에서 그러한 대체적 혹은 병렬적 특성이 부분적으로 망각되는 경향이 있을 정도로 중요성과 자율성을 갖는 약호이다. 언어는 시간을 통해 변화할 수 있다. 왜냐하면 그것의 구어(口語)적 관용 규범이 한 세대가 사라질 때 잊혀질 수 있기 때문이다. 이에 반해 철자의 규범은 텍스트가 존속하는 만큼 오래 유지될 수 있다. 철자는 고유한 의미에서의 언어인 구어(口語)의 학습과는 구별되는 학습을 점점 더 요구한다. 철자는 더 이상 단순한 철자가 아니라, 그것의 만족스러운 조작이 문화적 표시가 될 수 있는 정자법(orthographe)이다. 구어(langue parlée)와 문어 약호(code écrit) 사이의 결별은 더더구나 이 둘 사이에 긴밀한 병렬주의를 유지하고자하는 필요성이 절대적인 문화적 필요성으로 전혀 인식되지 않으므로 더 뚜렷해진다. 많은 사람들에게 있어서 구어적 의사소통과 문어적 의사소통은 서로 다른 세계에 속한다는 것은 사실이다. 여기에 동일한 영역의 기의들이 작용하는 것도 아니다. 격조 있는 문어적 수준과 허술한 구어적 수준 사이에 기의들의 서열이 생기게 된다. 이 경우 사람들은 라신느(Racine)의 비극과 보쉬에(Bossuet)의 연설문이 원래 구어체이지만 격조 있는 수준의 글에 속한다는 것을 망각하고 있다. 왕당파(La Cour)는 그들의 작품을 읽지 않고 들었다.

두 개의 병렬적 약호는 다른 실체로 형성되어 있다. 통시성을 통해서 서로 다른 실체들이 동일한 압력과 동일한 제약을 받지 않는다는 사실- 분명한 것이라고 사람들은 믿었을 것이다 -이 확인된다. 따라서 이러한 실체들에서 절단된 《형태들》이 병렬적 변화를 따르도록 할 이유는 없다. *femme*(여자)의 철자 *e*가 옛날에 표시했던 음이 다양한 비음의 조음을 거치면서 오늘날의 [fam]라는 발음의 [a]에 이를 때에, 이 철자 *e*가 스스로 철자 *a*로 바뀌도록 할 필요는 없다. 반대로 손으로 쓴 표기법에서 *u*와 *n* 사이의 혼동이 잦다고 해서 발음상의 대조가 있어야 할 이유도 또한 없다. 이러한 철자들이 습관적으로 옮겨 적는 음소들은 전혀 공통점이 없을 뿐만 아니라, 절대 혼동되지도 않는다.

따라서 상황이 진행되도록 내버려둔다면 병렬적 약호들이 다양한 방법으로 진화하여 병렬적이기를 멈추기 위한 모든 가능성이 열려있다. 병렬적 약호들은 두 개의 다른 실재가 되어 이중의 학습을 요구하는 경향이 있다. 따라서 병렬주의를 유지한다는 것은 한 체계와 다른 체계의 단위들 사이의 균형에 유의할 것을 요구하는 것이다. 만약 이 두 체계 중 하나가 알려져 있고 다른 것에 앞서 상용되고 있다면, 이 후자가 사실상 전자의 대체물이라는 것은 의심할 여지가 없다.

내적 조정

의사소통의 모든 체계에 있어서 - 그것이 한 언어에 관계되든 혹은 어떤 기호학적 구조에 관계되든 간에 - 변화의 궁극적 요인은 그 체계를 사용하는 공동체의 변하기 쉬운 필요(곧 욕구)라는 압력 속에서 연구되어야 한다는 것은 분명하다. 그러나 그러한 필요들은 매우 다양하기 때문에, 그것들에 대한 확인이 언어학 혹은 기호학 이론가들의 능력을 벗어나는 것은 아주 일반적인 일이다. 이들은 기껏해야 일반론으로 만족하고 결코 입증할 수 없는 가정만을 제시할 뿐이다.

반대로 전문가들이 현상의 이해에 유효하게 기여할 수 있는 경우는, 체계들이 그 원천이 무엇이든 간에 외부에서 오는 압력에 어떻게 반응하는가와 사용자들이 가장 경제적인 방법으로 필요를 충족시키기 위하여 체계들이 제공하는 방편들을 어떻게 유리하게 활용하는가를 보여줄 때이다. 물론 그러한 필요들이 항상 매우 복잡한 성격을 띠고 자주 모순적인 것으로 나타날 수도 있다. 예컨대 그러한 필요들 가운데 한 문화의 단일성과 영속성을 확고하게 하고자 하는 바램, 특히 정자법의 정착에 동참하고자하는 바램을 포함시켜야 한다.

체계들의 변화에 대한 내적 조정(conditionnement interne)에 대한 연구는 앙드레 마르티네(A. Martinet)의 『음성변화의 경제성 Economie des changements phonétiques』[127)]에서 다루어졌다. 음운체계들의 경제성에 대하여 여기에서 말해지고 있는 모든 것이 이들 체계가 맺는 언어의 다른 나머지 측면들과의 관계 내에서 모든 기호학적 체계에 적용될 수 있는지는 확실하지 않다.

예컨대 발화 기관의 비대칭적 배치의 영향과 관계되는 것은 이들 음운체계와 관계되는 다른 경로의 문제일 때는 암시하는 바를 제시할 수는 있지만, 통합적으로 채택될 수는 없을 것이다.

그렇지만 『음성변화의 경제성 *Economie des changements phonétiques*』에서는 기호학에서 일반적으로 아주 유효한 원칙들이 나타나 있다. 대부분의 언어에 있어서 대다수의 음소들은 변별적 자질로 분석 가능하고, 이들 음소 각각은 조음습관으로 식별 가능하다는 것은 누구나 아는 사실이다. 변별적 자질들이 발신에서는 물론이고 수신에서도 서로 상반되지 않는다는 점에서, 이들 자질들은 음소를 형성하기 위해서 경제적으로 서로 조합될 수 있다. 왜냐하면, 자질 A와 B가 여섯 개의 자질 C, D, E, F, G, H와 각각 조합되면 단지 8개의 뚜렷한 조음의 도움으로 CA, CB, DA, DB등 12개의 음소가 얻어지기 때문이다. 음소로서 조합 GA가 언어로 사용되지는 않지만 음소로서 존재하는 조음 J가 GA이라고 하는 것과 물리학적으로(곧 음성학적으로) 별로 다르지 않다고 가정한다면, J가 그 때까지 비워져있던 GA칸을 채우게 될 가능성이 있다. 이것은 언어들에서 확인되는 것이다. A뿐만 아니라 G도 처음부터 체계에 존재했기 때문에 J에서 GA로의 변화를 통해서 J를 조음하지 않아도 되게 된다.

도로 표지판의 체계와 같은 기호 체계는 그것의 의미체 구성에 자질들의 조합을 광범위하게 사용한다. 예를 들어, 자질 《위험》은 《초등학생》, 《가축》, 《야생동물》과 같은 도상적 기표의 다양한 자질들과 결합된다. 그러나 우리가 보았던 것처럼 현재의 경향은 예를 들어 《멈춤》, 《팔각형》 그리고 《빨간색의 벡터 화살표 영역》으로 분석하기를 원할 수 있는 세 가지 자질 중에서 어

느 것도 다른 곳에서는 존재하지 않는 빨간색 팔각형 멈춤 표지
판과 같은 표지판들을 모든 특정 지점에다 차라리 신설하거나 일
반화한다. 이 경우에 멈춤을 주시하지 않음으로 인해서 야기된
사고 수의 증가를 감소시키려는 정부당국의 분명한 의지에 의하
여 결정된 전형적인 정보 중복(redondance)이 있다. 이러한 사실
은 체계의 경제성을 추구한 나머지 너무 빨리 일반화하는 것을
경계해야 한다는 것과, 경제성의 첫 번째 원칙은 필요의 충족에
있다는 것을 우리에게 환기시켜준다.

6

기호학
연구

6. 기호학 연구

언어학에서의 자료체

언어들이 말해지는 그대로 연구되도록 하기 위하여 규범문법가들의 영향력에서 벗어난 후, 언어학 연구는 검증할 언어 자료체들을 정의하는 문제에 직면하게 되었다. 비문자언어들과 사라져 가는 언어들에 대한 관심을 기울인 결과, 이 문제에 대한 한 가지 해결책으로 **자료체(corpus)** 수집이 제시되었다. 연구자가 분석하고자 하는 것은 말의 용법과 그 표현의 다양성 속에 포함시키기가 불가능한 《언어》가 아니라 《녹음기에 녹음되거나 받아쓰기로 채취된 언술의 총체》[128]이다. 《언술 énoncés》이라는 것을 여기서는 대화의 응답뿐만 아니라 길이의 제한이 없는 동화나 이야기로 이해하여야 한다. 통시태(synchronie)의 이상(理想)이 실현되기 위해서는 이 언술들은 모두가 되도록이면 동일한 주제에 기반을 두고 가능한 한 짧은 기간에 수집되어야 하리라. 사실 정확하게 동일한 언어 습관을 표현하는 두 명의 주체는 없으며, 한 명의 동일한 주체조차도 자신이 생존하는 동안에 언어의 용법들을 바꾸게 된다. 따라서 연구의 대상은 어떤 자료체이다. 이 자료

체가 우리에게 제시하는 것이 바로 한 개인의 언어인 **개인어**
(**idiolecte**)이다. 후기 브룸필드 학파의 몇몇 언어학자들은 개인
어에 대해 사람들이 비아냥거리기 좋을 정도로 아주 엄격하게 지
켜지는 개념을 가지고 있었다. 로만 야콥슨(Roman Jakobson)의
말로는 《개인어는 … 결국 약간 정도에서 벗어난 허구일 뿐이
다.》[129]

예름슬레우(Hjelmslev)[130]는 자료체와 개인어보다 고려된 언어
에서 발음되거나 쓸 수 있었거나 혹은 발음되거나 쓸 수 있는 모
든 것의 총체인 《텍스트》를 더 선호한다.

마르티네(A. Martinet)와 그의 추종자들은 자료체를 멀리하지
는 않지만, 비판에 의해 세밀히 검토되었을 뿐만 아니라, 뉴욕에
거주하는 두 명의 유태계-에스파냐인 화자의 대화에 교묘하게 끼
어들 수 있는 몇몇 영어 단어처럼 시기적절하지 않은 공시소들이
제거된 자료체[131], 곧 공통의 체계와 개별적이고 방언적인 변이체
들을 구별하기 위하여 가능한 한 많은 수의 개인어와 접하도록
확대된 자료체를 권한다. 이 경우 자료체의 몇몇 자료들은 의미
영역에서 적합한 질문서를 통한 새로운 조사의 대상이 된다.

기호학에서의 자료체

기호학 연구는 자료체를 가지고 이루어져야 하는가? 분명 그
렇다. 사실로 드러난 모든 실재가 드러나지 않은 다른 것을 밝힐
수 있다면, 설명을 목적으로 자료를 수집하는 것은 무엇이건 상
관이 없다. 그렇지만 우리가 드러난 것 A와 드러나진 것 B 사이
의 관계를 분석하려고 한다면 우리는 적어도 반대 방향으로 전개

되는 두 개의 과정을 고려할 수 있다. 즉 A에서 출발하여 B로 향하거나, 반대로 B에서 A로 향해 가는 것이다.

첫 번째 경우에 우리는 - 연구 이전에 - 의미체(sèmes) 혹은 기호(signes)라고 가정할 것이 무엇인지에 대한 《자료체》를 수집하는 데 노력할 것이다.

두 번째 경우에 우리는 의사소통을 하기 위한 개념들에서 출발해서 우리가 어떠한 수단을 통해서 이러한 의사소통이 실현되는지를 연구할 것이다.

혹은 더 나아가서 해양 약호, 도로교통 약호, 우편번호가 존재하는 것을 알고 있으므로 우리는 이것들의 적용에 책임이 있는 권위자들의 설명을 참조할 것이다. 그리고 우리는 이들 권위자들이 우리에게 설명하는 바를 분석하고, 분류하고, 그 특징을 규정할 것이다. 혹은 반대로 예컨대 도로가에 있는 뚜렷한 대상에서 출발해서, 우리는 알지 못하는 언어를 접할 때 보이는 언어학자의 해결 방식으로 접근할 것이고, 어떤 교차로에는 어떤 표지판이 있고, 두 개의 교차로로 갈라진 삼 백 미터 안에서 이것이 몇 번 있고, 저것이 몇 번 있는가와 같은 관찰들을 축적할 것이다. 그리고 우리는 이러한 현실들에 직면한 인간 행동을 관찰하도록 시도할 것이다.

도로 표지판이라는 특수한 사례에서, 첫 번째 방식이 이론의 여지없이 훨씬 더 경제적으로 보인다. 이 첫 번째 방식을 통해서 특별히 우리는 이러한 표지판들을 동일한 체계(기의 영역과 기표 영역)의 구성요소들로서 동일시하는 어려운 일을 면하게 된다. 이 경우 이들 표지판은 광고판이나, 혹은 붉은색 환형(環形)에 둘러싸인 열쇠가 있는 대학 기숙사촌의 표지판과 같은 다른 표지판들과는 대조된다. 반면에 이 첫 번째 방식은 자료의 통계학적 처리에는 어떤 여지도 남기지 않는다. 도로 표지판의 유형들은 모두가 동일한 중요성을 부여받은 것으로 우리에게 소개된다. 그런데 어떤 택시 운전사도 파리의 거리에서 《야생동물 조심》 표지판, 《해빙기의 대형차량 통행제한》 표지판을 발견하지는 못할 것이다. 어떤 지역에서는 《부두나 혹은 제방의 출구》 표지판을 마주치지 않고 수백 킬로미터를, 더 나아가 수천 킬로미터를 돌아다닐 수 있다.

자료체를 수집할 때 자료체가 보여주는 의미체들과 기호들의 다양성이라는 관점에서, 자료체의 풍부성은 이것과 연관이 있는 상황들의 다양성과 직접적인 관련이 있다. 자료체가 체계를 나타내기 위해서는, 자료체는 체계가 기능하도록 하는 모든 유형의 상황들을 드러내야 한다. 다시 말해서 자료체는 기의 영역 전체가 나타나도록 해야 한다. 가능한 한 가장 풍부한 자료체, 연구하는 체계를 가장 잘 대표하는 자료체를 수집하도록 할 수 있는 기술을 사용할 뿐만 아니라 그것을 수정하는 것은 연구자의 몫이다. 그렇다고 해도 연구자는 자신이 실제로 분석한 자료들 이외에 다른 것을 이해한다고 주장할 수는 없을 것이다. 다루어진 자료들의 정확한 범위가 과학적 방식의 첫걸음이다. 따라서 체계의 서술과 자료체를 서로 서로 대조하고 고증하면서 우리가 지적했던 두 가지 수집 방법을 사용할 수 있을 것이다. 이러한 방식으로 모르테자 마무디앙(Morteza Mahmoudian)은 『프랑스어에서의 명사의 양태사 Les modalités nominales en français』[132)에서 프랑스어의 문법 혹은 언어 사실의 기술에서 차용한 정보를 가지고 세 권의 소설로 구성된 자료체를 완성한다.

확대된 자료체의 통일성은 이들 자료체를 관여성(pertinence)에 따라 동시에 검증함으로써 확보될 것이다. 부과된 여러 가지 기능들은 우리에게 이러한 관여성을 부여한다. 무냉(Mounin)은 《인정(認定) reconnaissance》[133]이라는 다소 장황한 개념을 가지고서 수집된 대상들의 총체를 연속적으로 선별하면서 문장(紋章, blason)을 통일성 있는 자료체가 되게 한다.

기술(記述)은 철저하게 이루어져야 한다. 그러나 여기에서도 비록 하나의 대상이 가장 단순한 것일지라도 그것이 갖는 필수 불가결하고도 본질적인 총체성 속에서 파악될 수는 없다. 우리는 하나의 관점, 즉 관여성과의 관계를 통해서만 철저해질 수 있다. 그러한 관여성은 의사소통의 기호학에 있어서 우리가 연구하고 있는 대상이 어떻게, 그리고 어떤 측면에서 의사소통의 기능을 담당하는지를 명확하게 정의하는 것이다. 물론 이러한 사실은 관여성이 여기서 의사소통의 유일한 기능이라는 것을 함축하지는 않는다.

마지막으로 기술은 가능한 한 가장 단순해야한다. 그러나 이 마지막 절대적인 필요성으로 인해 관여성이 있는 것은 무엇이든 간에 - 너무 자주 발생하는 것처럼 - 이러한 단순성에 희생되도록 해서는 안 된다. 경제성의 원리는 종이 위에 도식화된 체계의 외견상의 단순성이 체계의 기능에 있어서 복잡성과 《소비 dépense》의 보충이라는 결과로 나타날 위험이 있다는 것을 우리에게 끊임없이 환기시킬 것이다. 의미 행위 자체의 틀 내에서 일어나는 것을 결코 시야에서 놓쳐서는 안 된다.

자료체가 받게 되는 분석 방식들 중에 우리는 여기서 **대치**(**commutation**)라는 것만을 소개하려고 한다. 대치는 자신이 속

한 학파가 어디든 간에 모든 구조주의 언어학자들에 의해 실행
되었다.

대치

    의식적으로 언어분석이 행해진 이래, 언어분석은 대치라는 테
스트 혹은 단순히 대치라고 불리었던 것에 기반을 두고 있다. 대
치의 원리는 소쉬르(Saussure)의 가르침에서 직접적으로 유래한
다. 요컨대 모든 언어기호는 기의와 기표, 혹은 의미와 형태를 반
드시 결합시키고 있기 때문에, 문맥상에서 한 기호를 다른 기호
로 대체한다는 것은 언술의 한 부분이 갖는 의미와 형태를 변경
시키는 원인이 된다. 따라서 한 분절체(segment)로서 형식적으
로 다른 두 언술이 비교되어, 이것들의 의미가 부분적으로만 다
르다는 것이 확인된다면, 상이한 이들 두 분절체의 각각은 서로
구분되는 두 기호의 기표로서 인정될 수 있다. 이때 이들 두 기호
의 기표들에 상응하는 다른 의미는 각각의 기의를 구성한다. 연
속적인 비교를 통해서, 그리고 매번 분절체의 크기를 축소함으로
써, 여러 기호의 연속이나 혹은 여러 기호의 조합으로 분석하는
것이 불가능한 최소의 기호에 도달하기를 희망할 수 있다. 그렇
지만 이같이 유리된 분절체들은 당연히 기호의 기표들이지, 이러
한 기표들의 보잘 것 없는 요소들이 아니라는 것을 유의해야만
할 것이다. 예컨대 내가 다음 두 언술 *elle est allée chercher son
cousin*과 *elle est allée chercher son coussin*을 비교할 경우*, 나

---

* [역주] 여기서 첫 문장은 "그녀는 자신의 **사촌**(*cousin*)을 찾으려 갔다"를 의미한다면, 둘
째 문장은 "그녀는 자신의 **방석**(*coussin*)을 찾으려 갔다"를 의미한다.

는 형태상의 차이가 *cousin*의 /z/와 *coussin*의 /s/의 대립으로 축소된다는 것을 알아차리게 된다. 물론 차이를 유지하는 것은 /s/와 /z/ 사이의 구별이지만, /s/와 /z/는 그 자체의 의미를 가지고 있지 않다. 두 가지 최소 기호의 기표로서 확인되는 것은 분절체 *cousin*과 *coussin*이다. 언술들의 비교를 통해서 가능한 분석을 최소 기호, 곧 기호소를 넘어서 더 계속해 나가면, 결국 최소의 연속적인 변별적 단위인 음소(音素, phonéme)를 얻게 된다.

따라서 대치는 언술에서 한 분절체를 다른 분절체로 대체하는 조작이다. 그 결과 형태의 차이로 인해 의미의 차이가 생기게 된다. 말하자면 동일한 문맥 속에서 나타날 수 있는 두 개의 분절체가 대치된다는 것이다. *si je puis*…와 *si je peux*…에서 *puis*와 *peux*는 대치되지 않는다. 왜냐하면 하나가 다른 하나로 대체되어도 의미의 차이가 초래되지 않기 때문이다.

대치라는 용어를 제안한 이는 예름슬레우(Hjelmslev)였다. 이 개념이 언어소론(言語素論, glossématique)*의 구조에 통합된다는 사실은 물론 이 용어의 뜻(acception)에 있어서 약간의 특별한 뉘앙스를 띠게 한다. 그러나 대치 조작은 그 원칙과 실천에 있어서 구조주의와 기능주의의 모든 언어학자들에게 공통적인 것이다. 그리고 그것은 예름슬레우가 이 분야의 논의에 참여하기 훨씬 전에 음운론자들에 의해서 활용되어지고 있었다. 대치 조작은 이들 음운론자들에게 있어서는 오늘날 흔히 《최소대립쌍》의 연구로 지칭되는 것과 일치한다.

* [역주] 언어소론은 종래의 언어학을 비판, 수정하여 인식론적 통일원리를 수립하고 모든 언어 연구의 통일원리가 될 수 있는 이른바 메타언어학(Metalinguistique)을 건설하려고, 1936년부터 예름슬레우(L. Hjelmslev)와 울달(H. Uldall)이 주창한 기능주의 언어 분석 이론이다.

　기능주의적 관점에서 대치는 언어의 변별적인 유의미 단위들을 분리시킬 뿐만 아니라, 또한 동일한 기능을 가진 단위들의 부류를 선별하도록 한다. 이러한 단위들의 부류는 이 중에서 화자가 자신의 전언이 의도된 대로 구사되도록 언술의 각 시점에서 선택해야 하는 것이다. 이러한 기반 위에서 특히 각 언어의 실제 《품사들》이 결정되게 된다. 이것은 물론 우리가 《언술의 각 시점》으로 간략하게 나타낸 것을 정확하게 알아볼 수 있다는 것을 전제한다. 이는 당연히 어떤 선택은 허용하나 다른 것들은 금지하는 문맥의 문제이다. 따라서 문맥은 언어학적으로 변별적이어야 한다. 다시 말해서 문맥은 문맥의 어떤 단위에 대해 이루어졌던 선택에 의해서 뿐만 아니라 각 단위의 개별적인 위치에 의해서도 유효하다. 이것은 음소들에 관한 한 사실이다. 왜냐하면 한 음소는 언어의 음소들 사이에서 그것이 표시하는 선택에 의해서, 그리고 발화연쇄 내에 존재하는 다른 음소들 사이에서 그것이 차지하고 있는 위치에 의해서 그 가치가 정해지기 때문이다. 예컨대 *pal*의 /p/는 *bal*의 /b/ 및 *mal*의 /m/와 대립된다는 점에서 변별적일 뿐만 아니라, 또한 이 /p/가 *alpe* /alp/에서처럼 세 번째 음소가 아니라 이 낱말의 세 음소 중에서 첫 번째 음소이고, *plat* /pla/에서처럼 /l/ 앞에 위치하는 것이 아니라 /a/ 앞에 위치하기 때문에 변별적이다. 어떤 변별적 요소의 위치가 일정한 문맥에서 관여적이 아닐 때 이 요소는 음소로 간주되는 것이 아니라 운율적 특징(trait prosodique)으로 간주된다.

　유의미 단위들의 경우 상황은 완전히 다르다. 어떤 유의미 단위는 이들이 발화 연쇄 내에서 차지하는 위치에 의해서가 아니라, 그것들이 나타내는 선택에 의해서만 가치를 갖는다. 문체를 고려하지 않는다면, *souvent, il a pris la route*(자주 그는 도로를 이용했다)라고 말하건, *il a **souvent** pris la route*(그는 도로를 **자주** 이용했다)라고 말하건, *il a pris la route **souvent***(그는 **자주** 도로를 이용했다)라고 말하건 별로 중요하지 않다. 이는 유의미 단위들에 있어서 그 부류들은 발화 연쇄에서 이루어진 조합에 의해서가 아니라, 여러 기호소들의 양립가능성에 따라서 확립되어야 한다는 것을 의미한다. 이를테면 *prendre*와 같은 동사 부류의 기호소는 *souvent*과 같은 부사적 한정을 받아들일 수는 있으나, 이들 두 기호소가 발화 연쇄 내에서 각각 차지하는 위치는 언술의 의미에 결정적이지 않거나, 전통에 의하여 고정되지도 않는다.

우리는 여기서 비언어학적 예를 제시하지 않을 것이다. 그러나 독자들은 우리가 단위들의 연구에서, 특히 도로 표지판의 경우에서 대치(commutation)를 가지고 끊임없이 조작을 했다는 것을 알아차릴 수 있을 것이다. 기호학에서 우리의 문제는 가장 덜 구조화된 체계들 내에서 기호소들과 대응하는 단위들 각각의 위치가 관여적인지 혹은 아닌지를 결정하는 것일 것이다.

한 체계의 분절 유형이 정의된다는 것은 의미체(sèmes)의 분석이 도달할 대치의 부류들에 근거해서라는 것을 사람들이 깨닫는다면, 대치 시험의 중요성은 가늠될 것이다.

응용 기호학을 위하여

프랑스 언어학이라는 것은 프랑스어로 쓰였건 다른 언어로 쓰였건 간에 프랑스어를 대상으로 한 언어학 연구이거나, 대상으로 삼은 언어가 무엇이든 간에 프랑스어로 쓰이고 《프랑스 Hexagone》

에서 출판된 언어학 연구일 수 있다. 우리가 럭비의 기호학을 말한다는 것은 게임을 이기기 위하여 팀 내에서 선수들 사이의 기호학적 행위와 관련될 수도 있고, 럭비가 한 선수에게 기여할 수 있는 개인적 표현방식과 관련될 수도 있고, 주어진 사회에서 럭비가 가질 수 있는 의미 작용과 관련될 수도 있고, 또한 한 공동체에 있어서 럭비팀을 가진다는 사실이 나타낼 수 있는 것(예컨대 럭비팀이 공동체에 미치는 명성)과 관련될 수도 있다. 이같이 아마 사회학에서 이미 자신의 위치를 차지하고 있는 《명성의 기호학》이 고려될 수도 있을 것이다. 아메리카 인디언 사회의 축제일에 행하는 지위과시용 선물분배행사를 생각해 보라. 이러한 가능성들 중에서 단지 첫 번째 것만이 의사소통 기호학의 범주에 해당된다. 여기에서 우리는 다소 명료하게 약호화되거나, 혹은 더 나아가서 《자발적인》 어떠한 행동들을 통해서 팀의 구성원들이 자신들의 경기활동에 더 잘 협력하도록 하기 위해 사인을 주고받는지를 연구할 수 있다.

놀이에 관련되건 작업장이나 작업실에서의 일에 관련되건, 도서관에서 책의 분류에 관련되건, 수학 혹은 논리학에 관련되건, 모든 활동 분야에서 구어 혹은 문어로 된 언어적 의사소통이 기능상의 조건들에서 볼 때 이것보다 더 경제적으로 보이는 약호들- 이것들이 암호이든 혹은 그렇지 않든 간에 -에 의해 대체되는 것을 보게 된다. 이러한 모든 활동 분야를 분석하여 구조들을 이끌어내는 것이 **기술(記述)기호학**에 속하는 반면, 체계의 사용에 따른 합당성의 관점에서 현존하는 체계들을 비판하고, 가능한 한 가장 적합한 새로운 체계를 구축하고, 체계들을 신속하고도 효과적으로 학습하는 방법을 체계 자체에서뿐만 아니라 언어적 의사소통과의 관계에서 상세히 설명하는 것을 그 임무로 할 **응용기호학**의 발전이 검토될 수 있다. 여기서는 기표의 연구로부터 기의를 재발견하는 것이 더 이상 문제가 되지 않는다. 그러나 반대로, 기의의 영역에서 시작하여 파악되어야 하는 모든 요소들과 때때로 모순적이기도 한 절대적 필요성을 고려하여 어떻게 가장 경제적인 방법으로 필수적인 기표들을 구성하고 전달할 것인가를 연구하는 것이 문제가 될 것이다.

이러한 사실을 통해서 먼저 기의의 영역이, 그 다음 체계가 기능하는 환경 그리고 체계 밖의 수신자와 발신자에게 알려져 있다고 추측되는 것이 명확히 구분된다는 것을 짐작할 수 있다.

지금까지의 사실로부터 구성할 신호의 부류 혹은 부류들- 닫힌 목록이나 혹은 상당히 개방적인 목록으로 -이 결정될 것이고, 그 결과 그것들에게 부여할 분절의 유형도 결정될 것이다. 따라서 체계의 기본 단위가 의미체(sème)(제한된 목록에 해당함), 기호(signe) 혹은 형상(figure)의 유형에 속해야 하는지는 두고 볼 일이다. 혹은 더 나아가 의미체들이 이중분절 되고, 그리고 사용자들이 이러한 단위들로부터 독창적인 의미체 혹은 적어도 새로운 의미체를 구성할 수 있을 것이라는 것이 예측될 수 있을지는 두고 볼 일이다. 바로 그 점에 있어서 생산성, 혹은 말하자면 《창조성》, 그리고 체계의 역동성이 문제가 된다.

체계가 잘 기능하도록 하기 위해서는 모든 의미체가 자질들, 곧 표지들(indicateurs)을 포함하는 것이 바람직하다. 이 표지들은 모든 해석에 앞서 체계를 통해서 생산되는 것으로, 또한 수신자에게 이 신호가 어떤 발신자에 근원을 두고 있기 때문에 이 수신자와 관련이 있다는 것을 나타내는 것으로 모든 의미체를 표시한다.

학습(apprentissage)과 기억작용의 문제에 대한 고려를 통해서 도상적, 상징적 혹은 자의적 기표들을 선택할 수 있을 것이다. 이러한 관점에서 유연(有緣)적인 기호들의 이점이 여기서 환기될 것이다. 그러나 이 과정에 도상적 선택으로 이끄는 유연성 (motivation)(기의인 《보행자》의 기표로서 보행자 실루엣)과, 다음과 같은 네 번째의 비례수 원칙에 따라 현존하는 모델에서 유추하여 두 개의 기표를 비교하면서 기의를 생산하게 되는 유연성과는 구분된다.

$$\frac{poire(배)}{poirier(배나무)} = \frac{pomme(사과)}{?}$$

여기서 우리는 *pommier*(사과나무)를 얻게 된다.

우리는 실제적으로 기표- 도상적 기표까지도 포함해서 -의 학습을 하지 않고 넘어갈 수 있다고 생각하지 않는다. 그 이유는 우리가 그린피스나 살충제 상자에 붙은 라벨의 예를 통해서 보았듯이, 항상 여러 가지 해석 가능성이 있기 때문이다. 따라서 약호에서 하나의 해석이 우선시되는 것은 바로 협약(convention)에 의해서이다. 항상 필요한 학습은 아마 기억작용처럼 SE/SA 관계의 유연성을 통해서 용이해 질 것이다.

수동적 학습(수신자는 신호를 이해해야 한다)과 수동적-능동적 학습(수신자는 또한 신호를 생산할 수 있어야 한다)은 서로 구별된다. 그러나 이러한 체계에서 《이해한다》는 것은 어떤 방식으로든 신호에 응답한다는 것을, 예컨대 멈춤에서 자동차를 세운다는 것을 의미한다는 것을 유의해야 할 것이다.

동일한 양립성의 부류들로 체계를 구조화하는 것과 교육 과정에서 활용된 체계의 일관성은 학습과 기억작용을 용이하게 하는 데도 반드시 공헌할 것이다.

우리는 여기에서 언어적 매개를 사용하는 것이 더 나을 것인가를 알아보는 문제는 다루지 않을 것이다. 우리는 체계가 먼저 국제적 위상을 가지기 위해서는 언어들에 대한 그 자체의 자율성을 사전에 확보해야 하며, 더 이상 개별 언어의 분절에 종속되어서는 안 된다는 것을 단지 환기시키려고 할뿐이다. 이것에 도로 신호는 해당되지 않는다. 다음으로 우리는 비언어적 체계의 숙달이 동일한 활동 영역을 포함하는 언어학적 용어(메타언어)의 병렬적 숙달을 조금도 함축하지 않는다는 것을 밝힐 것이다. 또한 역으로 언어적 지식이 체계에 대한 지식을 반드시 함축하는 것은 아니라는 것을 밝힐 것이다. 이 두 가지의 학습은 필수적이나, 아마 서로 서로 유익하게 유기적으로 연결될 수 있을 것이다. 이것은 특히 기술 교육과 관련이 있다.

우리가 학교에 기호학 프로그램을 적극 권장하기까지는 못할 것이다. 그러나 교육에 사용되는 체계들(카드, 도식, 표 등)에 기호학적 분석 원리를 일관성 있게 적용할 경우, 기호학의 사용 범위는 보다 더 넓어질 것이라는 것과, 개인은 자신의 활동 영역이 확대될 때 그가 배워야 할 새로운 체계들을 습득하고 해석할 준비를 더 잘 할 수 있을 것이라는 것을 우리는 확신하고 있다.

예시

7

7. 예시

　이 책의 틀 내에서 기호학적 체계에 대한 철저한 분석을 제시한다는 것은 우리에게 불가능한 일이다. 따라서 우리는 여기서 우리가 앞에서 분류 정리한 정의적 자질들 중의 하나를 예시하는 것처럼 보이거나, 혹은 흥미로운 특징을 구성하는 것처럼 보이는 몇몇 양상들을 활용하면서 몇몇 체계의 구조를 대충 개괄적으로 기술하는 것에 만족할 것이다. 우리는 마무리하는 차원에서 기호학이라는 것이 넓은 의미로 핸들을 잡고 있는 운전자에게는 무엇을 의미하는 지를 검증할 것이다.

테세우스(Theseus)의 돛

　전설에 따르면 테세우스*의 배는 미노타우로스(Minotaure)**와의 전투 후에 크레타(Creta)에 돌아오면서 테세우스가 전투에

---

* [역주] 그리스 신화에 나오는 아티카(Attica)의 영웅으로 괴물 미노타우로스를 퇴치한다.

** [역주] 그리스 신화에 나오는 것으로 '인간의 몸에 소의 머리를 한 크레타의 전설적인 괴물'이다.

서 승리하고 돌아오고 있다는 것을 표시하기 위해서는 하얀 돛을 올리고, 그 반대의 경우에는 검은 돛을 올려야 했다고 알려져 있다. 이는 결국 발신자인 배의 선장과 수신자인 아이게우스(Aegeus) 왕 사이에 한때 유효했던 특별한 약속의 문제이다. 승리와 패배의 동일한 가능성을 생각한다면 전언은《1 비트》의 최소 정보를 가지고 있다(비트는 정확히 정보의 최소단위이다).

우리는 여기서 다음과 같이 제시할 수 있는 대치 가능한 두 개의 의미체로 이루어진 최소 체계를 만나게 된다.

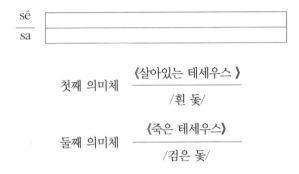

$$\frac{sé}{sa}$$

첫째 의미체 $\dfrac{《살아있는\ 테세우스\ 》}{/흰\ 돛/}$

둘째 의미체 $\dfrac{《죽은\ 테세우스》}{/검은\ 돛/}$

무형태(곧 제로 형태)와의 대치는 예상되지 않는다. 즉 돛이 없을 가능성(노를 사용함으로써)이나 혹은 다른 색깔의 돛을 달 가능성은 예상되지 않는다. 트리스탄(Tristan)과 이졸데(Iseut)의 전설*에도 동일한 체계가 있지만 다른 기의들을 가진 것이다.

---

* [역주] 트리스탄과 이졸데는 켈트족의 전설을 바탕으로 한 유명한 중세의 사랑 이야기에 나오는 두 명의 남녀 주인공이다. 여기서 청년 트리스탄은 이졸데라는 동명이인의 두 공주와 각각 연인과 부부 관계에 놓인다.

선택적인 신호등 체계

선택적인 신호등 체계는 전적으로 그런 것은 아니지만, 특히 도시에서 자동차와 보행자의 통행을 정리하는데 목적을 두고 있는 유색 신호등 체계의 문제이다. 이러한 신호들은 관계 당국에 의해 발신되고 사용자들에 의해 수신된다. 따라서 이 신호들은 단일 방향으로 기능한다. 이 신호들은 일반적으로 수직 기둥에 위치하거나, 더 드물게는 도로 위에 설치된 주랑(柱廊)에 위치한다.

이 체계는 본래 분절되지 않은 대치 가능한 의미체들의 유일한 부류로서 다음과 같이 나타낼 수 있다.

$$\frac{sé}{sa}$$

1. $\dfrac{\text{SÉ}}{\text{SA}}$ $\dfrac{《자유로운 도로》}{/초록색/ + /\ \boxdot\ /}$

2. $\dfrac{\text{SÉ}}{\text{SA}}$ $\dfrac{《곧 신호가 바뀌므로 조심》}{/노랑색/ + /\ \boxdot\ /}$

3. $\dfrac{\text{SÉ}}{\text{SA}}$ $\dfrac{《절대 정지》}{/빨간색/ + /\ \boxdot\ /}$

원칙상 관여적이지 않는 기둥 위의 신호등의 상대적인 위치가, 예를 들어 색맹자들에게는 색깔의 역할을 대신한다는 것에 주목해야 한다.

일반적으로 오른쪽으로 향해 점찍힌 화살표의 형태로 다른 세 가지 신호등 아래에 위치하는 네 번째 신호등을 추가함으로써, 분절된 의미체가 도입되면서 체계가 수정된다. 초록색 화살표는 사실상 빨간색 불과 《절대 정지》+《화살표 방향으로 회전하는 차들은 제외》라는 분절된 기의를 부여하기 위하여 빨간불과 조합을 이룬다. 따라서 전언은 다음과 같을 것이다.

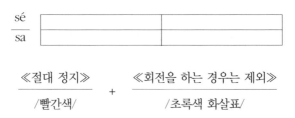

$$\frac{\text{sé}}{\text{sa}}$$

$$\frac{≪절대\ 정지≫}{/빨간색/} \quad + \quad \frac{≪회전을\ 하는\ 경우는\ 제외≫}{/초록색\ 화살표/}$$

신호등의 교체 리듬은 다양한 환경에 달려있으므로 특정한 상황에서는 《지방적인》(사실상 국가적인) 변이형들이 있다. 교차로에서 프랑스를 포함한 몇몇 나라들에서는 '초록색-노랑색-빨간색-초록색' 순서의 신호 체계가 쓰인다면, 다른 나라들에서는 '초록색-노랑색-빨간색-노란색-초록색' 순서의 신호 체계가 쓰인다.

교정쇄의 수정

이 체계는 저자나 혹은 교정자에 의해 인쇄 교정지에 쓰인 표기 기호에 관한 것이다. 이 체계를 통해서 창작된 본래의 텍스트에 대한 수정안들이 인쇄소의 감독이나 식자공에게 알려지게 된다.

의사소통은 일반적으로 단일 방향으로만 이루어지지만 예외적으로 활판 인쇄 전문가들에게서 저자 쪽으로 이루어질 수도 있다. 텍스트를 작성하는데 사용된 언어가 반드시 전언의 일반적인 수신자에게 알려져 있는 것은 아니다.

　엄밀한 의미에서의 표기기호 체계는 기호로 분절 가능한 여러 개의 의미체를 포함하고 있다. 수정되어야 할 텍스트의 어떤 단락 대신에 제안된 형태는 체계의 일부를 이루지는 않지만 언어의 표기 약호에 속한다.

　분절되지 않은 의미체의 예로서 다음과 같은 덧붙이기가 가능하다.

　분절된 의미체의 예로서 삭제, 즉 삭제 부호(deleatur)라 불리는 것은 다음과 같이 제시될 수 있다.

이 체계를 고유한 것으로서 특징짓는 자질은 불연속적 기표나, 전체적으로 혹은 부분적으로 잉여적인 기표의 빈번한 사용이다. 실제로 의미체가 텍스트에서는 하나의 표기법(notation)으로 이루어지고, 여백에서는 하나의 표기법에 의해서 환기되고 완성되는 것은 당연한 것이다. 기의 《수정하다》의 기호는 텍스트에서는 변경될 부분의 글자 위에 두 줄로 선을 긋는 것으로 나타나고, 여백에는 제안된 텍스트가 덧붙여진다.

기표들은 변이체들을 가질 수 있다. 예를 들면 기의 《수정하다》의 기호는 수정해야 할 글자가 한 자일 때에는 단순한 사선의 형태를 취한다. 이에 반해 글자가 한 자 이상일 때는 두 개의 작은 수직선에 의해서 제한된 수평선이라는 재생산된 형태를 취한다.

텍스트에서 어떤 표기법들은 문맥에 의해서만 식별 가능하다. 예컨대, 사선은 한 글자를 통과할 때는 《수정하다》라는 의미이고, 두 글자 사이에 나타날 때는 《띄어쓰기》를 의미한다.

의미체의 기표는 줄 간격의 넓힘 혹은 좁힘의 경우에서처럼 텍스트가 여백을 벗어날 때라도 연속적이다.

텍스트의 단락에서 사용할 글꼴의 변경은 특별한 경우에 해당한다. 가끔 제법 긴 이 단락을 이것에 해당하는 밑줄 긋기와 함께 여백에다 재생산할 필요가 없도록 하기 위해서, 텍스트에서 문제되는 단락에 밑줄을 긋고, 예컨대 *italique*(이탤릭체) 대신에 *ital.*, *romain*(로만체) 대신에 *rom.* 등과 같이 - 그러나 이러한 글자들이 조판용인 것으로 해석되지 않도록 주의를 기울이면서 - 필요한 유형의 축약된 표시를 여백에 기입하는 것이 선호된다. 예컨대 *ital.*이라는 글자를 다음과 같이 기표를 형상으로 분석하는 것으로 해석하는 잘못을 범할 수도 있을 것이다.

sé				
sa				.

왜냐하면 비록 철자 *a*가 *ital.*과 *gras*에도 공히 나타나지만, 이

러한 표지들은 분석될 수 없는 표의 문자이거나 혹은 다른 체계, 즉 표기약호 체계의 형태에 대한 축약으로서 해석되어야 하기 때문이다. 이러한 표지들이 글자 그대로 국제적으로 통용되는 것은 아니다. 예컨대 독일의 교정자들은 *kursiv* 대신에 *kurs*를 사용하지 *ital.*을 사용하지 않는다.

미슐랭 안내서

미슐랭 안내서는 신호 체계를 사용하여 호텔과 레스토랑의 안락한 시설뿐만 아니라 음식의 질과 관련된 몇몇 정보들을 소개할 목적으로 출판되는 국제적으로 통용되는 요약집이다. 우리는 여기서 가격과 관련된 정보는 고려하지 않을 것이다. 우리는 1973년도 프랑스 안내서를 활용할 것이다.

기표들은 가능한 한 도상적이려는 경향이 있다. 사실상 이들 기표는 오히려 상징적이다(흔들의자에 앉아있는 사람의 스케치는 기의 《조용함》과 일치한다). 음식의 질을 표시하는 별 표시와 같은 몇몇 기표는 거의 전적으로 자의적이다.

몇몇 기표들은 연속적인 철자의 형태를 띠며, 사실상 표시들을 해당 국가 언어의 약자로 재생산할 뿐이다. 예컨대 프랑스 안내서에 /avec ch/는 기의 /avec chambres(방이 딸린)/에 해당한다. 앞서 말한 교정쇄의 수정 체계에서와 마찬가지로 여기에서도 형상으로의 분절이 있다는 것을 고려하지 않는 편이 낫다. 왜냐하면 이들 형상은 또 다른 약호의 형상들이기 때문이다.

예컨대 /avec ch/가 표의문자로 인정된다면, 미슐랭 안내서의 체계는 국제적이다. 기억하기 쉬운 이 체계는 학습되어야 한다.

여기서 몇몇 의미체들은 중합(重合, amalgame)된 기호로 분절된다는 것이 고려될 것이다. 왜냐하면 어떠한 데생과도 조합 가능한 기표 /검은색(noir)/의 기호와 대립되는 기표 /빨간색(rouge)/의 기호가 존재하기 때문이다. 색깔로 표현된 기본 개념이 《매력》이라고 할 때, /빨간색/은 《최고》를 의미하고 /검은색/은 《보통》을 의미한다. 빨간색의 꾸밈없는 작은 집은 다음과 같은 메시지를 담고 있다.

sé		
sa		

《웬만큼 안락한 호텔》   +   《쾌적함》
────────────────   ──────────
/ 🏠 /   /빨간색/

또한 기표로서 단 한 벌의 스푼과 포크를 가지는 의미체는, 두 벌의 스푼과 포크로 표시되는 의미체와는 다른 기호로 분석될 수 있을 것이다. 이 경우 각 스푼과 포크는 《안락함》이라는 기의를 가진다고 가정된다. 그 결과 두 벌의 스푼과 포크는 한 벌의 스푼과 포크보다 두 배 더 안락하고, 다섯 번째 스푼과 포크까지 이러한 식으로 계속된다. 따라서 이에 대한 도식은 다음과 같이 나타낼 수 있을 것이다.

sé				등등
sa				

《안락함》   +   《안락함》   +   등등
────────   ────────
/ 🍴 /   / 🍴 /

우리는 한 벌의 스푼과 포크, 두 벌의 스푼과 포크, 세 벌의 스푼과 포크 등등이 다른 기호들을 나타낸다고 생각하는 것을 더 선호한다.

따라서 우리는 여러 개의 부류, 다시 말해서 상호 배제적인 기호들의 총체를 만나게 된다. 우리는 가장 형편없는 것들, 예컨대 《실내공기조절》과 같은 어떤 것이 제로와 대조되는 가장 형편없는 것들을 고의로 언급하지 않을 것이다. 첫 번째 부류는 11개의 기호를 포함하고 있으며, 그 중에서 여섯 개(호텔)는 /식당 없음 sans rest/과 정사각형 속의 M(=《현대적인》)과 양립 가능하고, 다섯 개(식당)는 /방 있음 avec ch/과 양립 가능하다.

《조용함》은 색깔과 조합됨으로써, 《아주 조용한》, 《조용한》 그리고 기표 제로로서 조용함에 있어서는 무표적인 것이 대립되는 부류가 설정된다. 《전망》도 유사한 방식으로 이루어진다.

음식의 질에 따라 우리가 분석할 수 없을 다섯 개의 의미체로 이루어진 부류가 있다. 말하자면 이들 의미체의 기표들은 별 세 개, 별 두 개, 별 한 개, 빨간색 R 그리고 검은색 R이다.

개인 욕실의 범위를 나타내는 부류는 네 개의 기호로 구성된다. 그 중 하나는 기표 제로로서 《더운물과 찬물》을 나타낸다. 상위 두 등급인 《욕조》와 《샤워》는 /WC/와 조합될 수 있다. 《욕조》+/WC/는 유일한 의미체를 이룬다. 왜냐하면 /WC/는 《욕조》 혹은 《샤워》없이는 나타나지 않기 때문이다.

자동차의 주차장의 경우, 만일 있다면, 세 개의 의미체로 구성된 부류가 있다. 기표 제로와 일치하는 네 번째의 가능성인 《주차장 없음》은 고려의 대상이 되지 않는다. 《유료 주차장》을 나타내는 /흰색 차/와 《무료 주차장》을 나타내는 /검은색 차/의 대립의 경우, 체계 내의 다른 곳에서 /검은색/ ~ /흰색/ 대립이 유사하게 사용되지 않을 때는 《무료》와 《유료》의 가치로 /검은색/과 /흰색/을 분석하는 것은 허용되지 않는다.

전화 약호

파리 지역의 전화 사용자에게 비친 프랑스의 약호에 관한 것이다.

전화걸기는 의미 행위(acte sémique)를 구성한다. 말하자면 전화 가입자(발신자)는 전화 다이얼(매체) 위의 숫자(신호)를 돌리고, 이를 통해 전화국(신원이 밝혀지지 않은 수신자)에서는 다른 전화 가입자에게 전화를 바꿔준다. 이런 식으로 전화국의 《응답》은 이루어진다. 두 전화 사용자가 통화를 할 때 의미 행위가 성공한다. 번호를 돌리기 위하여 전화 사용자는 약호를 사용하고, 이 약호의 원칙은 매년 소책자로 전화가입자에게 배부된다.

번호는 전화 다이얼의 도움으로 구성되기 때문에, 전화번호는 선조(線條)적 유형의 기표를 갖는다. 따라서 사용되고 생산되는 단위들은 시간 속에서 연속적으로 이루어져야 한다. 기표의 이러한 선조성(線條性, linéarité)은 왼쪽에서 오른쪽으로 쓰인 번호에서 재발견된다. 모든 전화번호는 기의로서 공공기관 혹은 전화 가입자라는 전화상대방을 갖는다. 따라서 무조건적인 목록의 문제이다. 여기서 기의와 지시대상(référent)은 구별되지 않을 것이다.

그렇지만 전화걸기가 전화 가입자의 번호만으로 이루어지는 것은 아니다.

파리 지역의 전화 가입자는 다이얼에다 다음과 같은 7개 유형의 신호를 조합할 수 있다.

1. 1- : 두 숫자로 이루어진 신호. 첫 번째는 항상 1이고, 두 번째는 0, 1, 2, 3, 4, 7 혹은 8이다. 공공기관의 호출.

2. ―― ―― : 우리는 이 유형에 해당하는 네 가지 번호를 찾아 낸다. 그것들은 여러 전화 서비스 기관들이다.

3. ――― ―― ―― : 일곱 숫자로 된 번호들. 파리 지역의 다른 전화 가입자들에 해당된다.

4. 1- ―― ――― ――― : 두 번째 숫자가 실제적으로 5 혹은 6만 이 될 수 있는 번호들로서, 자동식 전화기로 연결 가능한 파리 지역 이외의 전화 가입자들의 호출.

5. 1- ―― ――9111 : 도시간의 동일한 지역 번호(처음 두 숫자) 를 사용하는 경우로, 프랑스 전화 가입자의 반자동식 호출.

6. 19 ―― ―― ―― ―― : 번호 중에서 19는 《국제전화》지역 번 호로, 외국에 자동 호출.

7. 10 ―― : 《수동식》호출. 교환원이 프랑스든 외국이든 요청 받은 번호에 응한다.

우리가 여기에서 유일하게 고려할 유형 4의 번호들은 다음과 같은 여러 개의 부분으로 나뉜다.

1. 지역 번호 15 혹은 16.

2. 집단(groupement) : 20에서 99까지의 두 숫자로 된 총 80 개의 집단(두 부류 : 15와 함께 이루어진 집단과 16과 함께 이루어진 집단).

3. 여섯 숫자. 우리는 여기서 이 부분이 전화국의 관점에서 좀 더 세분화 될 수 있다는 사실을 고려하지 않을 것이다.

따라서 각 부분은 지역 번호, 집단, 전화 가입자로 이루어진 한 부류와 일치한다. 연속 순서는 관여적이다. 전화 가입 신청자의 관점에서 볼 때, 번호는 다음과 같이 분절된다.

sé							
sa							

따라서 여기서 이중분절과 결합관계에 대해서는 말할 수 있지만, 《통사론》에 대해서는 말할 수 없다.

《꽃말》

꽃말은 『20세기 라루스 사전 Larousse du xxᵉ siècle』에서 《단독으로나 혹은 같은 종류로 생각되는 꽃들이 낱말, 문장, 생각을 상징으로 나타내는 일종의 언어》로 정의되고 있다. 《꽃말은 사랑의 시적 언어 형태들 중의 하나인 상징적 언어이다. 두 가지 규칙이 이 우아한 통사론을 지배했다. 먼저 색깔이고, 그 다음으로 꽃들이 말하자면 표상(emblèmes)의 역할을 하는 대상들이다!》 따라서 이 《언어》는 발화의 대체로서 나타난다.

이러한 정의는 우리에게 감성들, 무엇보다도 먼저 사랑이라는 기의의 영역을 부여한다. 다음으로 SÉ/SA의 관계가 갖는 성격은 소쉬르적 의미에서 상징적인 관계이다. 꽃들은 여기에서 사람들에게 알려져 있는 특성을 바탕으로 기표로 사용된다. 여기서 제시되고 있는 《표상적 어휘들》에서 나타나듯이, 꽃들이 상징하는 것은 특성 그 자체이다. 즉 /송악 lierre/은 《내가 애착을 갖는 곳에서 죽으리라》를, /카밀레 camomille/는 《쓰라림》을, /에델바이

스 immortelle/는 《끝없는 사랑》을, /쐐기풀 ortie/은 《저는 자존
심이 강해요》를, /양귀비 pavot somnifère/는 《나태함, 졸음, 나
른함》을 상징한다. 사람을 취하게 하는 향기가 있는 꽃들은 관능
적 쾌락과 연관되어있다. 반면 그러한 관능적 쾌락을 결코 갖지
않는 꽃들은 냉정함과 연관되어 있다. 이러한 상징성은 종종 꽃
의 이름에 근거를 두고 있기도 하다. 예컨대 /금잔화 souci(근
심)/는 《불안함》을 상징한다. 상징성의 설명에 이러한 《우아한 통
사론》이 나타나기도 한다. 예컨대 /머리 위의 금잔화/는 《침울한
음산함》을 상징하고, /가슴에 단 금잔화/는 《질투》를 상징한다.

많은 경우에 아마도 식물의 실재의 혹은 추정된 속성을 알지
못하기 때문에, 자의적인 관계가 설정되기도 한다. 예로서 /플록
스(풀협죽도) phlox/는 《그대를 기쁘게 하는 이는 행복할 것이
다》를 상징하고, /노랑장대 julienne/는 《체념》을 상징한다. 그러
나 어원을 조금만 살펴보면, 식물의 이름 자체에서 이러한 상징
성의 근원이 드러나지 않는 경우는 아주 드물다. 예를 들어 《머
무름》을 상징하는 /갯질경이 statice/는 《머무르다 demeurer》를
의미하는 라틴어 stare에 근원을 두고 있고, 《부정(父情)》을 상징
하는 /등골나물 eupatoire/은 《좋은 bon》을 의미하는 그리이스
어 eu와 《아버지 père》를 의미하는 라틴어 pater에 근원을 두고
있다.

각 꽃은 기호로, 때때로는 의미체로 나타난다. 분절의 시초는
《꽃다발의 중앙에 있는 꽃들의 수로 만날 시간을 나타내는》 글라
디올러스꽃에 의해 주어진다.

꽃다발은 여러 개의 의미체로 된 언술을 구성한다. 《플로라
(Flore)*의 언어에는 인간의 언어에서처럼 여러 가지 것들을 의미

하는 식물들이 있다. 말하자면 여러 가지 의미를 띠는 낱말들이 있다. 주변의 다른 꽃들에 비추어서 어떤 꽃에다 적절한 의미를 부여하는 것은 꽃다발을 만들거나 혹은 받는 사람의 통찰력에 속한 것이다》라고 흔히들 말한다. 일반적으로 《사랑》을 의미하는 꽃이 모습을 보일 때는 발신자의 사랑과 관계가 되지만, 《부정 (不貞, infidélité)》은 수신자의 부정이다. 꽃말의 통사법은 이 경우 상황으로부터 자유롭게 된다.

꽃의 언어는 매체와 관련이 있는 제약들에 주목하도록 한다. 이를테면 사람들은 수많은 꽃들이 동일한 의미를 가진다는 것에 주목한다. 이것은 같은 계절에 피지 않는 꽃들과 관련된다. 꽃들은 서로 서로 대체된다. 그뿐만 아니라 설비가 잘 갖추어진 온실을 사용하지 않는다면, 1월에 사랑에 대해서 이야기한다는 것은 꽤 어려운 것이다. 그런 것은 아무래도 좋다. 왜냐하면 원하는 꽃들을 구할 수 없으면 새로운 대체 체계가 창안되기 때문이다. 예컨대, 모을 수 없는 꽃다발은 그리거나, 혹은 연애편지 위에다 꽃이름을 써 보낸다. 다음과 같은 예들이 있다. 버들옷(*Euphorbe*), 등대풀(*Réveille-matin*), 큰 꽃들이 핀 해바라기(*Hélianthe à grandes fleurs*), 참빗살나무(*Fusain*), 피라미드 모양의 대감채(*Ornithogale pyramidale*), 물망초(*Myosotis*) 혹은 서양가새풀(*Achillée mille-feuilles*). 이들 꽃이름은 글자대로 《난 휴식을 잃었소. 내 눈에는 당신 밖에 보이지 않소. 당신의 모습은 내 가슴속에 새겨져 있소. 나의 애정은 순수하다오. 내가 그대를 사랑하는 것처럼 당신도 나를 사랑해 주오 혹은 나를 낮게 해 주오》를 의미한다. 뿐만 아니라 꽃들이 나오는 시가 창작된다. 예컨대 프랑스의 마거리트

---

* [역쥐] 플로라(Flore)는 로마신화에서 꽃의 여신을 가리킨다.

(Marguerite)에게 바쳐진 다음 사행시에서처럼 때때로 명쾌한 약호화(codage)가 이루어진다.

> 모든 꽃들은 자신들만의 매력이 있지.
> 그러나 내가 선택할 수 있는
> 천 송이의 꽃이 한꺼번에 나타난다면
> 난 마거리트(데이지꽃)를 선택하리.

현 세기에 이러한 《언어》를 많이 사용하는 사람은 아마도 별로 없을 것이다. 그러나 꽃들은 영화에서 대단히 의미심장하게 사용될 수 있다. 예컨대 계절이 전개되는 것을 떠올리게 하기 위해서는, 새싹에서 만개로, 다음으로 잎이 떨어진 가지로 이어지는 몇 개의 이미지로도 충분하다. 또한 먼저 싱싱한 장미꽃 다발이, 그 다음으로 꽃병 주위에 떨어져있는 꽃잎들이 사용된다. 사랑 혹은 모험의 진전에 종지부를 찍는 것을 나타내기 위하여 흰 장미와 빨간 장미가 사용된다. 「신이여! 전쟁은 얼마나 아름다운가! *Dieu! que la guerre jolie!*」에서 폐부를 찌르는 듯한 보다 극적인 효과를 거두기 위해서 플랑드르(Flandres)의 개양귀비가 처음에는 홀로 피어 있다가 마지막에는 촘촘한 무리를 이루어 화면 전체를 뒤덮는다.

섬유의 취급법

우리는 이 주제에 대해서 《자료체에 기반을 둔 연구 보고서》라고 일컬을 수 있는 것을 소개하려고 한다. 사실 우리는 이 약호에 대한 설명을 얻을 수 없었다. 따라서 우리는 의복의 라벨을 모아서 그것들을 조사했다. 몇몇 섬유 제조업자들에 의해 제공된 빨래(lavage) 혹은 드라이클리닝(nettoyage) 설명서들이 그것이다. 모든 의복에 이러한 설명서가 갖추어져있는 것은 아니다. 우리는 아홉 개의 설명서를 수집했다.

이들 설명서는 사용자와 세탁업자를 위한 것이다. 각 《신호》는 판단 가능한 범위 내에서 기호로 분석 가능한 네 개의 의미체(sèmes)로 구성되어있다. 이들 네 개의 의미체는 반드시 존재하고, 관여적이지 않는 다음과 같은 순서로 나타난다.

우리는 이들 의미체를 A, B, C 그리고 D로 지칭할 것이다. 우리는 두 개의 도상적인 도안 A, C와 두 개의 기하학적인 도안 B, D를 가지게 되는데, 이것들은 자의적인 것처럼 보인다. 이들 도안의 각각은 삭제될 수도 있다. 그럴 경우 각 도안에 《예》혹은 《아니오》라는 이원적 선택 가능성이 주어진다. 무효화되지 않은 도안들은 다른 단위들과 조합될 수 있다. 이때 A에서 D까지의 도안들 각각은 그것 자체의 고유한 목록을 가지게 된다.

우리의 자료체에서 예컨대 A는 3번 삭제되고, 40과 다섯 번 연계되어 있고, 20 C와는 한 번 연계되어있다. 두 번 삭제된 C는 다리미의 측면에 위치한 두 점과는 네 번 연계되고, 동일한 장소의 단 한 점과는 세 번 연계되어있다.

이러한 정보들은 해석하는 데 도움이 되도록 우리는 더 나아

가 의복에서 떼어낸 라벨을 활용한다. 이 라벨의 앞면에는 다음 과 같은 도안이 나타나 있고,

그 뒷면에는 4개 국어로 《이 옷은 세탁업자에게 맡겨 과산화에틸렌을 사용하여 드라이클리닝 하십시오. 또한 얼룩을 제거하기 위해서 과산화에틸렌이나 무기 휘발유를 사용하십시오. 물에 적신 헝겊을 덮고 중간 온도에서 다림질하십시오》라는 설명서가 붙어있다.

기표 A에다 《빨래 lavage》이라는 기의를, 기표 C에다 《다림질》이라는 기의를 부여하는 것은 아주 쉽다. 우리는 A+40을 《(40도의) 따뜻한 물에 빨래》로, A+20 C를 《섭씨 20°C의 물에 빨래》로 해석한다. C에서 한 점 혹은 두 점은 《증기 분사 않음》 혹은 《증기분사》 혹은 다리미의 온도의 정도를 나타냄이 틀림없다.

우리는 한편으로는 기표 B와 D를, 또 다른 한편으로는 《드라이클리닝 nettoyage》, 《과산화에틸렌》, 《물에 적신 천》라는 기의들을 대치시키고 있다.

A가 허용될 때 B의 항구적인 삭제는 B가 《드라이클리닝》이라는 기의를 갖는다는 것을 암시한다. 그러나 관찰을 통해서 볼 때 A와 B가 함께 삭제될 수도 있다는 것은 수정되어야 한다. 이에 대한 약호화는 더 복잡할 뿐만 아니라, 특정한 제품을 금지하면서 빨래를 금함과 동시에 드라이클리닝을 권장해야 한다. 여기에 《과산화에틸렌》이 설정되어야만 할까?

D는 설명이 제대로 안된 채로 애매하게 남아있다. 말하자면, P

와 연계될 때 이것이 《드라이클리닝》을 가리킬까(《과산화에틸렌 perchloréthylène》의 P) 혹은 다림질을 가리킬까(《물에 적신 천 patte-mouille》의 P) 혹은 다른 것을 가리킬까(《주의 précaution》의 P)? 이렇듯 D와 결합된 P에게는 어떠한 해석도 강요되지 않는다.

이러한 체계가 우리에게 흥미롭고 꽤 경제적인 것처럼 보이지만 우리는 정보의 부족으로 그것에 대한 기술을 할 수 없다.

이 약호를 고안한 사람의 설명이 없으면, 우리는 더욱더 광범위한 자료체를 모아야 할 것이다.

우리 주위의 간단한 설문조사를 통해서, 비록 어떤 이들은 A에서 세탁용 대야를 인지하지 못할지라도, 도상 기호들과 지우기(곧 삭제)가 꽤 잘 설명되는 것으로 나타난다. 판매자들 혹은 세탁소의 고용인을 포함해서 아무도 B와 D에 대한 의사 표시를 할 수 없었다. 우리의 《설문조사 대상자》의 대부분은 해석하기 어려운 설명서를 들여다보지 않거나 혹은 고려에 넣지도 않는다. 거의 아무도 약호를 해독하기 위해서 라벨의 앞면과 뒷면을 대조하려는 호기심도 시간도 없다. 대중들이 《주입(注入)》을 통해 이러한 종류의 약호에 입문하는 데는 얼마만의 시간이 걸릴까? 이것이 정말 유용할까? 왜?

우리가 이러한 분석을 실행한 순간과 우리의 원고를 인쇄소에다 부치는 사이에 우리는 우리가 품고 있는 의심 중의 몇몇을 불식시킬 정보를 수집했다. 그 정보는 자벨수(eau de javel)의 병에 나타난다. 그것은 다음과 같다. 《특별 취급 요망. 라벨에서 자벨수를 사용한 살균 가능함 △과 자벨수를 사용한 살균 불가능함 ⋇을 확인하십시오.》 따라서 자벨수를 사용한 살균이 물빨래의 경우에만 이루어지는 경우, A와 B가 빈번하게 함께 삭제되는 것은 당연한 일이다. 또 다른 한편으로는 B와 D는 배타적인 관계에 있다. 과산화에틸렌은 D에 기재된 P를 통해서 유의미한 것으로 확인되는 듯하다.

자동차 운전자와 기호학

인간이 가장 넓은 의미에서 기호의 세계에 살고 있다는 것을 확인하기 위해서는 활동 영역 중에 어느 하나만 관찰하는 것으로 충분하다.

우리가 아주 흔한 예, 즉 자신의 자동차를 운전하는 운전자를 볼 때, 우리는 이 운전자가 도로, 자신의 차, 그리고 《다른 것들》 즉 운전자, 보행자, 자전거 타는 사람, 짐승과 사람에 대한 많은 신호 및 지표들과 싸우고 있는 것을 보게 된다. 운전자는 자신이 운전하는 것에 적응함으로써 이러한 신호들에 대처하는 것 같다. 운전자 자신은 경적과 같은 제한된 수의 기호학적 수단을 능동적으로 활용하지만, 그는 실제로 자신이 인식하고 있는 것보다 더 많은 지표들을 만들어낸다.

기호의 체계

기호학적 체계는 무엇보다도 운전자가 운전면허증을 취득하기 위해서 배운 것들로 신호 표지판, 도로 상에 표시들, 세 색깔의 신호등과 같이 서로 서로 상보적인 체계들이다. 운전자들은 일반적으로 이러한 체계들을 꽤 잘 알지만, 운전면허를 취득한지 오래된 운전자들은 변화된 것과 새로운 것들을 아마도 충분히 알고 있지 못하기 때문에 자신의 경비를 들여 그것이 무엇을 의미하는 것인가를 배운다. 예를 들어 《막다른 길》과 같은 경우에는 그렇게 심각할 것도 없다. (가능하다면) 되돌아 나가버리면 되니까!

방향 표지판 또한 잘 인지되고 있는지는 확실하지 않다. 예컨대 어떤 표시에 의해 당신이 마르세유(Marseille)에 도착하리라는 것은 분명 이해되지만, 흰색 글씨에 파랑 표지판과 검정색 글씨에 크림색 표지판 사이의 관여적 구별이 소홀히 되었을 때는 고속도로가 아닌 국도에 있게 된다. 그리고 방향 신호에서 국도와 지방도로를, 그리고 숲길과 면(面) 도로(chemin communal)를 구별하는 방법을 어떻게 알까?

마지막으로 어떤 초보 운전자가 - 아마도 아주 초보를 제외하고 - 이미 약호를 구성하는 모든 이들 신호가 더 나아가 상점의 진열이나 혹은 제조업자의 물품견본대장의 제품번호를 암시하는 C15b=《카라반용 장소》와 같은 유형의 상보적 약호화의 대상이 된다는 사실에 주의를 기울였겠는가?

익명의 발신자가 《그것이 관련될 수 있는 사람》, 즉 아무에게나 보내는 이러한 신호들에 신분이 알려진 수신자와 발신자 사이에 기능하는 음향과 몸짓의 신호체계들이 추가될 수도 있다. 예컨대 경관의 몸짓이 그 예이다. 그러나 경관의 몸짓은 운전교본에서는 간략하게 기술되고 있으며 그것의 관여성(pertinences)은 충분히 드러나 있지 않다. 이를테면 움직임의 처음과 끝이 제대로 식별되지 않을 때, 모순적 해석을 야기하는 손바닥의 방향과 몸짓의 역동성에는 관여성이 있는가? 몸짓 약호뿐만 아니라 지나치게 자주 명료하게 약호화되지 않은 몸짓으로 뒤로 후진을 유도하거나 혹은 통로가 좁은 입구나 출구를 아슬아슬하게 벗어나도록 유도하는 경향이 있다.

운전자는 음향, 불빛, 몸짓(창밖으로 팔을 내밀기)과 같은 여러 가지 신호의 수신자 혹은 발신자가 될 수 있다. 이들 신호는 어떤 의미에서 릴레이가 가능하다. 특히 자동차 뒷등의 불빛이 그렇다(한 번 브레이크를 밟은 결과 : 긴 자동차의 행렬 속에서 각 운전자는 이들 뒷등을 보면서 자신의 차례에 브레이크를 밟고, 이와 동시에 자기 자신의 등에 불빛을 깜빡이기 시작한다). 경적을 울리는 것과 전조등 신호를 사용하는 것은 다른 것보다도 더 지나치게 자주 운전자의 기분을 나타내는 것이므로, 그것들의 효율성을 상실하는 결과를 낳는다. 방향 지시등도 문제를 제기한다. 즉 사람들은 이 등을 소홀히 하거나, 혼동한다. 왜냐하면 많은 사람들에게 있어서 그들의 일반적인 《수준》이 어떠하든 간에 자신의 오른쪽과 왼쪽에 대해 자문해야만 한다는 것은 항상 약간 귀찮은 것이기 때문이다. 그래서 왼쪽 방향 지시등을 켜고 오른쪽으로 돌고, 방향 지시등을 켜지 않고 회전하고, 더 이상 방향을 바꿀 의사가 전혀 없을 때에도 계속해서 방향 지시등을 켜고 있다. 오른쪽과 왼쪽의 구별에 기호학적 관여성을 부여하는 것은 인간성의 일면(一面)에서 볼 때 약간 너무 어려운 것 같이 보인다.

이러한 모든 신호들은 선전광고나 혹은 다른 운전자들에게로 향하는 신호처럼 사심 없이 다른 신호들 사이에서 식별되고, 선택되어야만 한다.

이러한 약호들에 자동차와 관련된 약호들이 추가된다. 그 예로 등록 번호판, 자동차 등록증, 보험증권, 국제 자동차 보험증이 있다. 그리고 자동차 자체에는 대부분의 운전자들이 무시하면서 자동차 정비사들이나 수리공들의 몫이라고 믿고 싶어할 정도로 매우 도식적인 기호표시로 이루어진 계기판의 표시들이 있다. 반면에 게이지들과 이 동일한 계기판의 모든 계기들에 의해 주어지는 표시들은 당연히 기호로 받아들여진다.

지표들

『자동차 운전술 *Advanced Motoring*』[134]의 저자에게 있어서 도로는 추리소설처럼 《읽혀진다.》 속력을 늦추거나, 멈추거나, 가장 좋은 방식으로 상황에 적응할 준비가 되도록 고려하는 것이 좋은 모든 지표들(실마리들)을 예상하고, 발견하기 위하여 밝은 눈과 깨어있는 정신을 가지고 있어야만 한다.

이러한 지표들 중에는 물론 갑작스럽게 번쩍이는 도로의 모습뿐만 아니라, 정지된 자동차의 뒤에서 나타나는 발(이것은 곧 나타날 보행자이다), 주차된 자동차의 머플러에서 나오는 연기(자동차가 도로에 진입할 준비를 하고 있다), 거울에 트럭의 반사된 모습, 신호기의 전선 방향(도로가 굽어질 것이다), 우리가 막 지나가려는 그 순간에 도로를 횡단할 가능성이 있는 도로가의 아이들, 어른들, 동물들의 존재를 드러나게 할 수 있는 모든 것이 있다.

거리 측정하기, 추월하거나 끼어들기할 준비가 된 자동차의 속도, 그리고 다른 운전자의 호전성 혹은 관대성 등과 같은 모든 것은 사람들로 하여금 빠르게 기억하고서, 방금 전에 의식한 많은 지표들을 해석할 것을 요구한다. 반면에 자동차 자체에서도 또한 다음과 같은 지표들이 나타난다. 즉 모터나 차체의 어떤 소리, 속력을 내지 못하게 하는 어떤 것, 좌측 혹은 우측으로 빗나가는 어떤 경향 등은 고장, 모터의 이상 그리고 바퀴의 펑크와 같은 위급함을 나타낸다.

문제는 지표들이 기호들과 동일한 유형의 해석을 갖는가의 여부이다. 우리는 이에 대해 우리의 의사를 표명할 수 없을 것이다. 그러나 이 둘은 공존한다.

기호와 지표는 종종 중복된다. 그러나 이러한 중복은 안전장치로 기능한다. 즉 한편에서 부족함이 있으면 다른 편에서 정보가 제공된다. 예컨대, 3차선 도로이지만, 이 도로면 위에 그어진 선들을 통해서 운전자는 1차선 밖에 사용할 수 없다는 것을 알게 된다. 그러나 이러한 선들이 자동차의 행렬로 가려질 때는, 표지판들의 도움으로 허용된 차선이 줄어듦에 따라 추월이 이제부터는 금지된다는 것이 알려지게 된다. 그렇지만 사람들은 어느 순간에 너무 많은 신호가 있는 것은 아닌지, 운전자의 주의가 운전과 신호 사이에서 지나치게 분산되는 것은 아닌지, 잘 읽혀지지 않는 것은 무시하는 습관이 있는 것은 아닌지, 혹은 반대로 신호의 법률적인 특성을 너무 과신하면서 《예전에는 그에게 우선권이 있었노라》라는 비명체(碑銘體)의 시문을 누릴 수 있는 위험을 무릅쓰고 지표와 상황에 충분한 주의를 기울이지 않는 것은 아닌지 자문해 볼 수 있다.

의미 작용

우리는 앞에서 자동차가 갖는 근본적인 기능이 이동수단이라는 것을 암암리에 고려하면서 《자동차 운전》이라는 행위 영역을 검토했다. 그러한 기능의 틀 내에서 여러 가지 관여성(pertinences)이 자동차에 적용될 수 있다. 자동차는 이동속도, (이웃간의) 편리함, 승객의 보호와 안락함, 사람 수, 운송이 허용되는 수하물의 무게와 부피 그리고 한 전문 잡지사에 의해 출판된 시험대에서 매겨진 시가의 관점에서 고려될 수 있다.

프리에토(L. Prieto)의 《의식》을 생각하면서, 평가요소들 가운데 아래에서 언급될 다양한 이동 수단을 통한 여행의 원가, 일을 하는데 걸리는 시간의 경제성, 혹은 중간 정도의 동등한 조건에서 이러한 운송수단과 결부될 수 있는 위신(어떤 사회에서는 대부분의 가족이 한 대 혹은 두 대의 자동차를 사용하고, 어떤 다른 사회에서는 단지 높은 지위에 있거나 상당한 수입을 마음대로 쓸 수 있는 사람만이 이러한 특권을 누린다)을 고려할 때, 걸어서, 말을 타고, 기차로 그리고 비행기로보다는 차라리 자동차로 이동한다는 사실이 무엇을 의미하는지가 또한 연구될 수 있다.

자동차의 수뿐만 아니라 자동차의 연식, 배기량, 모델, 혹은 관여적인 것으로 판단되는 다른 모든 자질들로 특징지어지는 한 나라의 자동차 보유 대수는 그 나라의 발전수준을 평가하는 요소들 중의 하나일 것이다.

개인적인 수준에서 이러한 동일 자질들은 사회-경제적 계층이라는 측면에서 자동차의 소유주를 분류하는데 기여할 수도 있을 것이다. 외국산인가 혹은 국내산인가와 같은 자동차의 상표도 또한 고려의 대상이 될 수 있을 것이다. 예컨대 사람들은 외국에서 프랑스를 대표하는 공직자에게서 그의 자동차가 프랑스제이고, 또한 배기량이 충분한 차이기를 기대한다는데 주목해야 할 것이다.

자동차의 선택(어떤 시기에 네덜란드의 지식인들이 선택한 《2마력짜리 차 Deux Chevaux》), 그 차의 색깔, 그 자동차에 대한 관리, 그 차가 갖춘 신기한 장치 그리고 그 차가 갖는 다소 실용적인 특징을 통해서 무엇보다도 그 자동차 소유주의 순응주의 혹은 비순응주의뿐만 아니라 그의 여러 가지 성격적 특성들이 드러날 것이다. 이러한 특성들은 경제적이거나 행태적인 다른 요소들, 곧 아파트, 주거지(《부촌》혹은 인구 밀집지역), 별장, 의복 등과 같은 것들이 보여주는 특성들과 비교될 것이다.

마지막으로, 문학과 예술품에서 자동차가 차지하는 위치와 이데올로기의 틀에서 자동차가 무엇을 상징할 수 있는지가 연구될 수 있을 것이다. 예컨대, 68년 5월 혁명 당시 라틴 지구(Quartier Latin)*에서 자동차들이 불태워진 바 있다. 자동차가 공해의 상징들 중 하나가 된 이래, 영화인들은 이데올로기의 제단에 자동차들을 《제물로 바친다.》 그러나 그렇게 함으로써 사람들은 기호학의 고유한 영역에서 멀어질 것이다.

---

* [역주] 파리의 센 강 좌안에 있는 생 미셸(St. Michel) 대로(大路) 너머 서쪽 편에 위치한 대학 자치지구- 왕의 권한 밑에서 자치를 누림 -를 말한다. 이곳에서는 1789년까지 수업 외의 시간에도 선생과 학생 모두 라틴어를 사용했다. 루이 9세의 궁정 목사였던 로베르 드 소르봉(Robert de Sorbon)이 1257년에 창립한 소르본대학은 프랑스 신학의 중심지가 되었다. 이곳은 오래 전부터 예술가들의 집결지이기도 했다. 1699년 라신이 이곳에서 죽었고, 들라크루아는 퓌르스탕베르 광장에 작업실을 갖고 있었다. 1945-55년 실존주의 운동 및 그와 관련되어 부활된 보헤미아니즘(인습을 벗어 던진 자유분방한 삶을 추구하는 주의)의 중심지였으며, 지금도 문학과 사교의 활력적인 중심지이다.

결론

8

8. 결론

  우리가 다룬 영역- 아마도 어떤 사람들의 생각으로는 지나칠 정도로 명확하게 구분된 영역 -은 다음과 같다. 기호학이라는 동일 항목 하에 기호 혹은 약호 체계의 거대한 복합체로서 제시된 우주에 대한 모든 지식을 포괄할 생각을 하는 사람들의 유혹적인 표명(表明)에 맞서, 우리가 앞 페이지들에서 소개한 것들만큼이나 특별하고 한정된 체계들의 분석에다 자신들의 야망을 제한하는 학문에 사람들이 만족해할 수 있을까?

  우리 독자들은 아마 우리가 무엇보다도 경계하기를 원하는 것은 모든 야심적 통합 계획의 기초가 되어야하는 특별한 연구 분야에 대한 심화된 지식을 갖추지 않은 채 일반성을 추구하는 사람이 빠지기 쉬운 혼돈성(confusionnisme)이라는 것을 이해하리라. 인간 행동은 항상 의미를 지닌다고, 다시 말해서 인간 행동은 의도하는 바의 표현으로 간주되는 것에만 흥미를 가진다는 것이 상기될 때라야 기호학은 참으로 인문과학의 하부구조로서 기꺼이 고려될 수 있을 것이다. 그러나 연구의 현실적 상황에서 우리가 보기에 절실히 요구되는 것은, 매우 다양한 모델에 대한 당연히 소략(疏略)적일 수밖에 없는 개략적 설명보다는 차라리 몇몇 방식을 소개하고 유형들을 도출하는 것이다.

우리는 우리의 검증 하에 놓이는 대상들에 대한 선별기준으로서 의사소통의 기능에 만족했다. 그런데 모든 종류의 예술적 창작물에 의사소통의 기능이 없는 것은 결코 아니다. 그래서 그것들을 통해 전언이 전달된다고 생각할 수 있는 모든 형태의 표현에 대해서 기호학적 검증을 고려해 볼 수 있을 것이다. 그러나 우리는 많은 이유로 이 책의 틀 내에서 그러한 것을 시도하는 것을 단념하게 되었다.

알다시피 우리는 우리의 연구 영역에서 분절된 언어활동 (langage articulé), 다시 말해서 언어들에 속하는 모든 것을 배제했다. 따라서 문학작품도 이러한 배제의 대상이 된다. 이들 문학작품을 과학적으로 다룰 수 있는 조건을 갖추고 있는 것은 언어학이다. 왜냐하면 담화는 거대한 언술(énoncé)이기 때문이다. 이러한 담화는 예름슬레우(Hjelmslev)가 말하는 《텍스트》로 확장된 자료체(corpus élargi)일 뿐이다. 이 확장된 자료체로부터 공시 (共示) 기호론(sémiotique connotative)과 메타 기호론(méta-sémiotique)은 외시(外示) 기호론(sémiotique dénotative)- 이 외시 기호론에 따라 전자 두 기호론의 윤곽이 뚜렷해진다 -에 준거 (準據)해서만 밝혀질 것이다.[135] 따라서 철저한 언어학적 분석을 통해서만이 이들 기호론들의 범위가 상호적으로 정해질 수 있다.

조형 예술에서, 전언이 도상적이건 혹은 그렇지 않건 간에, 의사소통이 존재한다는 것은 이론의 여지가 없다. 그러나 조형 예술에서의 의사소통은 대개의 경우 작품의 마지막 결말로서보다 예술가의 표현 과정에 함축된 것으로 나타난다. 조형 예술에서 타인의 이해를 구하려는 욕구와 자신을 토로하려는 욕구를 구별하는 것은 분명 어렵고도 불가능하다. 그렇기 때문에 예컨대 그림이 기호학적 이론의 출발적 기반으로서 사용되는 것은 거의 적절치 않을 것이다.

음악은 발화(parole)로서 시간의 축에 따라 전개되고, 또한 발화로서 귀로 인식되는 작품들은 제공한다. 따라서 선율에서 언어적 기표를 특징짓는 선조성이 인식될 수 있다. 음악적 산물에서 분절들 혹은 적어도 우리의 숫자에서의 분절처럼 형상(figures)으로의 분절을 찾아낼 수 있다고도 생각했다.[136] 그러나 음악에서 기호들을 끌어내려고 하는 시도는 헛된 것처럼 보인다. 이곳 음악에서, 표현적 과정을 넘어서 의사 전달을 밝혀내기란 조형예술에서보다 아마도 훨씬 더 어려울 것이다.

그러므로 의사소통이라는 것이 예술작품에 결코 부재하지 않는다고 할지라도, 의사소통은 예술작품에서 결코 순수한 상태로 존재하지 않는다. 그리고 우리의 목적이 의사소통을 알아보고, 그것을 다양한 형태로 분석하는 것을 배우는 것이라 할지라도, 의사소통이 가장 회피적인 상황을 검증하는 것으로 시작할 수는 없을 것이다. 기호학 연구에 있어서, 문학과 예술의 주변을 이리저리 맴돌며 찾아다니는 것보다는, 혹은 더 나아가 잘못 해명된 영역을 미래에다 맡기는 만큼이나 더욱 더 유혹적인 것처럼 보이나, 좀처럼 현실의 대상이 되지 못하는 이론적인 독서에 몰두하기보다는, 확고히 자리 잡지 못한 체계의 구조와 기능을 스스로 철저하게 분석할 때만이 더 나은 발전이 있을 것이다.

만약 모든 대상이 궁극적으로 하나의 기호라고 한다면- 왜냐하면 수신자와 발신자 사이의 명확한 약정에 의해서나 혹은 모든 사람들이 그 대상에서 자신들이 그것의 비밀스런 수신자일 전언을 발견한다고 생각한다는 점에서 -, 모든 사람들이 그 대상에다 어떤 의미, 더 나아가 어떤 기의를 부여할 수 있기 때문에, 그것들의 유일한 존재 이유, 즉 그것들의 특수성이 사람들 사이의 의사소통을 정확하게 이루어지도록 해주는데 있는 대상들이 존재한다. 왜냐하면 이들 대상은 이러한 유일한 목적을 위해 인위적으로 생산되어진 것이기 때문이다. 우리의 연구가 우선 이러한 대상들에서 시작되는 것은 당연하다. 우리는 이들 대상에 대한 개관을 나타내 보여야한다고는 생각하지 않았다.

| 주석 |

1) 무냉(G. Mounin), 『기호학 입문 *Introduction à la sémiologie*』, Paris, Minuit, 1970, p. 11.

2) 모리스(Ch. Morris), 『기호, 언어 그리고 행동 *Signs, Language, and Behavior*』, New York, Prentice Hall, 1946, p. 2: 《오늘날 이 학문은 흔히 의미론(semantics)으로 불린다. 우리는 그것을 기호학(semiotics)이라 부를 것이다》.

3) 바르트(R. Barthes), 『기술의 영도 *Le Degré zéro de l'écriture*』, Paris, Le seuil, 1953, p. 79.

4) 예름슬레우(L. Hjelmslev), 『언어이론 서설 *Prolégomènes à une théorie du langage*』, Paris, Minuit, 1971, p. 135와 p. 151.

5) 로베르(P. Robert), 『프랑스어 사전 *Dictionnaire alphabétique et analogique de la langue française*』, Paris, 1967.

6) 다음 언어학 잡지를 볼 것: 『*ETC, A Review of General Semantics*』, San Francisco, since 1943.

7) 이것은 예름슬레우의 요약적 표현이다. 예름슬레우의 상게서 p. 16 참고.

8) 바르트의 상게서 p. 80 참조.

9) 바르트의 상게서 p. 81 참조.

10) 모리스의 상게서(p. 23)에 나오는 경계에 따를 때, 범형들을 사용함에 따른 위험 중의 하나는, 이론을 예시하는 모델에는 이론 그 자체가 포함하지 않는 자질들이 존재한다는 데 기인된다.

11) 「동물에서의 상호 의사 전달 Intercommunication chez les

animaux」, 『*Journal de psychologie normale et pathologique*』, 1971, n°s 3-4.

12) 《전언(傳言)을 전한다는 것은 사회적 관계를 수립하는 것을 의미한다》, 프리에토(L. Prieto), 『전언과 신호 *Messages et signaux*』, Paris, P.U.F., 1966. 뷔이상스(E. Buyssens), 『의사 소통과 언어분절 *La Communication et l' Articulation linguistique*』, Paris-Bruxelles, P.U.F., P.U.B., 1967.

13) 소쉬르(F. de Saussure), 『일반 언어학 강의 *Cours de linguistique générale*』, Tullio de Mauro의 주석판, Payot, 1972, p. 27과 그 다음 쪽.

14) 우리가 여기서 랑그(langue)와 파롤(parole)이라는 소쉬르의 구별을 강조하고 있지 않다는 것을 주목해야 할 것이다. 소쉬르의 상게서 pp. 31-32 참고.

15) 블룸필드(Bloomfield), 『언어 *Language*』, New York, Henry Holt, 1933, §2.2.

16) 블룸필드의 상게서 § 2.5. 참조.

17) 샤논(Shannon) & 위버(Weaver), 『의사소통의 수학적 이론 *The Mathematical Theory of Communication*』, Urbana, 1949, 그림 1, 그리고 p. 5와 p. 98 참조.

18) 소쉬르의 상게서 p. 31.

19) 아래 p. 134을 볼 것.

20) 프리에토의 상게서 1장 참조.

21) 리치 케이(M. Ritchie Key), 「준(準)언어에 대한 서언 Preliminary Remarks on Paralanguage」, 『언어학 *La Linguistique*』, 6 (1970), fasc. 2, p. 19.

22) 소쉬르의 상게서 p. 103.

23) 블룸필드의 상게서 2장.

24) 마르티네(A. Martinet), 『일반 언어학 요론 *Eléments de linguistique générale*』, Paris, Armand Colin, 1960, § 1-14.

25) 예름슬레우의 상게서 p. 131.

26) 마르티네(A. Martinet) (dir.), 『언어 *Le Langage*』, Encyclopédie de la Pléïade, p. 143.

27) 맥루한(M. Mac Luhan), 『매체의 이해 *Pour comprendre les média*』, Paris, Le Seuil, 1968, p. 23.

28) 리샤르(G. Richard), 「동물의 의사소통에 대한 일반적 숙고 Réflexion sur les traits généraux de la communication chez les animaux」, 『*Journal de psychologie*』, 3-4, 1971, p. 245.

29) 라보르드리(R. Laborderie), 『사회와 교육에서의 영상 *Les Images dans la société et l'éducation*』, Casterman, 1972, p. 82.

30) 블룸필드(Bloomfield), 《발화에 의해 중재된 반응 : S → r ⋯ s → R》, 『언어 *Language*』, § 2-3.

31) 직접 의사소통에 대해서는 앞의 p. 6을 볼 것.

32) 또한 마르티네(A. Martinet) (dir.), 『언어 *Le Langage*』, Pléïade, p. 104 참조할 것.

33) 전게서 pp. 99-102 참조.

34) 마르티네(A. Martinet) (dir.), 『언어 *Le Langage*』, Pléïade, p. 19 참조.

35) 프리에토(L. Prieto), 『정신론 *La Noologie*』, La Haye, Mouton, 1964, 1-2. 또한 마르티네(A. Martinet) (dir.), 『언어 *Le Langage*』, Pléïade, p. 96 참조.

36) 마르티네(A. Martinet) (dir.), 『언어학, 알파벳순의 안내 *La Linguistique, Guide alphabétique*』, Paris, Denoël, 1969, chap. 8. 이후로는 『안내 *Guide*』로 약칭.

37) 마르티네(A. Martinet) (dir.), 『언어 *Le Langage*』, Pléïade, p. 99.

38) 무냉(G. Mounin)의 상게서, p. 13.

39) 모리스(Ch. Morris)의 상게서, p. 7.

40) 프리에토(L. Prieto), 『전언과 신호 Messages et signaux』, Paris, P.U.F., 1966, p. 15.

41) 프랑스어에는 시각적으로 인지되는 것에 대해서 이들 용어들만큼 이나 일반적인 용어가 없다는 사실을 주목해야 한다.

42) Cf. 『백과 사전 Encyclopaedia Universalis,』 Paris, 1968 et suiv., sous 《Peirce》.

43) 바이(A.-M. Bailly), 『그리스어-프랑스어 사전 Dictionnaire grec-français』, Paris, Hachette, 1935.

44) 블룸필드(Bloomfield), 『언어 Le Langage』, Paris, Payot, 1970, p. 268.

45) 『강의 Cours』, p. 101.

46) 『강의 Cours』, p. 100과 그 이후.

47) 『강의 Cours』, p. 33.

48) 『강의 Cours』, p. 155.

49) 이 표시에 대해서는 소쉬르(F. De Saussure), 『강의 Cours』(Payot, 1972)에서 드 마우로(T. De Mauro)가 보탠 각주 132(p. 441)와 바르트(R. Barthes)의 『기술의 영도 Le Degré zéro de l' écriture』, p. 121 참조.

50) 『강의 Cours』, p. 99.

51) 『강의 Cours』, p. 101.

52) 마르티네(A. Martinet), 『공시 언어학 La linguistique synchronique』, Paris, P.U.F., 1965, p. 34.

53) 여기서 이 용어에 주어진 의미에 대해서는 마르티네(A. Martinet)의 다음 글을 볼 것 : 「공시, 시 그리고 문화 Connotations, poésie et culture」, 『야콥슨 헌정 논문집 To Honor Roman Jakobson』, II,

pp. 1288-1295.

54) 벤브니스트(E. Benveniste), 『일반 언어학의 문제 *Problèmes de linguistique générale*』, Paris, Gallimard, 1966, p. 51.

55) 『강의 *Cours*』, p. 182.

56) 소쉬르의 연사는 사실 마르티네(A. Martinet)가 『일반 언어학 요론 *Eléments de linguistique générale*』(§ 4-35)에서 말하는 통합 기호소(synthèmes)이다.

57) 뷔이상스(E. Buyssens)는 『의사소통과 언어분절 *La Communication et l'Articulation linguistique*』(p. 64)에서 유연적 기호는 《본질적인 기호 intrinsèques》로, 자의적 기호는 《비본질적인 기호 extrinsèques》로 부를 것을 제안하고 있다.

58) 『강의 *Cours*』, pp. 147-148. 《꽤 보급된 어떤 학설에서는 유일한 구체적 단위는 문장(phrase)이라고 주장한다.》 이것은 사실 본 장의 시작에서 피에르(Pierre)의 제스처와 이에 대한 언어적 상당 표현을 생각할 때 절대 필요한 결론이다. 프리에토(L. Prieto) 또한 기호-문장(signe-phrase)에서 출발했다. 그러나 그는 뷔이상스(E. Buyssens)의 제안에 따라 기호와 의미소(sème)를 구별하게 되었다. 프리에토의 『전언과 신호 Messages et signaux』(III, 8) 참조.

59) 『디오게네스 Diogène』48 (pp. 39-53)과 또한 『언어의 문제 *Problèmes du langage*』(N.R.F., pp. 39-53)에서 마르티네(A. Martinet)가 「낱말 Le mot」에 대해서 논의한 것 참고할 것.

60) 『강의 *Cours*』(p. 149)에 의거할 때, 대립(opposition)은 나타나 있는 한 단위와, 전언이 달랐다면 이 단위 대신에 나타날 수 있었을 다른 모든 단위 사이의 관계이다. 이와는 달리 대조(contraste)는 언술에 병렬적으로 나타나 있는 두 단위 사이의 관계이다.

61) 『강의 *Cours*』, p. 159.

62) 프랑스어 분석의 관점에서 보면, *stylofeutre*(사인펜)는 기호소

(monème)가 아니고 통합 기호소(synthème)이다. 그러나 이것은 전혀 우리의 추론에 영향을 끼치지 않는다.

63) 마르티네(A. Martinet)의 『언어 Langage』(pléiade)의 《기호학 Sémiologie》항목과 프리에토의 『전언과 신호 Messages et signaux』 사이에서, 프리에토는 신호-의미(signal-sens)의 쌍을 신호-전언 (signal-message)의 쌍으로 대체했다.

64) 프리에토(L. Prieto), 『전언과 신호 Messages et signaux』, p. 38.

65) 소쉬르(F. De Saussure), 『강의 Cours』(Payot, 1972)에서 드 마우로(T. De Mauro)가 보탠 각주 231(pp. 464-465) 참조.

66) 프리에토(L. Prieto), 『전언과 신호 Messages et signaux』, p. 66.

67) Londres, Regan-Paul-Trench-Trubner, 1946. 특히 pp. 4-5를 볼 것.

68) 이 낱말이 갖는 용법에 대해서는 위 참조.

69) 오그든과 리차즈(Ogden et Richards), 『의미의 의미 The Meaning of Meaning』, p. 9 그리고 삼각도식은 p. 11을 볼 것.

70) Glasgow, 1951, Oxford, 1959.

71) 다음 도식은 울만(S. Ullmann), 『프랑스어 의미론 개요 Précis de sémantique française』(Berne, Francke, 1962)에서 차용한 것이다.

72) 오그든과 리차즈(Ogden et Richards), 『의미의 의미 The Meaning of Meaning』, p. 47.

73) 소쉬르(F. De Saussure), 『강의 Cours』(Payot, 1972)에서 드 마우로(T. De Mauro)가 보탠 각주 144-145(p. 447)를 볼 것.

74) 우리는 여기서 문장(phrase)을 언어 단위로 보지 않는 소쉬르와는 거리를 두고 있다.

75) 마르티네(A. Martinet), 『일반 언어학 요론 Eléments de linguistique générale』, § 4-10 참조할 것.

76) 프리에토(L. Prieto), 『전언과 신호 Messages et signaux』, p. 47.

77) 『강의 Cours』, pp. 172-173.

78) 마르티네(A. Martinet), 「언어의 자의성과 이중분절 Arbitraire linguistique et double articulation」, 『페르디낭 드 소쉬르 연구 Cahiers Ferdinand de Saussure』15, pp. 105-116. 이 글은 마르티네(A. Martinet), 『공시 언어학 La linguistique synchronique』(pp. 27-41)에 재 수록됨.

79) 마르티네(A. Martinet), 『일반 언어학 요론 Eléments de linguistique générale』, § 1-11.

80) 『강의 Cours』, p. 101.

81) 바르트(R. Barthes), 『기술의 영도 Le Degré zéro de l'écriture』, p. 108.

82) 야콥슨(R. Jakonson), 『일반 언어학 시론 Essais de linguistique générale』, Paris, Minuit, 1963, p. 79.

83) 마르티네(J. Martinet), 「구어와 쓰여진 약호 Langue parlée et code écrit」, 『언어이론에서 언어교육까지 De la théorie linguistique à l'enseignement de la langue』(dir. Jeanne Martinet), Paris, P.U.F., 1972, pp. 77-80.

84) 바르트(R. Barthes), 『기술의 영도 Le Degré zéro de l'écriture』, p. 80.

85) 『강의 Cours』, p. 26.

86) 피아제(J. Piaget), 『심리학과 인식론 Psychologie et Epistémologie』, Paris, Denoël, 1970, p. 170.

87) 마르티네(J. Martinet)가 『언어이론에서 언어교육까지 De la théorie linguistique à l'enseignement de la langue』(p. 98)에서 사용한 용어.

88) 이 두 용어는 각각 퍼스(Peirce)가 말하는 토큰(token)과 타입(type)에 일치한다. 오그든과 리차즈(Ogden et Richards), 『의미의 의미 The Meaning of Meaning』(p. 280) 참조.

89) 마르티네(A. Martinet), 「관여성 La Pertinence」, 『*Journal de psychologie normale et pathologique*』, 1973, n° 1-2, pp. 19-30.

90) 트루베츠코이(Troubetzkoy), 『음운론의 원리 *Principes de Phonologie*』, p. 69와 그 다음 쪽.

91) 바르트(R. Barthes), 「기호학적 요소들 Eléments de sémiologie」, 『기술의 영도 *Le Degré zéro de l'écriture*』, p. 149.

92) 마르티네(A. Martinet), 『일반 언어학 요론 *Eléments de linguistique générale*』, § 3-12에서 § 3-14까지.

93) 마르티네(A. Martinet), 『공시 언어학 *La linguistique synchronique*』, pp. 81-82.

94) 야콥슨(R. Jakonson), 『일반 언어학 시론 *Essais de linguistique générale*』, p. 127.

95) 마르티네(A. Martinet), 『공시 언어학 *La linguistique synchronique*』, 5장.

96) 마르티네(A. Martinet), 『공시 언어학 *La linguistique synchronique*』, pp. 184-194 참조.

97) 마르티네(A. Martinet), 『일반 언어학 요론 *Eléments de linguistique générale*』, §3-18에서 §3-20까지. 「형태론과 어휘에서의 중화의 개념 La Notion de neutralisation dans la morphologie et le lexique」, 『언어 연구소 논문집 *Travaux de l'Institut de linguistique*』, 2, pp. 7-11. 「중화와 융합 Neutralisation et syncrétisme」, 『언어학 *La linguistique*』, 4, fasc. 1, pp. 1-20.

98) 바르트(R. Barthes), 『모드의 체계 *Le système de la mode*』, Paris, Le Seuil, 1967, §14-4.

99) 이에 대해서는「약호 루소 Code Rousseau」에 근거한 마르티네(J. Martinet)의 연구를 볼 것 : 『언어이론에서 언어교육까지 *De la théorie linguistique à l'enseignement de la langue*』(dir. J. Martinet),

pp. 89-136.

100) 마르티네(A. Martinet), 『음성 변화의 경제성 *Economie des changements phonétiques*』, Berne, Francke, 1955.

101) pp. 81-152.

102) 프리에토(Prieto)는 예름슬레우(Hjelmslev)를 따라 단면(face unique)으로서 변별적 기능을 가진 단위를 형상(figures)이라 부르고 있다.

103) 프리에토(L. Prieto), 『전언과 신호 *Messages et signaux*』, p. 101.

104) 마르티네(A. Martinet), 『일반 언어학 요론 *Eléments de linguistique générale*』, §1-14.

105) 위 참조.

106) 소쉬르(F. de Saussure), 『일반 언어학 강의 *Cours de linguistique générale*』, p. 157.

107) 예름슬레우(L. Hjelmslev), 『언어이론 서설 *Prolégomènes à une théorie du langage*』, p. 141. 우리는 아래에서 대치의 증거를 재론할 것이다.

108) 예름슬레우(L. Hjelmselv)에게 있어서 《기호론 sémiotique》은 우리가 《기호 체계 système sémiologique》라 부르는 것에 적용할 수 있다.

109) 벤브니스트(E. Benveniste), 『일반 언어학의 문제 *Problèmes de linguistique générale*』, p. 56.

110) 무냉(G. Mounin), 『기호학 입문 *Introduction à la sémiologie*』, p. 41.

111) 마르티네(A. Martinet) (dir.), 『언어 *Le Langage*』, Pléiade, p. 139.

112) 마르티네(A. Martinet)에 의해 제안되고, 미국의 언어학 잡지에서 일반적으로 채택된 다른 문자체계로 바꿔 쓰기에 대해서는 *Word* 9(1953)를 볼 것.

113) 알러통(V. Alleton), 『한자 *L'écriture chinoise*』, 파리, P.U.F., 1970, p. 20.

114) 모든 한자가 그런 것은 아니다. 한자 중 어떤 것은 발음을 암시하는 요소를 가지고 있다.

115) 『언어학 *La Linguistique*』, 6 (1970), fasc. 2.

116) 예를 들면, 상보적 체계-당연히 상황-를 고려함으로써 소위 말하는 대부분의 중의적 언술은 이 문제에서 벗어난다. 화자는 발화 순간에 필요한 것만을 말한다.

117) 이에 대해서는 예컨대 할(E.T. Hall)의 『무언의 언어 *The Silent Language*』(1959)를 볼 것.

118) 『언어이론 서설 *Prolégomènes à une théorie du langage*』, chap. 22. 또한 무냉(G. Mounin), 『기호학 입문 *Introduction à la sémiologie*』(p. 95)에서의 논의를 볼 것.

119) 『언어학 *La Linguistique*』, 7 (1971), fasc. 1, pp. 5-30.

120) 『*BSL(Bulletin de la Société de Linguistique de Paris)*』54(1959) (c. r. 16, pp. 42-44)에 실린 산드만(M. Sandmann)의 『주어와 술어 *Subject and Predicate)*』에 대한 서평을 볼 것.

121) 『언어이론 서설 *Prolégomènes à une théorie du langage*』, ibid.

122) 『기술의 영도 *Le Degré zéro de l'écriture*』, pp. 163-168.

123) 「예술적 의사소통을 위한 단평(短評)」, 『일 *Werk*』4 (1971), pp. 248-251.

124) 『기호학 입문 *Introduction à la sémiologie*』, p. 103.

125) 무냉(G. Mounin)의 『기호학 입문 *Introduction à la sémiologie*』 (p. 160)과 마르티네(J. Martinet)의 『언어이론에서 언어교육까지 *De la théorie linguistique à l'enseignement de la langue*』(pp. 114-115) 참조.

126) 『기호학 입문 *Introduction à la sémiologie*』(p. 158)에서 무냉(G.

Mounin)은 빨간색에 관련된 상징적 의미의 가능한 유래에 대해 자문했다. 우리는 빨간색이 산소 부족에 따른 죽음의 색이라는 것을 상기하게 될 것이다. 예컨대 가을에 잎들의 붉어짐, 고기, 진주조개 그리고 잠수조(潛水鳥)가 죽게 되는 더운 바다의 적조(赤潮)가 그렇다. 반대로, 엽록소가 풍부한 식물의 색인 녹색은 생명의 색이리라. 우리의 가정이 타당하다면 아마 상징적 의미는 무의식적인 것일 것이다.

127) Berne, A. Francke, 1955.

128) 마르티네(A. Martinet), 『일반 언어학 요론 Eléments de linguistique générale』, §2-4.

129) 『일반 언어학 시론 Essais de linguistique générale』, p. 333.

130) 『언어이론 서설 Prolégomènes à une théorie du langage』, p. 90.

131) 「언어들의 언어학을 위하여 Pour une linguistique des langues」, 『Foundations of Language』, 1973, pp. 166-191.

132) Paris, P.U.F., 1970.

133) 『기호학 입문 Introduction à la sémiologie』, pp. 103-115.

134) Londres, Gueen Ann Press, 1967, chap. IV, 「도로 읽기 Reading the road」, p. 20.

135) 예름슬레우(L. Hjelmslev), 『언어이론 서설 Prolégomènes à une théorie du langage』, p. 144 및 그 이하.

136) 무타르(Moutard, N.), 「음악에서 분절 L'Articulation en musique」, 『언어학 La Linguistique』, 7 (1971), fasc. 2, pp. 5-19와 8 (1972), fasc. 1, pp. 25-40.

| 인명 찾아보기 |

| 용어 찾아보기 |

기호학의 열쇠

초판 1쇄 발행 2006년 6월 8일

지은이_ 잔느 마르티네
옮긴이_ 김지은
펴낸이_ 배정민
펴낸곳_ 유로서적

편집_ 심재진
디자인_ Design Identity 천현주

등록_ 2002년 8월 24일 제 10-2439호
주소_ 서울시 마포구 합정동 387-18 현화빌딩 2층
TEL_ (02)3142-1411
FAX_ (02)3142-5962
E-mail_ bookeuro@bookeuro.com

ISBN 89-91324-13-4